아메리카노

역사도서관 │ 교양 · 17

아메리카노

라틴아메리카의 독립투쟁

존 찰스 채스틴 지음 │ 박구병 · 이성형 · 최해성 · 황보영조 옮김

도서출판 길

역사도서관 | 교양 · 17

아메리카노 라틴아메리카의 독립투쟁

2011년 12월 15일 제1판 제1쇄 인쇄
2011년 12월 20일 제1판 제1쇄 발행

지은이 | 존 찰스 채스틴
옮긴이 | 박구병 · 이성형 · 최해성 · 황보영조
펴낸이 | 박우정

기획 | 이승우
편집 | 이현숙

펴낸곳 | 도서출판 길
주소 | 135-891 서울 강남구 신사동 564-12 우리빌딩 201호
전화 | 02)595-3153 팩스 | 02)595-3165

등록 | 1997년 6월 17일 제113호

ISBN 978-89-6445-041-3 93900

이 책은 한 · 중남미협회와 서울대학교 라틴아메리카연구소의 지원으로 출간되었다.
한 · 중남미협회는 각종 라틴아메리카 관련 행사의 주최 및 지원을 통해 이 지역에 대한 이해를 증진시키는 것을
목적으로 1996년 설립된 기관이며, 서울대학교 라틴아메리카연구소는 2008년 한국연구재단의
인문한국사업 해외지역연구 분야 연구소로 선정된(NRF-2008-362-B00015) 연구소이다.

| 등장인물 |

(알파벳순)

루카스 알라만(Lucas Alamán): 1792년생. 멕시코의 정치가이자 역사학자. 게레로의 정적.

이그나시오 아옌데(Ignacio Allende): 1769년생. 이달고의 부사령관.

카를로스 데 알베아르(Carlos de Alvear): 1789년생. 부에노스아이레스의 귀족.

조제 보니파시우 지 안드라다(José Bonifácio de Andrada): 1763년생. 브라질 건국의 아버지. 안토니우 카를루스, 마르칭 프란시스쿠의 형제.

호세 아르티가스(José Artigas): 1764년생. 리오데라플라타 부왕령에 도전한 연방주의 지도자.

후아나 아수르두이(Juana Azurduy): 1781년생. 알토페루에서 독립투쟁에 가담한 게릴라 지도자.

마누엘 벨그라노(Manuel Belgrano): 1770년생. 부에노스아이레스의 혁명가. 알토페루에서 패배함.

윌리엄 베레스퍼드(William Beresford): 1768년생. 부에노스아이레스, 포르투갈에서 전투를 벌인 영국군 장교.

시몬 볼리바르(Simón Bolívar): 1783년생. 다섯 국가를 독립으로 이끈 '해방자'.

토마스 보베스(Tomás Boves): 1782년생. 야네로(llanero), 즉 목부 기병대를 이끌고 볼리바르 부대를 격파한 에스파냐 지휘관.

펠릭스 마리아 카예하(Félix María Calleja): 1753년생. 이달고와 모렐로스의 숙적. 후에 누에바에스파냐의 부왕에 오름.

카를로스 4세(Carlos IV): 1748년생. 에스파냐의 군주. 아들 페르난도 7세에게 양위(讓位).

카를로타 호아키나(Carlota Joaquina): 1775년생. 페르난도 7세의 누나. 포르투갈의 주 앙 6세와 결혼.

하비에라 카레라(Javiera Carrera): 1771년생. 칠레 독립운동가 집안의 여성.

호세 미겔 카레라(José Miguel Carrera): 1785년생. 하비에라의 남동생. 베르나르도 오 히긴스의 경쟁자.

후안 호세 카스텔리(Juan José Castelli): 1764년생. 부에노스아이레스의 혁명가. 알토페 루에서 패배함.

토머스 알렉산더 코크런(Thomas Alexander Cochrane): 1775년생. 칠레와 브라질 해군 의 제독.

페르난도 7세(Fernando VII): 1784년생. 에스파냐의 군주. 프랑스 군에 의해 감금된 동 안 '기대주'(el Deseado)란 별명을 얻음.

가스파르 로드리게스 데 프란시아(Gaspar Rodríguez de Francia): 1766년생. 파라과이 의 독립을 주도한 독재자.

마누엘 고도이(Manuel Godoy): 1767년생. 에스파냐 왕비의 정부(情夫). 대중의 반감 을 초래함.

비센테 게레로(Vicente Guerrero): 1783년생. 누에바에스파냐 반란의 세 번째 지도자.

미겔 이달고(Miguel Hidalgo): 1753년생. 누에바에스파냐 반란을 선도한 급진적 성직자.

알렉산더 폰 훔볼트(Alexander von Humboldt): 1769년생. 프로이센의 과학자, 탐험가, 다양한 분야의 전문가.

아구스틴 데 이투르비데(Agustín de Iturbide): 1783년생. 아메리카인 군 지휘관. 후에 아구스틴 1세가 되어 멕시코 제위에 오름.

주앙 6세(João VI): 1769년생. 섭정 황태자. 리우데자네이루로 피난. 후에 포르투갈 왕 위에 오름.

안토니오 데 라라사발(Antonio de Larrazábal): 1769년생. 카디스 의회에 참가한 과테 말라의 대의원.

이그나시오 로페스 라욘(Ignacio López Rayón): 1773년생. 시타콰로(Zitácuaro) 협의회 의 조직가.

산티아고 마리뇨(Santiago Mariño): 1788년생. 베네수엘라 '동부 지역의 해방자'.

후안 마르티네스 데 로사스(Juan Martínez de Rozas): 1759년생. 칠레 독립 지도자. 베 르나르도 오히긴스의 후견인.

세르반도 테레사 데 미에르(Servando Teresa de Mier): 1765년생. 누에바에스파냐의 반 체제 지식인 성직자.

프란시스코 데 미란다(Francisco de Miranda): 1750년생. 아메리카 독립운동의 선구자.

베르나르도 몬테아구도(Bernardo Monteagudo): 1785년생. 추키사카에서 산마르틴을 도운 지식인.

후안 도밍고 몬테베르데(Juan Domingo Monteverde): 1772년생. 미란다를 제압한 에스파냐 장군.

카를로스 몬투파르(Carlos Montúfar): 1780년생. 훔볼트의 여행 동반자. 후안 피오의 아들.

후안 피오 몬투파르(Juan Pío Montúfar): 1759년생. 1809년 키토 협의회의 의장.

호세 마리아 모렐로스(José María Morelos): 1765년생. 누에바에스파냐에서 발생한 두 번째 봉기의 지도자.

마리아노 모레노(Mariano Moreno): 1778년생. 최초로 조직된 부에노스아이레스 협의회의 장관.

파블로 모리요(Pablo Morillo): 1778년생. 누에바그라나다 정복을 지휘한 에스파냐 장군.

안토니오 나리뇨(Antonio Nariño): 1765년생. 반란 주모자. 누에바그라나다의 독립운동 지도자.

베르나르도 오히긴스(Bernardo O'Higgins): 1778년생. 칠레의 해방자. 산마르틴의 협력자.

마누엘 아센시오 파디야(Manuel Ascencio Padilla): 1775년생. 알토페루의 독립운동 지도자.

호세 안토니오 파에스(José Antonio Páez): 1790년생. 볼리바르의 야네로 동맹자. 나중에 그의 경쟁자가 됨.

페드루 1세(Pedro I): 1798년생. 주앙 6세와 카를로타 호아키나의 아들. 브라질의 독립을 선언함.

마누엘 카를로스 피아르(Manuel Carlos Piar): 1774년생. 볼리바르에게 처형된 혼혈 파르도 장군.

홈 포펌(Home Popham): 1762년생. 1806년 부에노스아이레스를 공격한 영국의 해군 제독.

마테오 푸마카와(Mateo Pumacahua): 1740년생. 1814년 쿠스코 반란의 원주민 지도자.

안드레스 킨타나 로오(Andrés Quintana Roo): 1787년생. 누에바에스파냐의 지식인 독립운동가.

베르나르디노 리바다비아(Bernardino Rivadavia): 1780년생. 독립 이후 부에노스아이레스의 자유주의 대통령.

시몬 로드리게스(별명 새뮤얼 로빈슨, Simón Rodríguez/Samuel Robinson): 1771년생. 혁명적 교육가.

마누엘라 사엔스(Manuela Sáenz): 1793년생. 키토의 독립운동가. 볼리바르의 협력자.

마리키타 산체스(Mariquita Sánchez): 1786년생. 부에노스아이레스의 혁명가(후에 망데빌 부인으로 불림).

프란시스코 데 파울라 산탄데르(Francisco de Paula Santader): 1792년생. 누에바그라나다에서 볼리바르의 경쟁자가 됨.

안토니오 로페스 데 산타 아나(Antonio López de Santa Anna): 1794년생. 아구스틴 1세의 폐위에 기여한 젊은 카우디요.

호세 데 산마르틴(José de San Martín): 1778년생. 아메리카의 해방자. 과야킬에서 용퇴.

안토니오 호세 데 수크레(Antonio José de Sucre): 1795년생. 1820년대 볼리바르의 오른팔 역할을 맡은 인물.

레오나 비카리오(Leona Vicario): 1789년생. 멕시코 시 지하 독립운동의 여성 조직가.

웰링턴 공작(Duke of Wellington): 1769년생. 에스파냐에서 나폴레옹과 맞붙은 영국군 장군이자 나폴레옹의 숙적.

| 부왕 |
(연대순)

누에바에스파냐	페루	리오데라플라타	누에바그라나다
이투리가라이 (Iturrigaray) 1803~08	아바스칼 (Abascal) 1806~16	소브레몬테 (Sobremonte) 1804~07	아마르 이 보르본 (Amar y Borbón) 1803~10
베네가스 (Venegas) 1810~13	페수엘라 (Pezuela) 1816~21	리니에르 (Liniers) 1807~09	몬탈보 (Montalvo) 1816~18
카예하 (Calleja) 1813~16	라세르나 (La Serna) 1821~24	시스네로스 (Cisneros) 1809~10	사마노 (Sámano) 1818~19
아포다카 (Apodaca) 1816~21		엘리오 (Elío) 1810~11	
오도노후 (O'Donojú) 1821			

알라만　　　아수르두이

아르티가스

안드라다　　　알베아르

벨그라노　　　카를로타　　　볼리바르

카예하   카스텔리

페르난도 7세   프란시아

주앙 6세   구에메스   게레로

이투르비데   이달고   훔볼트   라라사발

로페스 라욘

나폴레옹

투생 루베르튀르

오히긴스

메히아

모렐로스

파에스

미란다

모레노

나리뇨

페드루 1세

피아르

로드리게스

산체스

사엔스

살라바리에타

산타 아나

산마르틴

산탄데르

수크레

웰링턴

비카리오

1799   훔볼트, 아메리카 여행 시작.

1806   배신자들, 부에노스아이레스와 코로(Coro) 침공.

1807   나폴레옹 군, 이베리아 반도 침입.
        포르투갈 왕실, 리스본에서 브라질로 이전.

1808   나폴레옹, 에스파냐 왕위 장악.
        에스파냐 제국의 위기 시작, 에스파냐에 협의회 수립.
        멕시코 시에 공개 시의회(cabildo abierto) 설치, 이투리가라이 퇴진.

1809   에스파냐 중앙협의회, 나폴레옹에 맞선 저항에 협력.
        나폴레옹, 카디스를 제외한 에스파냐 전역의 점령 완료.
        '누가 아메리카를 통치해야 하는가'에 대한 논쟁 확산.
        추키사카, 라파스, 키토 등 안데스 지역에 소규모 반란 발생.

1810   카디스에 의회 소집, 섭정통치 수립.
        카라카스, 부에노스아이레스, 보고타, 산티아고에 협의회 구성.
        부에노스아이레스 부왕청, 알토페루에 첫 번째 부대 파견.
        이달고의 군중, 누에바에스파냐를 휩쓺.

1811   미란다, 베네수엘라에서 독립공화국 선포.
        베네수엘라, 누에바그라나다, 칠레에서 내전 발발.
        이달고 체포, 처형당함. 모렐로스, 그 뒤를 계승.
        부에노스아이레스 부왕청 부대, 파라과이, 알토페루에서 패배.
        에스파냐 군, 페루에 안데스 재정복을 위한 기지 설치.
        영국과 포르투갈 군, 나폴레옹으로부터 포르투갈 탈환.

1812   나폴레옹의 에스파냐 장악력 약화.
        카디스 의회, 자유주의 헌법 선포.
        베네수엘라 제1공화정 붕괴.
        모렐로스, 콰우틀라 전투에서 생존. 오아하카 장악.

1813   볼리바르, '결사항전'(War to the Death) 선언.

부에노스아이레스 부왕청 군, 알토페루에서 또다시 패배.

모렐로스, 아카풀코 점령 후 추진력 상실.

1814 페르난도 7세 복위, 1812년 헌법 폐지, 의회 해산.

페루의 에스파냐 군, 칠레 재정복.

볼리바르, 보베스에 패배. 망명길에 오름.

1815 나폴레옹 지배 종식 후, 에스파냐의 대규모 재정복 부대 아메리카 도착.

아르티가스, 부에노스아이레스 정부에 대항해 연방 동맹 결성.

주앙 6세의 연합 왕국 수립. 브라질, 포르투갈과 동등한 지위 획득.

모렐로스 체포, 처형당함.

1816 에스파냐, 리오데라플라타를 제외한 아메리카 전역 재정복 완료.

1817 산마르틴, 멘도사에서 안데스 산맥 넘어 칠레로 진입.

볼리바르, 베네수엘라 귀국 작전 개시.

페르남부쿠 반란, 브라질에 '자유주의 전염' 발생.

1818 게레로, 누에바에스파냐에서 혁명 정신 재점화.

산마르틴, 리마 공격 준비.

1819 볼리바르, 보야카 다리(Puente de Boyacá)에서 승리. 누에바그라나다 장악.

1820 에스파냐와 포르투갈, 입헌주의 혁명 발발.

에스파냐의 대규모 재정복 원정군 패퇴.

산마르틴, 페루에 대한 해상 공격 개시.

1821 리스본 의회, 주앙 6세 포르투갈 환국 강권(強勸).

이투르비데와 게레로, 이괄라 계획 아래 동맹 체결. 멕시코 시 입성.

중앙아메리카, 이괄라 계획에 동참, 독립 선언.

볼리바르, 카라보보(Carabobo) 전투에서 승리.

산마르틴, 페루에서 교착 상태에 빠짐.

1822 페드루 왕자, 브라질 독립 선언, 황제 즉위.

이투르비데, 독립 멕시코의 황제 아구스틴 1세로 추대됨.

볼리바르와 산마르틴, 과야킬에서 회동.

1823 절대주의의 반동, 에스파냐와 포르투갈 장악.

아구스틴 1세 폐위. 멕시코 공화국 수립.

볼리바르, 페루 독립투쟁 개시.

1824 페드루 1세, 브라질 제국의 권력 기반 강화.

아야쿠초 전투, 아메리카에서 에스파냐의 마지막 패배로 기록됨.

아메리카에게

왜 '아메리카노'(Americano)인가

민중의 독립이여, 만세!

드디어 우리의 때가 도래했나니……

—「아메리카의 노래」, 1797

왜 이 책에서는 아메리카인을 의미하는 '아메리카노'(americano)를 대문자로 쓰지 않는가?[1] 앞으로 우리가 계속 사용할 '아메리카' (América)에는 왜 강세 부호를 붙이는가? 결국 아메리카노란 간단히 말해 아메리카인들을 지칭한다. 흔히 '아메리카'는 에스파냐어나 포르투갈로 쓰든, 아니면 영어로 쓰든 모두 같은 단어일 것이라고 여긴다. 하지만 결코 그렇지 않다. 라틴아메리카인들은 단 한 번도 '아메리카'를 미국과 동의어로 쓴 적이 없다. 당연히 '아메리카인'은 미국인을 의미하지 않는다. 앞으로 전개될 이야기에서 이 구분은 매우 중요하다. 그러므로 여기서는 에스파냐와 포르투갈의 식민지를 포함해 오늘날 라

---

1) '아메리카노'(americano)는 에스파냐어로 '아메리카인'을 의미한다. 영어와는 달리 에스파냐어에서는 국적을 나타내는 형용사를 대문자로 쓰지 않는다. (옮긴이 주)

틴아메리카에 해당되는 지역을 '아메리카'라고 부를 것이다. 마찬가지로 '아메리카인'(americano)이란 영어가 아니라 에스파냐어나 포르투갈어를 사용하는 사람을 의미할 것이다.

'아메리카'와 '아메리카인'은 라틴아메리카의 독립투쟁을 이해하는데 가장 핵심적인 단어이다. 1807~08년, 다시 말해 나폴레옹이 포르투갈과 에스파냐를 침공해 아메리카에 중대한 변화가 조성된 시기에 '아메리카인'이라고 하면 흔히 백인만을 의미했다. 그러나 유혈 진압으로 소요가 가라앉는 1825년에 이르면 아메리카인은 완전히 다른 의미를 지니게 된다. 그때 아메리카인은 인구의 절대다수를 차지하는 원주민, 아프리카인, 그리고 혼혈인까지 아우르는 넓은 의미를 지니게 되었다. 아메리카에 충성을 다하는 군 장교, 시인, 웅변가 들이 자신의 투쟁을 '아메리카의 대의'를 위한 일로 묘사하고, 모든 아메리카인들에게 그 대의에 동참할 것을 호소하면서부터 이런 의미 변환이 일어났다. "우리의 조국이 부른다, 아메리카인이여/우리 함께 압제자를 물리치자."[2] 이는 베네수엘라에서 혁명가(革命歌)로 부르곤 하던 노래의 한 소절이다. 1797년에 등장한 이 '아메리카의 노래'(canción americana)는 아메리카인의 의미가 꽤 일찍부터 확대 · 사용되었음을 보여준다.

오늘날 라틴아메리카 여러 국가들의 주민과 관련된 용어, 예컨대 멕시코인, 베네수엘라인, 콜롬비아인, 칠레인, 브라질인, 과테말라인, 페루인 등의 표현은 아메리카를 강조하는 분위기 속에서는 매우 드물게만 사용되었다. 멕시코에서 아르헨티나, 칠레에 이르기까지 라틴아메

---

2) Carmen Clemente Travieso, *Mujeres de la independencia: Seis biografías de mujeres venezolanas*(Mexico City: Talleres gráficos de México, 1964), pp. 36~37.

리카 독립운동에 참여한 투사들은 이원적인 분류 방식을 수립했다. 이는 모든 아메리카인(americano)을 하나로 묶어 유럽인(europeo), 즉 유럽 태생의 에스파냐인과 대비시키는 방식이다. 언뜻 보면 이런 분류는 그리 특별해 보이지 않는다. 대서양을 기준으로 양분하는 방식보다 더 확실한 구분이 어디 있을까? 이미 미국도 이와 유사하게 독자적인 정체성을 확립하지 않았던가.

  하지만 아메리카인이라는 단어의 의미론적 진화는 세계사에서 매우 중대한 사건이었다. 그 중요성이란 영국령 아메리카에서 그보다 20여 년 전에 일어난 일과 비교해도 손색이 없을 정도다. 사실 아메리카인과 유럽인의 양분이 식민시대 아메리카에서 가장 명확한 사회적 구분이었다고 할 수는 없다. 그보다는 사회적 신분제에 근거한 철저한 계급사회가 아메리카 식민화 과정에서 출현했다. 원주민, 아프리카인, 혼혈인 등으로 이루어진 하층 계급이 '아메리카인', 즉 아메리카에서 태어난 백인 지배자들로부터 받는 차별은 극심했다. 반면 아메리카인이 유럽인으로부터 받은 차별은 그 정도까진 아니었다. 우리가 앞으로 자세히 살펴볼 과정을 요약하면 다음과 같다. 독립운동의 지도자들은 압도적으로 백인이 우세했는데, 이들은 식민 본국을 상대로 승리의 확률을 극대화하기 위해 새롭고 더 넓은 의미의 아메리카인 개념을 수용했다. 만약 세 대륙 출신의 개개인이 뒤섞여 나타난 매우 다채로운 혼혈인, 즉 아메리카에서 태어난 모든 이들을 단지 '아메리카인'이라고 부를 수 있다면, 그리고 만약 이들이 모두 한쪽 편에 설 수 있다면, 인구의 1퍼센트도 되지 않은 극소수 유럽 태생 에스파냐인들의 식민통치는 계속 유지되기 어려웠을 것이다. 당시 아메리카의 다양한 계층을 한데 묶어 '아메리카인'이라고 정의하기 위해 사람들은 즉시 진실을 인정했다. 또한 이 진실은 새로운 진실을 낳았다. 그것은 '주권자로서의 인민'이라는 가공적이지만 매우 강력한 추상 개념이었다. 최소한 '주권자로서의 인민'은 '인민의, 인민에 의한, 인민을 위한' 정부를 소유할 자격이 있었다. 그리고 1820년대에 출현한 아메리카의 주권자들은 1780년대 미국 독립 당시와는 달리 대다수가 유색인이었다.

또한 10여 개의 국가가 거의 동시에 수립됨으로써 당시 아메리카는 미국 독립 과정에서 볼 수 없었던 매우 중대한 의미를 지니게 되었다. 물론 양측의 독립 모두 향후 발생할 세계의 비식민화에 중요한 방향을 제시했다. 미국의 독립은 분명히 옛 유럽 식민지에 건설된 새로운 공화국의 하나로 본보기가 되었고 아메리카의 여러 독립운동가들을 고무했다. 그러나 단 하나의 사건으로 조류(潮流)가 형성되기는 어려웠다. 게다가 미국의 공화주의 체제 속에서 비(非)유럽계 혈통은 대부분 배제되었다. 미국 연방의 건설은 순수한 유럽계 주민들이 본래부터 주장해온 그들만의 자결권이 실현된 것에 지나지 않았다. 반면, 한 세대가 지난 뒤 아메리카에 대거 수립된 국민국가들은 하나의 큰 흐름을 만들었고 미래의 비식민화를 위한 원형(原型)을 제시했다.

아메리카인들은 전국적인 선거를 통해 제헌의회를 구성했고 미국의 선례를 좇아 성문헌법에 인민주권의 원칙을 명기했다. 비록 미국의 예를 따르긴 했지만, 아메리카의 새로운 헌법은 제정 과정에서 원주민, 아프리카인, 혼혈인 등 절대다수를 공식적인 국민으로 받아들였다. (한 가지 확인하고 넘어가야 할 사실은 이런 개혁의 선두에 아이티가 있었다는 점이다. 그러나 아이티 혁명은 흐름을 만들어내지 못했다. 아메리카의 상층 정치 지도자들에게 아이티는 본보기가 아니라 오히려 경계해야 할 반면교사가 되었다.) 아메리카인들의 헌법은 과장하지 않고 말한다면 사실 불완전했다. 모든 주민들을 국민에 포함시킨다는 조항은 수십 년 동안 실제라기보다는 이론 차원에 머물렀기 때문이다. 그럼에도 아메리카의 독립은 아메리카 대륙이 공화국의 집합체가 되었다는 의의를 지닌다. 이는 제임스 먼로(James Monroe) 미국 대통령이 1823년에 발표한 선언의 핵심 주장이기도 했다. 19세기를 거치면서 그 여망을 현실로 만든 것은 아메리카인들이었다. 제2차 세계대전이 끝난 뒤 아프리카와 아시아에서 유럽의 식민통치가 종식되었을 때, 라틴아메리카의 성공적인 비식민화는 계속된 논란에도 불구하고 이미 세계사에서 기정사실로 인정된 상태였다. 아메리카인들의 성공은 20세기 후반에 급격히 증가한 아프리카와 아시아의 신생 국가들에서도 입헌 공화주의 유형이 통용될 수 있다는 점을 보증했다. 물론 이런 유형에는 한계가 있었다. 그럼에도 이 정치적 모델의 전반적인 확산은 특정 사상의 전 세계적 승리를 의미했다. 그것은 오늘날 미국식 표현으로는 '서양의' 정치적 가치로, 그 밖의 지역에서는 주로 자유주의라고 부르는 바로 그 사상이었다.

사실 평범한 단어 '자유로운'(liberal)이 정치적 용어로 새롭게 태어난 곳은 에스파냐였다. 에스파냐가 나폴레옹 군에 맞서 전투를 벌였을 때, 이 용어는 '자유'를 기치로 내건 애국자들을 지칭할 때 사용되었다. '자유로운 자'(liberal)란 그들 자신의 표현에 따르면, "비굴하고 노예근성을 지닌 자"[3]들의 적이었다. 그들은 국민의 자유를 보장하는 입헌정부를 표방했다. 또한 정부가 만들어낸 진실이나 어느 한 집단의 의견이 전체를 지배할 수 없도록 상품과 사상의 자유로운 소통을 지지했다. 앞으로 살펴보겠지만 에스파냐 왕실의 급격한 쇠락으로 촉발된 그들의 정치적 사유는 인민주권 개념에서 출발한다.

인민주권의 개념을 이론화하기 위해서 먼저 '주권자로서의 인민'을 명확히 정의할 필요가 있었고 이는 또한 국가를 정의한다는 의미를 지

---

3) 자유주의자들은 이들을 에스파냐어로 'servil'이라고 불렀다. (옮긴이 주)

니기도 했다. 아메리카에서 새롭게 탄생한 국가들은 처음부터 원주민, 아프리카인, 혼혈인을 포함한다고 규정했다. 이런 국가의 '자기규정'에는 일부 전술적인 자제(自制)와 자기기만이 내포되어 있었다. 그렇다손 치더라도 아메리카인들이 세계사에 기여한 점을 놓고 본다면, 이런 규정의 확립은 자유주의적 공화주의의 확산보다 훨씬 중요하다고 할 수 있다. 베네딕트 앤더슨(Benedict Anderson)의 권위 있는 저서 『상상된 공동체: 민족주의의 기원과 확산에 관한 성찰』은 이런 확산 과정에서 '크리올 선구자'(Creole pioneer)들이 수행한 역할을 강조한다. 여기서 '크리올'은 우리가 아메리카인이라고 부른 바로 그 사람들 — 그리고 자기 스스로를 아메리카인이라고 부른 사람들 — 을 가리킨다. 앤더슨은 아메리카인들이 형성되는 경험이라고 할 수 있는 아메리카 독립전쟁에는 중요성을 크게 부여하지 않았다. 반면 그는 민족주의가 전 세계적으로 확산되는 데에 라틴아메리카의 독립이 결정적인 계기를 제공했다는 통찰을 당대의 학자들에게 일러주었다.

영어로 쓰인 라틴아메리카 독립사에서 '아메리카인'은 일반적으로 잘 사용되는 용어가 아니다. 대신 아메리카 태생의 백인을 지칭할 때 에스파냐어 '크리오요'(criollo)의 번역어인 '크리올'이 사용되곤 한다. (따라서 앤더슨 또한 전 세계 민족주의의 '크리올 선구자'라는 표현을 썼다.) 그러나 '크리올'보다는 '아메리카인'이 더 적합하다고 할 수 있다. 이 용어는 순수한 백인에서 아메리카 태생의 모든 사람들까지 '주권자로서의 인민'에 포함시킬 정도로 그 범위가 확대되었다는 중요한 사실을 분명히 드러내기 때문이다.

라틴아메리카 역사를 다루는 학자마다 1808~25년의 의미를 평가하는 방식은 크게 다르다. 각국의 독립투쟁사는 위대한 영웅이나 건국 위업에 관한 신화적인 이야기들을 담고 있다. 세계를 돌며 민족의 정체성

형성을 주도했다는 **식의 내용도 있다. 대표**적인 아메리카인 지도자로는 아르티가스, 안드라다, **벨그라노**, 볼리바르, 게레로, 이달고, 미란다, 모렐로스, 오히긴스, 파에스, 페드루 1세, 산마르틴, 수크레, 산탄데르 등을 거론할 수 있는데, 이들이 바로 독립투쟁사의 주인공일 것이다. 이들의 이름은 도시, 공원, 주(州), 거리 등에 붙어 있고 아메리카의 독립을 이해하려는 사람이라면 반드시 알아야 할 대상이다. 하지만 애국적 상상력으로 묘사되는 이 영웅들은 너무나 위대한 지능, 덕, 용기를 지녔기 때문에 오히려 감화를 받거나 모방하기 어려운 경향이 있다. 이 책에서는 그런 접근 방식을 취하지 않을 것이다. 이 영웅들이 우리에게 영감을 줄 수 있는 까닭은 그들이 완벽하기 때문이 아니라 오히려 불완전하기 때문이다.

오늘날 라틴아메리카의 역사서술은 무엇보다 독립이 식민체제의 신분적 위계질서에 끼친 영향에 초점을 맞춘다. 특히 소수의 백인 지배층과 다수의 원주민, 아프리카계 예속민 사이의 관계에 어떤 충격을 가했는지 검토한다. 식민체제의 신분질서는 독립된 아메리카에서 매우 더딘 과정을 거쳐 극복되었기 때문에 학계의 역사학자들은 독립의 성과가 실망스럽다는 점을 강조하는 경향이 있다. 원래 공화국이란 '주권자로서의 인민'이 동등한 시민으로 살아가는 사회를 지향하고 따라서 노예제나 예속적 노역은 공화주의와 근본적으로 양립할 수 없다고 여겨졌다. 하지만 미국의 경우에서 볼 수 있듯이 이 두 가지는 수십 년간 교묘하게 양립했다. 주요 독립운동 세력은 다양한 수사를 통해 아메리카에서 그토록 성행하던 억압적 신분구조를 종식시키겠다고 역설했다. 하지만 수사적인 공약이 항상 지켜지진 않기 때문에 독립 후 공화주의의 이상은 혹독한 시련을 맞게 되었다.

여러 가지 이상 — 예컨대 독립투쟁으로 융화된 국가가 수립되면 그 내부에서는 법치가 제대로 실현되고 모든 구성원들이 평등한 삶을 누리며 공화주의 정부가 보편적인 이익을 대변한다는 이상 — 들은 단지 이론 속에서 가능하다. 현실에서 '서양의' 정치적 가치는 유럽을 비롯한 다른 모든 지역에서 그랬듯이 라틴아메리카에서도 갈등의 역사를 양산했다. 이런 가치들은 각 지역에서 그보다 먼저 뿌리를 내린 가치나 관습과 충돌했다. 실로 아메리카에서 '서양의' 정치적 가치는 강력한 옹호뿐 아니라 완강한 저항의 대상이었다. 아메리카인들은 자결권을 요구하면서 세계사의 방향을 200년 전으로 돌리려고 했다. 그러나 실질적인 인민주권을 실현하려는 아메리카인들의 시도는 20세기 이전에 대부분 좌절되고 말았다. 이에 관한 역사는 마지막 에필로그를 위해 남겨두는 편이 좋을 것이다.

이 책은 라틴아메리카의 독립을 철저히 애국주의적이고 학술적인 언어로 표현한 저작들과는 다르다. 여기서는 에스파냐와 포르투갈의 식민지를 모두 포함하는 통합적인 서술을 지향할 것이고 균형 잡힌 시각으로 역사적 사건들을 평가하면서 독립운동 지도자들의 이름을 함께 짜 맞추어가는 데 초점을 맞추고자 한다. 에스파냐령 아메리카는 인구의 규모나 20여 개의 근대국가를 탄생시킨 독립 과정의 복합성이라는 측면에서 포르투갈령 아메리카, 즉 브라질보다 중요한 역할을 수행했다. 하지만 모든 세력의 총체적인 노력이 필요했다는 점에서는 아메리카의 어느 곳이나 다를 바 없었다. 그렇다면 우리의 이야기를 다음과 같이 모순적이고 그리 흔치 않은 상황으로부터 시작해보자. 아메리카인들은 대체로 그들의 군주에게 충성스러운 태도를 유지했다. 또한 미국과 프랑스가 확산시킨 혁명 사상을 수용하려는 특별한 열망도 없었다. 그 무렵인 1799년, 역사상 가장 뛰어난 여행가 가운데 한 사람이 아메리카 해안에 발을 내디뎠다. 바로 프로이센 태생의 알렉산더 폰 훔볼트(Alexander von Humboldt)였다. 채울 수 없는 호기심으로 가득 찬 이 외지인은 식민시대 말기의 아메리카로 우리를 안내해줄 것이다.

● 차례

1799년이라면 여전히 여행기(旅行記)가 유럽과 이제 막 탄생한 미국의 독자들에게 아메리카에 관한 기본적인 정보를 제공하던 시기이다. 그해에 알렉산더 폰 훔볼트는 외부 세계에 거의 알려지지 않은 대륙을 누비게 되는 유명한 여행을 시작했다. 분명 그는 아메리카를 방문한 여행객 가운데 가장 영향력 있는 인물이었을 것이다. 훔볼트는 라틴아메리카라는 명칭을 한 번도 사용한 적이 없다. 아직 그런 명칭이 존재하지 않았기 때문이다. 사실 이 책에서 다루는 시기 내내 그 이름은 등장하지 않을 것이다. 훔볼트의 방문 뒤 몇 년 지나지 않아 아메리카는 힘든 산고 끝에 10여 개의 국가를 탄생시켰다. 하지만 1799년에는 모든 것이 불투명한 상태였다.

훔볼트와 봉플랑, 아메리카를 발견하다

탐험가가 되고자 했던 훔볼트는 만능 과학자이자 동성애자였다. 1799년 7월 신세계에 첫발을 내디딜 당시 그는 29살이었다. 누구든 틀림없이 이 젊은 훔볼트에게 매료될 것이었다. 이 특이한 인물은 어려서부터 곤충을 너무 좋아한 나머지 어머니가 바라던 관리가 되진 못했다. 20세 되던 해 그는 프랑스 대혁명 1주년을 맞아 흥분에 휩싸인 파리를 방문했다. 그곳에서는 혁명을 기념하는 자유의 신전 건축이 한창이었고 훔볼트는 자원봉사자로서 며칠 동안 그 일을 도왔다. 지질학과 식물학에 푹 빠진 대학 졸업생, 무엇보다도 유럽 바깥세상을 탐험하고 싶어 몸이 달아오른 한 청년을 상상해보라. 외국인들의 아메리카 방문이 거의 허용되지 않던 시절, 뛰어난 에스파냐어 실력으로 에스파냐 군주를 설득해 마침내 방문 허가를 받아낸 그를 보고 여러분은 자존심 강한 베를린 사람을 떠올릴 수도 있을 것이다.

어쩌면 그를 싫어할지도 모른다. 어쨌든 그에게는 특권층의 이미지가 풍기기 때문이다. 성(城)을 한 채 보유한 재력가 집안에서 태어난 그는 5년 동안 과학 탐험에 필요한 자금을 지원받을 수 있었다. 마르고 키가 큰 이 프로이센 청년은 민주주의적 신념을 소유했지만 수려한 외모에서 느껴지는 우월한 이미지를 지우기는 힘들었다. 그리고 훔볼트는 어떤 것에 대해 아는 체하는 기질이 분명 다분한 편이었다. 계몽주의라는 당시 유럽의 지적(知的)·과학적 동향이 지닌 긍정적인 면과 부정적인 면 모두가 그에게 나타났다. 우주를 이해하고 느끼는 순수하며 꾸밈없는 기쁨이 젊은 훔볼트에게는 넘쳐흘렀다. 찰스 다윈(Charles Darwin)은 훔볼트의 『개인 여행기』(*Personal Narrative*)[1]를 읽고 크게 영감을 받았다고 술회했다. 이 여행 기록이 다윈을 베네수엘라, 쿠바, 안데스, 멕시코로 이끌지 않았을까. 그러나 훔볼트의 행동 역시 모든 것을 파악하고 지배하려는 계몽주의적 의지의 표본이라고 할 수 있다. 세계를

---

1) 원제목은 *Personal Narrative of Travels to the Equinoctial Regions of America, During the Years 1799~1804*. (옮긴이 주)

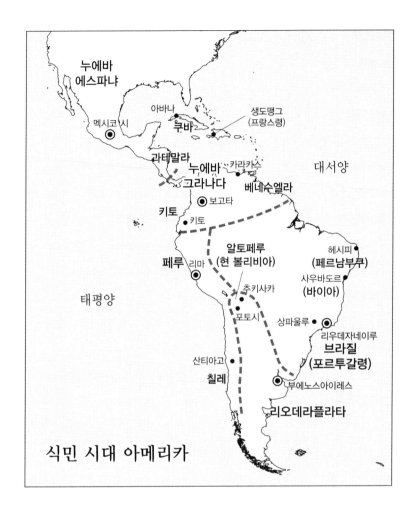

누에바
에스파냐

아바나

쿠바

생도맹그
(프랑스령)

멕시코시

과테말라

누에바
그라나다

카라카스

대서양

베네수엘라

키토

● 보고타

● 키토

알토페루
(현 볼리비아)

페루

● 리마

추키사카

헤시피
(페르남부쿠)

사우바도르
(바이아)

태평양

포토시

상파울루

리우데자네이루

브라질
(포르투갈령)

산티아고

칠레

● 부에노스아이레스

리오데라플라타

식민 시대 아메리카

'발견'하려면 그것에 접근해야 한다. 대상의 '분류'는 계몽주의자들이 지적 열정을 분출하는 한 가지 방식이었고 이는 훔볼트에게도 마찬가지였다. 전 세계로 식민지를 확대하려던 위대한 '유럽의 시대'에 훔볼트가 유럽에서 큰 명성을 얻게 된 것은 결코 우연이 아니었다.

훔볼트는 식물, 동물, 광물의 표본을 채집하고 풍향과 해류, 표고와 위도를 측정하기 위해 카를로스 5세에게 여행 허가를 받아냈다. 변화하는 지구, 그 가운데서도 특히 생물과 그 환경 사이의 상호 연관성을 파악하는 총체적 연구를 '박물학'(natural history)이라고 정의한다면, 그는 이 학문에 필요한 모든 요소를 갖추려고 했다. 예컨대 어느 프랑스 과학자가 1735년 아메리카를 방문했을 때, 아마존 강과 오리노코 강을 연결하는 수로(水路)의 존재에 관해 풍문으로 들은 적이 있었다. 그 사실을 알게 된 훔볼트는 미지의 연결로를 찾으려고 카누에 몸을 싣고 수천 킬로미터가 넘는 열대 우림을 탐색했다. 또한 그는 화산을 만날 때마다 그곳에 올라 자신의 희망 사항을 충족하려고 했다. 때때로 분화구 안으로 들어가 숨을 멎게 만드는 화산재, 부글부글 끓는 용암, 눈에 보이지 않지만 치명적인 가스 연기 등을 직접 조사하기도 했다.

훔볼트와 그의 동료 에메 드 봉플랑(Aimé de Bonpland)은 당초 쿠바로 갈 계획이었다. 그러나 그들이 승선한 배에서 장티푸스가 발병해 베네수엘라 해안에 머물러 있어야 했다. 훔볼트와 봉플랑은 육지에 오를 수 있는 첫 기회를 놓치지 않았다. 그곳은 쿠마나(Cumaná)라고 부르는 오래된 항구로서 에스파냐인들이 남아메리카 대륙에서 가장 먼저 세운 정착지였다. 하지만 이 카리브 해 지역의 항구는 이미 사람들의 기억 속에서 얼마간 잊힌 상태였고 더욱이 지진 피해 탓에 일부가 파괴되어 있었다. 쿠마나의 에스파냐 통치자는 다행히도 친(親)프랑스적 성향의 지식인이었다. 그는 훔볼트와 봉플랑을 열렬히 환영하고 그들의 모든 탐험에 도움을 주었다. 쿠마나 주변의 땅은 살아 있었다. 기쁨에 겨워 형에게 보낸 편지에서 훔볼트는 그 땅을 열대 지역에서만 볼 수 있는 "힘이 넘치고 약동적이면서도 평온한" 대지로 묘사했다.[2] 또한 선상(船

---

2) Alexander von Humboldt, *Cartas americanas*, ed. Charles Minguet(Caracas: Biblioteca Ayacucho, 1980), p. 16.

上) 생활에 완전히 적응해 갑판에서 천문학 서적을 읽거나 연구 분석을 위해 바닷물을 채취하면서 많은 시간을 보낸다고 알렸다. 그는 형이 놀 랄까 두려워 장티푸스에 대한 언급은 일절 하지 않았다. 대신 그 지역에 완전히 마음을 빼앗긴 29살의 청년은 호랑이, 앵무새, 원숭이, 아르마딜로(남아메리카의 야행성 포유동물), 조류, 독특한 색깔의 어류, 코코넛 나무, 그리고 "문명화는 덜되었지만 아름답고 흥미를 자아내는 원주민"에 대해 열정적으로 설명했다.[3] 열대 천국의 기후도 그에게 잘 맞는 듯했다. 훔볼트와 봉플랑은 그 지역에 발을 내딛고 너무 흥분한 나머지 며칠 동안 일관된 대화를 나누기가 어려웠다. 체류 마지막 날 두 천재는 갑자기 일정을 바꾸었다. 베네수엘라에는 서양의 과학계에 알려지지 않은 야생종이 가득했고 게다가 적은 비용으로 하인이 딸린 집을 한 달 내내 빌릴 수도 있었다. 훔볼트가 형에게 확신을 갖고 말한 것처럼 카라카스 근처는 아메리카에서도 보기 드물게 건강에 좋은 기후 조건을 갖추고 있었다. 그가 계획을 바꾼 것은 바로 이런 까닭 때문이었다. 훔볼트와 봉플랑은 쿠바로 향하기 전에 베네수엘라에서 몇 달을 보낼 요량이었다. 그러나 영국 전함이 도착했다는 소문이 나돌자 그 계획을 추진하는 데 매우 신중할 수밖에 없었다. 당시 에스파냐는 영국과 전쟁을 벌이고 있었다.

베네수엘라에 머무는 동안 훔볼트는 새로운 집 창밖에서 연일 열리는 노예 시장을 목격했다. 이 때문에 열대 천국이라는 이미지는 여지없이 무너지고 말았다. 훔볼트와 봉플랑은 가슴이 찢어지는 듯한 '혐오스러운' 광경을 목격했다. 훔볼트는 노예 상인을 매우 경멸했다. 울분에 찬 그는 형에게 보낸 편지에서 노예 구매자가 "마치 시장에서 말을 고를

3) *Ibid.*, p. 14.

때 하듯이 사람들의 입을 강제로 벌린다"[4]고 고발했다. 두 사람은 카리브 해안에서 수도 없이 많은 노예들을 보았을 것이다. 당시 노예제에서 벗어난 곳은 오직 한 곳, 즉 프랑스의 옛 설탕 식민지인 생도맹그(현재의 아이티)였다. 그곳에서는 프랑스 대혁명의 정신이 노예 반란을 혁명으로 승화시켜 노예제가 완전히 붕괴되고 백인 지배층이 일소되었다. 두 사람의 다음 방문 예정지인 쿠바에서는 에스파냐가 가장 큰 규모로 노예제 대농장을 운영하고 있었다. 노예제는 유럽의 식민화가 초래한 수많은 사회적 불의(不義) 가운데 빙산의 일각에 불과했다.

아메리카의 독립운동은 그가 유럽으로 돌아간 뒤 얼마 지나지 않아 발생했다. 하지만 훗날 기록한 대로 훔볼트는 자신에게 명성을 안겨준 1799~1805년 여행 기간 동안 독립을 향한 격렬한 움직임을 예견하지 못했다. 그가 여행길에 오르기 바로 직전에 영국의 식민지인 미국이 독립을 쟁취했고 아이티가 프랑스로부터 독립을 성취한 상태였는데도 왜 그는 독립운동을 간과했을까? 또한 에스파냐령 아메리카나 브라질에는 강력한 유럽 군대가 주둔하지도 않았다. 더욱이 에스파냐가 무역 독점 체제를 유지함으로써 활동에 제약을 받게 된 식민지 상인들의 분노 또한 무시할 수 없었다. 같은 에스파냐인 사이에서도 식민지 정부가 보여준 유럽 태생에 대한 끊임없는 편애는 아메리카 태생 에스파냐인들에게 좌절감을 안겨주었다. 에스파냐령 아메리카 인구의 4분의 3을 차지하지만 식민지 신분제에서 가장 낮은 계층에 머물러 있던 억압된 흑인이나 혼혈인들의 분노와 굴욕감도 더해졌다. 이 모든 요소가 어우러져 점점 확산되어가는 탈식민화의 열망은 이미 기정사실처럼 보일 수 있

---

4) Helmut de Terra, *Humboldt: The Life and Times of Alexander von Humboldt, 1769~1859*(New York: Alfred A. Knopf, 1955), p. 114.

었다. 홈볼트는 아메리카에서 에스파냐에 대한 애정이 크지 않을뿐더러 일부 사람들은 놀랍게도 아메리카인이라고 불리는 것을 매우 자랑스럽게 여긴다는 사실을 간파했다. 그러나 '실질적으로' 아메리카는 새로운 혁명을 위해 얼마나 준비되어 있었을까?

1800년 당시 아메리카에서는 대체로 혁명적 성향이 드러나지 않았다. 홈볼트는 아메리카에서 인구가 가장 많은 중심지(부왕령 수도 네 곳 가운데 세 곳, 즉 리마, 보고타, 멕시코 시), 아마존의 저지대, 카리브 해 연안, 안데스 고지대, 그리고 에스파냐의 가장 중요한 식민지인 누에바에스파냐의 여러 지역을 돌아다니며 관찰했다. 그가 목격한 상황은 이러했다. 유럽에서 출생한 에스파냐인(españoles europeos), 약칭해 '유럽인'(europeos)은 아메리카 인구의 1퍼센트도 안 되었다. 반면 아메리카 태생 에스파냐인(españoles americanos), 즉 '아메리카인'(americanos)은 대략 인구의 4분의 1을 차지했다. 그러나 '유럽인'은 사촌격인 '아메리카인'보다 훨씬 높은 지위에 있었다. 그것뿐이 아니었다. 부왕청과 교회의 인사 채용 역시 아메리카인보다는 유럽인을 선호해 아메리카인들에게 오랜 증오의 대상이 되었다. 더욱이 가장 부유하고 세력이 막강한 상인들은 변함없이 유럽인이었고 이들이 사실상 대서양 횡단 무역을 독점했다. 불만에 찬 아메리카인들은 부유한 유럽인들을 잘난 체하고 짐짓 귀족인 양 거들먹거리는 수전노에 불과하다고 생각했다. 유럽인들에 대한 분개는 직설적이고 경멸적인 호칭으로 나타났다. 가장 잘 알려진 표현으로는 '차페톤'(chapetón), '가추핀'(gachupín)[5] 등을 들 수 있다. 한편 '유럽인'과 '아메리카인' 양쪽 모두

---

5) 원래 '차페톤'은 아메리카에 막 도착한 에스파냐인을 지칭하는 말이었으나, 나중에 유럽 태생 에스파냐인들을 경멸적으로 부르는 별칭이 되었다. '가추핀'은 처음

는 인구의 4분의 3을 차지하는 아프리카계 주민 또는 아메리카 원주민 혈통의 주민들을 지배하면서 우월감을 느꼈다. 하지만 그보다 더 강한 유럽인의 오만함은 아메리카인들의 신경을 건드렸다. 초조해진 아메리카인들은 사회의 위계질서에서 아래에 위치한 아프리카인, 원주민, 혼혈인 등과 비교하면서 자신들의 에스파냐 혈통을 더욱 강조했다. 주민 대부분은 아메리카의 광활한 변경지대나 오지 또는 열대 지역의 하천이나 우림 개간지, 안데스 산맥의 경사면에 거주했으므로 정부의 효과적인 통제에서 벗어나 있었다. 그들은 주로 농업이나 어업에 종사하면서 어떤 방식으로든 생활에 필요한 물품을 조달했다. 아메리카 곳곳에서 불규칙하게 펼쳐진 변경지대는 인구 밀집 지역보다 생필품을 획득하는 데 용이했다. 따라서 굶주림 탓에 발생한 반란은 극히 드물었다.

1780년대에는 아메리카 여러 지역에서 무거운 과세 때문에 반란이 발생했다. 그러나 그중에서 식민 당국에 위기감을 불러일으킨 사례는 페루와 알토페루(현 볼리비아)의 투팍 아마루 반란이 유일했다. 당시 반란들은 대체로 지역적인 불만의 표출로서 제한된 개혁을 요구할 뿐이었다. 반란에서 제기된 주장은 대개 "국왕 만세, 나쁜 (식민) 정부 타도"와 같은 내용이었다. 보통 그런 행동들은 식민지 내로 경제 활동을 제한한 왕실 정책에 대한 반응이었지만, 이 정책들은 사라지지 않았다. 사실 에스파냐의 공식적인 무역 독점에 일부 예외적인 사례가 있었다. 그러나 일반적으로 아메리카 항구에서 상품 매매는 에스파냐 상인들의 배타적인 권리였고 이런 관행은 지속되었다. 어쨌든 식민지 반란의 시기가 지나고 1800년 무렵 훔볼트가 관찰했을 때에는 (백인) 아메리카

에는 부도덕한 에스파냐인들을 가리키기 위해 사용되었으나 시간이 흐르면서 모든 에스파냐인들을 지칭하는 용어로 바뀌었다. (옮긴이 주)

인, 원주민, 혼혈인, 그리고 흑인을 막론하고 주민 대부분이 에스파냐 왕실에 충성을 바치는 것처럼 보였다. 혁명적 개혁 정신으로 가득한 젊은 청년에게 아메리카인들은 전반적으로 무감각해 보였다.

오히려 식민지의 내적 불만보다 유럽 제국 간의 충돌, 즉 외부적 요인이 1800년대 식민체제 붕괴의 원인이 되었다. 18세기에 에스파냐와 영국은 여러 차례 전쟁을 벌였다. 영국의 침입에 대비해 식민지에서는 방어를 위한 군사 조직이 만들어졌다. 그러나 영국 해군은 바다를 지배했다. 식민지의 상품들이 부두에 산적해 있었지만 무역선들은 항로를 찾을 수 없었다. 카리브 해 섬들을 기지로 삼아 작전을 전개한 영국 군함들이 모든 통로를 차단했기 때문이다. 에스파냐의 옛 식민지인 트리니다드 섬도 막 그런 작전 기지가 된 터였다. 훔볼트와 봉플랑이 드디어 열대 우림에서 나와 쿠바로 향하는 배를 기다리고 있을 때, 에스파냐 선박들은 위험을 무릅쓰면서까지 베네수엘라 해안으로 들어오려고 하지 않았다. 훔볼트와 봉플랑은 베네수엘라에서 4개월을 기다려 작은 밀수선을 탈 수 있었다. 이 배는 베네수엘라에서 소비되는 영국 상품들을 조달하기 위해 트리니다드와 베네수엘라를 왕복하고 있었다. 하지만 이들이 탄 배가 바다로 나서자마자 노바스코샤 사략선(私掠船)의 습격을 받았다. 이 해적선은 군사적 계약을 맺고 영국을 위해 일하던 민간 무장선이었다. 훔볼트와 봉플랑은 영국 해군 소속 포함(砲艦)에 갇히게 되었다. 다행히 영국인 함장은 그들의 과학 탐험에 관한 글을 읽은 적이 있었기 때문에 정중하게 그들을 베네수엘라로 돌려보냈다. 결국 훔볼트와 봉플랑은 또다시 그곳에서 쿠바로 가는 에스파냐 선박을 하염없이 기다려야 했다. 마침내 그들은 중립국인 미국의 화물선에 올라 수천 킬로그램의 쇠고기 육포가 풍겨내는 역한 냄새를 맡으면서 여행을 지속할 수 있었다.

육포는 소금에 절인 쇠고기를 쌓아 햇볕에 말린 것이다. 소금과 열이 수분을 빨아들여 육질이 빨리 부패되는 것을 막아준다. 육포는 아메리카 곳곳에 있는 목축 변경지대의 주요 생산품이었다. 냉동 시설이 존재하지 않던 시절, 육포는 해외로 운송하기 위해 쇠고기를 일정 기간 보관할 수 있는 유일한 방식이었다. 포육(脯肉)은 고단백질에 맛이 좋아 주로 선원과 노예들의 배급 식량으로 사용되었다. 훔볼트가 올라탄 쿠바행 선박에도 육포가 가득했다. 훔볼트와 봉플랑이 코를 움켜쥐게 만든 이 선박은 틀림없이 베네수엘라의 오리노코 목축 변경지대나 그 남쪽에서 출발했을 것이다.

1800년 당시 남아메리카는 해안을 따라 형성된 정착지를 제외하면 영토의 대부분이 미개척지였다. 사실 대륙 전체의 인구는 아마 오늘날의 상파울루, 부에노스아이레스, 멕시코 시 등 대도시에 집중되어 있었을 것이다. 훔볼트와 봉플랑은 아메리카의 광활한 미개척지에 특별히 관심을 두었다. 그곳에서 유럽 과학계에 알려지지 않은 새로운 종(種)을 찾아내고자 했다. 하지만 1800년 11월 이 용감한 두 탐험가가 찾아간 쿠바는 상대적으로 단조롭고 잘 알려진 곳이었다. 그렇기에 우리는 잠시 그들과 헤어져 또 다른 변경지대로 가보도록 하자. 대륙을 관통해 아메리카 남쪽의 대서양 해안에 이르면 풀로 뒤덮인 넓은 평원이 나타난다. 그곳에서 우리는 라플라타 강 유역의 미개척지를 바라보고 있는 에스파냐 관리 펠릭스 데 아사라(Félix de Azara)를 만날 수 있다. 이곳은 '가우초'라고 부르는 설화 속 목부(牧夫)들의 대지였다.

라플라타 강 유역의 미개척지는 끝없이 펼쳐진 평원지대로 나무라고는 거의 찾아볼 수 없었다. 평원에는 야생 상태에 가까운 말과 소 수십만 마리가 한가로이 돌아다니고 있었다. 또한 이곳은 북아메리카의 아파치나 수(Sioux) 족에 비해 기동력이 월등한 원주민들의 생활 공간이기도 했다. 원주민들은 말 타는 방법을 익혀 들소 대신 사나운 야생 동물들을 사냥했다. 아사라와 같은 식민지 개척자들에게 이런 미개척지는 에스파냐를 위해 꼭 확보해야 할 자원이었다. 훔볼트에 비해 나이가 많고 민주주의자도 아니었지만, 아사라는 습관만큼은 프로이센인을 닮아 끊임없이 관찰하고 분석하며 기록을 남겼다. 그는 에스파냐 왕실에 보낼 유명한 보고서 하나를 막 쓰려던 참이었다. 아사라와 그의 협력자 호세 아르티가스(José Artigas)는 독립전쟁의 도래에 대해 어느 정도 예견했다. 하지만 독립전쟁이 일어나기 직전까지 아메리카인들의 마음속에 반란은 거의 존재하지 않는 듯 보였다. 유럽에서 벌어진 사건 때문에 국제적 갈등에 휩쓸리고 프랑스나 영국과 맞서야만 했을 때, 아메리카인들은 자신의 군주에게 충성을 바치는 신민처럼 행동했다.

아사라는 에스파냐 사절단의 일원으로 아메리카를 처음 방문했다. 이 사절단의 임무는 에스파냐와 포르투갈 사이의 경계를 정확히 측량해 국경선을 설정하는 것이었다. 라플라타 강 유역의 미개척지는 에스파냐와 포르투갈의 주장이 실질적으로 충돌하는 지역이었다. 양국의 협상은 끝내 결렬되었지만 아사라는 다른 방식으로 왕실의 계획을 추진하기 위해 계속 머물렀다. 그 방식이란 충성심과 무기를 갖춘 에스파냐인들을 국경지대로 옮겨 정착시키는 것이었다. 포르투갈에 맞서 변경지대를 확실히 점유하기 위해선 가족과 함께 목장을 운영하면서 무기를 들고 의용대에 가담할 수 있는 주민들이 필요했던 것이다. 그래서 아사라는 에스파냐 정부에게 국경지대에 정착촌을 세우고 목장 크기의 토지를 무상으로 분배하는 방안을 제안했다. 포르투갈은 이미 그런 모델을 성공적으로 활용하고 있었다. 또한 그는 에스파냐 지배 아래서도 기꺼이 살겠다는 포르투갈 정착민들이 나타난다면 그들을 수용하고 격려해 에스파냐 정착민들에게 좋은 본보기로 제시해야 한다고 조언하기도 했다.

라플라타 강 유역의 미개척지에 사는 에스파냐어 사용 주민은 아사라에게 좋은 인상을 주지 못했다. 아사라의 추산에 따르면, 그들의 절반 이상이 아메리카 태생 에스파냐인들이었지만 원주민 혈통을 지닌 이들도 적지 않았다. 또한 에스파냐어 사용 인구 중에는 유럽 혈통과 아프리카 혈통이 섞인 파르도(pardo), 예수회 선교지로부터 나온 과라니 원주민, 그리고 얼마 되지 않지만 아프리카계 노예들도 있었다. 아메리카인들은 말을 타고 일을 해야 할 때, 파르도, 과라니, 심지어 노예들과 함께 작업하는 것도 주저하지 않았다. 라플라타 지역에서 토지 소유자들은 극히 적었지만 주민 대부분이 말을 기르고 있었다. 아사라는 변경지대 주민들의 의상이나 과라니 족의 복장을 비웃곤 했지만, 특히 허리에 감는 과라니의 옷, 일명 치리파(chiripá)는 말 타기에 편리해 백인, 파르도, 노예 들이 즐겨 입었다. 아사라는 거친 변경지대에서 자라 성인이 된 가우초들이 "마치 소의 목을 자르듯 태연하게"[6] 서로를 죽인다고 개탄했다.

아사라의 깊은 혐오감이 드러난 대목도 있다. 1700년대에 라플라타 미개척지의 가축들이 분별없는 에스파냐 사냥꾼들에 의해 도살되었다. 봄에 시작되는 이들의 작전에 많은 새끼소들이 놀라 허둥대었고 끝내 헛되이 떼죽음을 당했다. 에스파냐 사냥꾼들은 가축을 놓고 차루아(Charrúa) 원주민들과 경쟁해야 했다. 과라니 족과는 달리 기독교를 받아들이지 않은 이 원주민들에게 가축은 중요한 생계 수단이었다. 그러

---

6) Félix de Azara, *Memoria sobre el estado rural del Río de la Plata y otros informes*(Buenos Aires: Editorial Bajel, 1943), p. 5.

나 에스파냐 사냥꾼들은 생계를 위해서가 아니라 단지 가죽을 얻기 위해 수만 또는 수십만 마리를 남획했다. 당시 가죽은 유럽에 수출해 이익을 남길 수 있는 유일한 동물의 부위였다. 앞서 약 20년 동안 대략 연평균 8만 마리가 잡혔을 것으로 추측되는데, 가죽이 벗겨진 동물의 사체는 거의 모두 들판에 버려져 그대로 썩었다. 아사라는 이 동물들이 적절하게 관리되었다면 30년 뒤 대략 9천만 마리에 이르렀을 것이라고 추정했다. 이는 쿠바의 모든 노예들이 충분히 먹고도 남을 정도로 쇠고기 육포를 생산할 수 있는 분량이었다.

아사라는 다행히도 현지 출신 군 장교를 조력자로 얻게 되었다. 이 장교는 라플라타 강 유역의 변경지대와 그곳 주민들의 사정을 상세하게, 어쩌면 아사라의 성향에서 볼 때는 지나치다 싶을 정도로 속속들이 알고 있었다. 호세 아르티가스 대장은 '페페'(Pepe)라는 별칭이 더 잘 어울리고 변경지대 가우초 앞에서는 그들과 거의 똑같이 행동하는 인물이었다. 가우초를 대할 때 서투른 '유럽인' 아사라에게 이들을 잘 아는 아메리카인 아르티가스는 매우 큰 도움을 주었다. 아르티가스의 가족은 미개척지에 성공적으로 정착한 가족 가운데 하나였다. 그의 아버지와 할아버지는 변경지대의 기마 의용대장으로 활약했다. 이 의용대는 차루아와 같은 이교도 원주민으로부터 목장주나 사냥꾼을 보호하는 역할을 맡았다. 14살이 되던 해 아르티가스는 집을 떠나 평원에서 자신의 인생을 걸어보기로 결심했다. 처음에 그는 아사라를 비통하게 만든 동물 사냥꾼들의 일원이 되었고 나중에는 가우초 무리에 합류했다. 한번 초원에 나가면 몇 달씩 그곳에서 보내거나 라플라타 강 상류의 평원을 떠돌기도 했다. 이 시기에 그의 생활 터전은 소리아노(Soriano)라고 알려진 옛 선교 정착촌이었다. 그곳은 원주민과 혼혈인으로 넘쳐났다. 아르티가스와 아이 넷을 낳은 활달한 성격의 이사벨 벨라스케스도 이곳의 혼혈인이었다. 하지만 페페와 이사벨은 혼인 관계를 맺지는 못했다. 설사 아르티가스의 가족들이 혼인을 허락한다 해도 그녀에게는 이미 감옥에 간 남편이 있었기 때문이다.

젊은 아르티가스는 에스파냐와 포르투갈 정착촌 사이에서 2천 마리의 가축을 밀매했다는 혐의를 받았다. 그는 포르투갈인들은 물론 차루아 원주민과도 가깝게 지냈다. 또한 에스파냐어를 사용하는 다양한 지방의 하층 가우초 사이에는 그의 열렬한 추종자도 생겨났다. 한편, 라플라타 강 유역의 요새이자 항구도시인 몬테비데오에서는 1795년 가축 밀무역 혐의가 있는 목부들을 체포하라는 시장(市長)의 명령이 내려졌다. 그러나 라플라타 강 유역의 최고 권력자라고 할 수 있는 부왕은 곧 아르티가스에게 사면을 제안하고 그를 새로운 기마경찰대의 책임자로 채용했다. 그의 가족에게는 큰 기쁨이 아닐 수 없었다. 어린 나이에 가족을 떠나버린 자식이 할아버지, 아버지의 뒤를 이어 의용대장이 되는 극적인 변화를 선보였기 때문이다. 아르티가스의 갑작스러운 채용은 그가 가장 잘 아는 두 가지 일, 즉 밀무역(密貿易)과 차루아 원주민에 관한 일에 전념해 큰 활약을 펼치길 바라는 부왕의 기대에서 비롯되었다. 그러나 아르티가스는 차루아 원주민들을 제압하는 데 전혀 능력을 발휘하지 못했다. 다른 지휘관들은 차루아의 거주지를 능숙하게 습격해 남녀노소를 가리지 않고 학살했다. 그에 비해 아르티가스는 옛 동료들을 공격하는 데 무능하거나 그럴 의지가 없는 것처럼 보였다.

훗날 호세 아르티가스는 에스파냐와 전쟁을 벌일 것이었다. 그리고 그의 조국, 우루과이 공화국의 건국 영웅이 될 것이다. 그러나 1801년 당시 그는 '원주민을 사랑'하면서도 그다지 행실이 좋지도 않은, 단지 에스파냐 군주 카를로스 4세에게 충직한 군 장교에 지나지 않았다.

계속되는 훔볼트의 모험

쿠바에서 훔볼트가 체류한 기간은 두 달에 지나지 않았다. 이 섬은 핵심적인 항로에 위치했기 때문에 매우 잘 알려진 편이었다. 아마존 유역이 종과 속으로 구분할 수 없는 새로운 생물로 가득했다면, 쿠바에는 그런 미지의 환경이 거의 없었다. 당시 쿠바는 아메리카에서 경제적 성공을 거둔 신화이자 영국이 지속적으로 노리는 습격의 대상이었다. 따라서 훔볼트는 짧은 체류 기간 동안 탐험보다는 인구, 농업, 무역, 정부의 재정 등에 관한 통계 자료를 수집하는 데 주력했다. 특히 그는 전통적인 노예제에 가장 큰 관심을 기울였다.

유럽으로 귀환한 뒤에 훔볼트는 수집한 자료를 토대로 노예제는 비경제적일 뿐 아니라 비도덕적이라는 주장을 펼치게 되었다. 또한 그는 훗날 세인들이 어떻게 반응할지도 정확히 예측했다. 훔볼트는 훗날 사람들이 당시 아바나에서 (또는 워싱턴이나 리우데자네이루에서) 비인간적인 노예제가 일상적으로 존재했고 또 자연스러운 일로 여겨졌다는 사실을 받아들이는 데 상당히 곤혹스러워할 것이라고 내다봤다. 훔볼트는 "노예제는 인류를 괴롭힌 모든 악 가운데서도 가장 큰 죄악임이 틀림없다"고 적었다. 이 문구는 그의 방대한 여행기 중에서 가장 많이 인용되는 구절이 되었다.[7] 그의 주장은 근거 자료들에 의해 훌륭하게 뒷받침되었다. 그는 1500년대 말 쿠바의 원주민들이 어떻게 완전히 파멸되었는지, 그리고 1600년대에는 왜 쿠바 섬이 인구가 희박하고 생산성이 낮은 미개척지로 전락했는지 밝혀놓았다. 1762년 영국이 아바나를 점령해 영국 노예 상인들에게 문호를 개방한 뒤 쿠바 경제는 비로소

---

7) Alexander von Humboldt, *The Island of Cuba: A Political Essay*, intro. Luis Martínez-Fernández(Princeton: Markus Wiener Publishers, 2001), p. 256.

도약하기 시작했다. 1780~90년대 쿠바 농업의 동력은 서부에 넓게 펼쳐진 사탕수수 농장이었다. 훔볼트와 봉플랑이 쿠바에 도착할 무렵, 매년 수천 명의 아프리카인들이 사슬에 묶인 채 아바나의 세관을 통과하고 있었고 이 숫자는 꾸준히 증가했다. 밀무역을 통해 유입된 인원까지 포함시키면 쿠바 전체에 거주하는 노예 인구는 이보다 훨씬 많아질 것이었다. 쿠바의 노예 소유주들이 수입한 수천 킬로그램의 육포 때문에 아바나의 거리 곳곳에선 역한 냄새가 진동했다. 노예 수입과 설탕 수출은 연간 수백만 달러의 관세 수입을 가져왔다. 그리고 아바나의 사탕수수 농장주들이 프랑스, 에스파냐, 이탈리아의 도시에서 돈을 물 쓰듯 하는 모습도 눈에 띄기 시작했다.

에스파냐로서는 다행스럽게도 노예제에 바탕을 둔 쿠바 경제는 대농장주들을 극단적인 보수주의자로 바꾸었고 특히 이웃 아이티에서 발생한 사건을 계기로 반란을 묵인할 수 없도록 만들었다. 이런 이유 외에 높은 수익이 창출되고 강력한 수비대가 방어하며 에스파냐의 군사 전략에서 아메리카의 핵심적인 지위를 차지했기 때문에, 쿠바는 중남아메리카 대륙에서 막 전개되려는 혁명적 분위기에 동조하지 않았다. 그 뒤 불리게 될 별명처럼 에스파냐에 "언제나 충직한 섬"으로 남게 되었다.

호기심이 충족되자 훔볼트와 봉플랑은 다시 남아메리카 대륙의 카르타헤나로 되돌아갔다. 그리고 1801년 6월과 7월 두 달 동안 오늘날 콜롬비아의 거센 마그달레나 강을 거슬러 올랐다. 그들의 목적은 아메리카의 또 다른 얼굴, 즉 안데스의 고산지대를 탐험하는 것이었다. 누에바에스파냐나 과테말라의 고산지대와 비슷하게 안데스 산맥의 드높은 고원에도 상대적으로 많은 인구가 거주했을 것으로 추정된다. 유럽인의 침략 이전에 이곳 원주민들은 수천 년 동안 촌락을 이루고 농업에 종사했다. 이 지역은 미개척지가 아니라 오히려 그 반대였다. 즉 아메리카에서 에스파냐 식민화의 중심지인 셈이었다.

증기선의 운항이 없었던 시절 마그달레나 강을 거슬러 올라가는 일은 무척 고된 과정의 연속이었다. 배를 젓는 일은 언제나 거의 아프리카계 주민들의 몫이었다. 이들은 긴 막대를 이용해 선박을 상류로 밀어 올렸다. 거센 강물의 흐름을 거슬러야 했기 때문에 물살이 빠르지 않은 강 기슭의 얕은 곳을 따라 나아갔다. 하지만 강렬한 열대의 태양이 내리쬐는 직사광선을 그대로 감수할 수밖에 없었다. 해안에서 보고타에 도착하려면 6주 동안 강을 따라 나아간 뒤, 길이라기보다는 산이라고 하는 편이 더 어울릴 만한 경사로를 3주 동안 올라야 했다. 이 경로를 대체할 만한 다른 길은 존재하지 않았다. 훔볼트는 이 기회에 그 주변 지역의 다양한 악어들에 관해 연구했다. 이 연구는 나일 강에 서식하는 악어와의 관계를 규명하려는 것이었다. 두 과학자가 마침내 누에바그라나다 부왕령의 수도 산타페데보고타에 도착하자 그곳의 과학자와 지식인 사회는 이들을 열렬하게 환영했다. 그러나 험난한 여행의 여파로 봉플랑은 쇠약해졌다. 유럽인에게는 카리브 해안 저지대의 무더운 날씨보다 해발 2,400미터가 넘는 곳에 위치한 보고타의 차가운 안개가 더 쾌적하고 알맞게 느껴졌다. 그런 까닭에 두 사람은 그곳에 정착해 4개월 동안 휴식하기로 했다. 그들은 체류 기간의 대부분을 호세 셀레스티노 무티스 도서관에서 보냈다. 이 도서관의 이름은 에스파냐 최초로 린네의 식물 분류법을 적용한 과학자의 이름에서 따왔다.

보고타에서 훔볼트는 깎아지른 듯 곤두선 산들이 겹겹이 에워싼 도시의 모습을 관찰했다. 보고타는 예나 지금이나 도로를 건설하기가 힘든 곳이다. 훔볼트가 비교한 바에 따르면, 에스파냐에게 누에바그라나다는 쿠바에 비해 실망스러운 식민지였음이 틀림없었다. 인구가 많고 면적이 넓었지만 그리 큰 부(富)를 가져다주지는 못했다. 고산지대에서 농업에 종사하는 원주민(그리고 금으로 만든 생산물 저장고)의 존재 때문에 에스파냐 정복자들은 보고타가 위치한 쿤디나마르카(현재 콜롬비아 중부에 위치한 주) 고원에 올랐다. 그러나 유럽으로 수출하기에 적합한 산물들은 재배할 수 없었다. 안데스 북부의 험준하고 날카로운 지형에서 해안으로 운반할 만한 가치가 있는 것은 오직 금과 같이 값비싼 자원뿐이었다. 금보다 가격이 덜 나가는 것은 모두 운반비를 감당할 수 없었다. 이 때문에 누에바그라나다의 농촌은 거의 대부분 산등성이나 계곡 곳곳에 흩어져 살면서 자급자족하는 농민들로 이루어졌다. 이들은 먼 거리를 두고 서로 떨어져 있는 작은 도시 주변에 주로 모여 살았다. 각 도시에는 적은 수의 원주민 집단과 손길이 닿지 않은 황무지가 뒤섞여 있을 뿐이었다. 카리브 해안의 카르타헤나 주변과 카우카 강 부근에는 사탕수수 농장과 노예들이 있었지만 쿠바에 비할 바는 아니었다.

　그러므로 에스파냐 왕실의 관점에서 볼 때 누에바그라나다 부왕령은 다른 세 곳의 부왕령에 비해 중요성이 떨어질 수밖에 없었다. 페루 부왕령과 누에바에스파냐 부왕령은 거대한 은광을 보유한 까닭에 훨씬 부유하고 안정적이었다. 리오데라플라타 부왕령은 인접한 포르투갈 식민지와 경쟁 관계에 있었기 때문에 왕실의 관심이 점차 고조되었다. 그러나 훔볼트의 생각은 달랐다. 보고타가 자리 잡은 쿤디나마르카 고원은 숲이 울창하고 아름다우며 무티스가 채집한 뛰어난 식물 표본들을 관찰하는 것만으로도 큰 의미를 지니는 곳이었다. 게다가 누에바그라나다에는 훔볼트가 열렬히 좋아하는 대상, 즉 화산이 가득했다. 봉플랑이 산에 오를 정도로 건강이 회복되자 두 사람은 다시 길을 떠났다. 이번에는 리마로 가고자 안데스 산맥을 따라 남쪽으로 향했고 여로에서 만나는 모든 화산에 올랐다. 키토에 가까워지자 차가운 공기와 구름 낀 하늘에 감싸인 채 매력적이고도 장엄한 산이 멀리 도시 위로 윤곽을 드러냈다. 봉우리에 흰 눈을 얹은 거대한 화산, 피친차(Pichincha)였다. 홈볼트는 원주민 안내자와 함께 피친차에 올랐다. 어느 한 지점에 이르렀을 때, 그와 안내자는 분화구의 한쪽에 걸쳐진 얼음 다리 위를 지나고 있다는 사실을 깨달았다. 입을 크게 벌린 분화구는 그 둘레가 수 킬로미터는 됨직했다. 너무나도 즐거운 시간을 보낸 홈볼트는 봉플랑과 새 친구 카를로스 몬투파르를 설득해 이틀 뒤 함께 피친차에 오르기로 했다. 몬투파르는 그곳에서 새로 사귄 친구로서 현지 귀족 가문의 아들이었다. 세 사람은 다른 모든 화산들을 내려다볼 수 있는 가장 높은 침보라소(Chimborazo) 봉을 등정하고자 했다. 홈볼트는 키토 주변의 눈 덮인 화산 여섯 곳을 모두 등정해 고산지대 주민들을 놀라게 했다. 당시 세계에서 가장 높은 산으로 여겨진 침보라소를 측량하면서 홈볼트는 국제적인 명사의 반열에 오를 수 있는 입지를 다졌다. 이 경험으로 상당히 마음이 들뜬 몬투파르는 홈볼트와 봉플랑의 남은 여정에 동행하고자 아버지의 허락을 받아냈다.

시몬 볼리바르의 등장

1802년 7월, 홈볼트가 침보라소에 올라 국제적인 명성을 얻게 된 시기는 19살에 불과한 청년 시몬 볼리바르가 에스파냐 제국의 수도 마드리드에서 3년 동안 체류한 뒤 막 의기양양하게 베네수엘라로 돌아온 시점이기도 했다. 이 유복한 청년은 마드리드에서 삼촌들과 함께 거주하면서 세련된 격식을 익혔고 처음으로 철자법에도 관심을 기울이게 되었다. 그뿐 아니라 개인 교습을 통해 프랑스어와 사교춤까지 배웠다. 젊은 볼리바르는 군인 제복을 입고 (실제 군 복무를 하진 않았다) 마드리드 일대를 활보하면서 꽤 많은 돈을 쓰고 다녔다. 그리고 일 년이 채 되지 않아 마리아 테레사 로드리게스 데 토로라는 젊은 여성과 열렬한 사랑에 빠졌다. 그 때 볼리바르의 나이는 17살이었고 마리아 테레사는 그보다 두 살 연상이었다. 여성이 남성 연인보다 연상이라는 사실은 당시로선 드문 일이었지만 그렇다고 그들의 혼인을 방해하는 요소가 되지는 못했다. 그들의 혼인은 카라카스의 정계에서 오랜 기간 동맹 관계를 맺어온 볼리바르와 로드리게스 데 토로 가문의 화려한 결합이었다. 게다가 두 가문은 흔히 '만투아노'(Mantuano)로 불린 에스파냐 출신의 베네수엘라 귀족이었다. 하지만 혼인에 따른 재산 통합 문제를 둘러싸고 양가 사이에 신중한 협상이 이루어져 두 연인은 실제 결혼까지 일 년 반을 기다려야 했다. 마드리드에서 혼례를 올린 시몬과 마리아 테레사는 지체 없이 베네수엘라로 출발했다.

그들의 세계에서는 모든 것이 순조로웠다. 그들에겐 젊음과 부는 물론 식민지 사회의 극소수 상류층에게만 허용된 특권까지 있었다. 게다가 그들은 열렬히 사랑했다. 가문의 정략 차원에서 혼인 동맹을 이용하던 당시 최상류층의 관행상 이는 흔치 않은 일이었다. 라과이라(La Guaira) 항구에 도착하자 그들은 즉시 카라카스에 있는 시몬과 마리아 테레사의 친척들에게 급사(急使)를 보냈다. 또한 마리아 테레사는 에스파냐로 출발하려는 여행객을 통해 아버지에게 무사히 도착했다는 편지를 전했다. "존경하는 나의 아버지"로 시작되는 마리아 테레사의 편지에는 눈에 띌 만한 특이한 사항은 없었고 여행에 관한 상세한 내용, 라과이라 항구에 마중 나온 친척들의 소식, 안부 인사, 아버지의 건강에 대한 진심 어린 기원 등이 꾸밈없이 담겨 있었다.[8] 이 편지는 그녀가 쓴 생애 마지막 편지가 되었는데, 그 점이 아니라면 굳이 언급할 필요

---

8) Gastón Montiel Villasmil, *La parentela y las relaciones femeninas del Libertador*(Maracaibo: Comisión Ejecutiva del Bicentenario del Libertador, 1985), p. 34.

까진 없었을 것이다.

카라카스에서 친척, 지인 들과 뜨거운 인사를 나눈 뒤 이 행복한 신혼 부부는 재산의 하나인 사탕수수 대농장을 방문하기 위해 카라카스에 인접한 내륙지대로 향했다. 소년 시절 시몬이 종종 방문했던 베네수엘라의 활력 넘치는 산야에서 젊은 부부는 미래를 설계했다. 마드리드에서 태어난 마리아 테레사에게는 모든 것이 새로웠다. 앵무새가 잔뜩 앉아 있는 거대한 나무들, 브로멜리아드(bromeliads, 열대 아메리카산産의 관상식물로 파인애플과科), 산 중턱의 카카오 농원, 계곡을 따라 녹색 융단을 깐 듯 펼쳐진 사탕수수 농장 등 온통 처음으로 접하는 것뿐이었다. 마리아 테레사는 아프리카 노예들이 일하는 대농장의 여주인이 되었지만 그것을 어떻게 받아들였는지 알 수는 없다. 베네수엘라 지배계층이 대부분 그러했듯, 그녀 가문의 재산도 노예 노동에 기반을 두고 있었다. 마리아 테레사는 이미 그 사실을 알고 있었다. 하지만 혼인 뒤 그 현실을 그녀의 눈으로 직접 확인하게 되었다.

아마 그녀는 노예를 보는 데 쉽게 익숙해졌고 또 이를 대수롭지 않게 여겼을 것이다. 이는 노예 소유 지역에서 흔히 볼 수 있는 가장 일반적인 태도였다. 한편 노예제는 단지 공포감을 조성하는 것만으로는 오래 유지될 수 없었기 때문에 노예 소유주들은 규율과 온정주의를 적절히 혼용했다. 때때로 주인과 노예 사이에 따뜻한 인간관계가 형성되기도 했다. 특히 집주인과 가사 노예 사이에 그런 일이 더 많이 발생했다. 어린 시절 볼리바르는 다른 카카오, 사탕수수 농장의 자녀처럼 노예 보모의 손에서 자라났다. 그의 흑인 유모 이름은 이폴리타(Hipólita)였다. 여러 해가 지난 뒤 볼리바르가 개선장군이 되어 카라카스에 진입했을 때, 수많은 군중 속에서 이폴리타를 알아본 그는 말에서 내려 이폴리타를 끌어안았다. 또한 그는 유년 시절의 놀이 친구인 노예 아동들과 함께 자랐다. 노예들은 어린 귀공자가 어떤 경쟁에서도 승리할 수 있도록 완벽한 상황을 만들어주었다. 온정주의에 의해 (그리고 때로는 자신들의 이익을 위해) 주인들은 아끼던 노예를 자유롭게 풀어주거나 자유를 살 수 있도록 허락하곤 했다. 이런 과정이 노예 해방이었다. 훔볼트는 아메리카에서 노예 해방이 빈번히 발생하는 것에 주목했다.

시간이 지나면서 해방 노예들의 후손들은 베네수엘라 인구 가운데 높은 비율을 차지하기 시작했다. 이렇게 자유를 얻은 흑인들은 대개 혼혈인 파르도였다. 아메리카의 다른 혼혈인처럼 파르도에게도 신분 상승이 허락되었다. 이들은 대농장의 일에는 전혀 관심이 없어서 농장주가 아무리 많은 임금을 준다고 해도 받아들이지 않았다. 많은 파르도들은 장인(匠人)으로 일하면서 가난한 백인과 비슷한 수준의 수입을 거둬들였다. 하지만 유동성이 크지 않은 사회적 신분제 탓에 아무리 부유한 파르도라고 할지라도 높은 신분에게만 허용되는 특정한 일에는 종사할 수가 없었다. 예컨대 말을 탄다거나 비단 의복을 입는 일, 또는 칼을 차거나 신학교에서 교육받는 일 등은 '진정한'(백인) 아메리카인들만 누릴 수 있는 명예 특권이었다. 이런 제약들은 신분 상승을 이뤄낸 파르도들의 분노를 자아내는 요인이었다. 에스파냐 왕실의 관점에서 이 부유한 신민들은 또 다른 수입원이 될 수 있었다. 마침내 1790년대 중반 왕실 관리는 새로운 품목의 판매를 공포했다. 이는 말하자면 파르도들이 아메리카인이 종사하는 모든 일들에 차별 없이 참여할 수 있는 특별 허가인 셈이었다. 이로써 파르도는 법적으로 백인과 다를 바 없는 지위에 오를 수 있었다.

이 소지에 대해 카빌도(cabildo)라고 불린 카라카스 시의회는 격분했다. 카빌도 의원들은 대개 세습적 권한을 누리고 있던 카라카스의 세도가였다. 도대체 군주는 무슨 생각을 하고 있는가? 카빌도는 만투아노 계층을 부추겨 이런 불명예에 대해 항의했다. 당시 어린 시몬을 보살피던 삼촌이자 후견인인 카를로스 팔라시오스[9]는 이런 항의 대열에서 주도적인 역할을 맡았다. 시 원로들은 군주에게 보낸 편지에서 자신들이 불쾌한 까닭을 명확하게 설명했다. 파르도는 노예의 후손이었다. 상류층에는 여전히 노예들을 소유한 가문들이 있었다. 노예들을 계속 묶어두기 위해서는 당연히 채찍을 휘두르거나 공포감을 줄 필요가 있었다 (노예 소유주들은 이 점을 잘 알고 있었다). 한마디로 그들은 '명예'가 제거된 노예들이 비천한 존재이고 따라서 부유한 파르도라고 하더라도 자신들과 동등한 대우를 받는다는 것은 있을 수 없는 일이라는 점을 주장한 것이었다. 자신들은 명예로운 가족의 역사를 지닌, 그리고 비유럽계와 한 방울의 피도 섞지 않은 순수한 혈통의 존재이지 않은가. 마리아 테레사의 숙부인 토로 후작 역시 군주에게 보내는 항의 서한에 서명했다. 작위 귀족들이 가장 문제시한 것은 다름 아닌 신분제에 대한 도전이었다.

　시 원로들은 당시 파르도들이 거만해진 나머지 변경지대의 대농장에서 노예들과 일하는 대신 도시로 몰려들고 있다고 설명했다. 항의 서한에서 카라카스의 카빌도는 노동력의 필요성을 집요하게 주장했다. 파르도들은 도시에서 대장장이, 목수, 은세공인, 재단사, 석공, 제화공, 푸주한 등 기능직 종사자가 되었다. 시 원로들이 볼 때, 파르도 장인(匠人)들은 손쉽게 기본 생계를 유지하면서 터무니없이 높은 가격을 받고 있었다. 그러나 무엇보다 가장 마음에 들지 않은 점은 새롭게 창설된

---

9) 시몬 볼리바르는 세 살 때 아버지를 여의었다. 그리고 아홉 살이 되던 해에 어머니마저 세상을 떠나자 삼촌 카를로스 팔라시오스의 집에 기거하게 되었다. (옮긴이 주)

식민지 민병대에 파르도 수천 명이 가담한 사실이었다. 시의회는 파르도들이 군복을 입으면 더 우쭐해진다고 생각했다. 그리고 파르도들이 치안판사 앞에 서야 할 때 걸핏하면 붉은색 군 배지를 모자에 달고 자신을 변호한다고 여겼다.

당시 시의회의 한탄은 전혀 이상한 일이 아니었다. 시몬 볼리바르가 노예들에 둘러싸여 성장한 식민지 베네수엘라에는 불평등의 원리, 구체적으로 말하면 신분제가 굳건히 유지되고 있었다. 공평한 대우는 논의의 대상이 될 수 없었다. 지배층은 상속받은 명예와 특권에 대해 거리낌 없이 말했다. 간단히 말해 명예가 없는 이들은 명예를 지닌 이들과 같은 대우를 받을 자격이 없었다. 단지 불순분자만이 신분 상승을 시도할 뿐이었다. 카빌도는 명예가 없는 이들의 입을 다물게 하거나 법원에서 그들이 머리를 들지 못하게 만들어야 한다고 믿었다. 게다가 불평등의 기준이 되는 명예란 오직 가문 내에서 이어받을 수 있는 것이었다. 해방 노예는 아무리 상인으로 성공했다고 하더라도 자신의 처지를 잘 알아야 하고 그 자녀들에게도 이 점을 깨닫게 해야 한다는 논리였다. 끝으로 시 원로들은 스스로 "정복자의 아들"이라고 자칭하면서 만약 파르도 무리가 교회, 무역업, 관공서 등에 진출한다면 명예를 지닌 이들은 불쾌해하면서 모두 떠날 것이라고 군주에게 경고했다. 그렇게 되면 에스파냐는 오직 흑인들로만 유지되는 끔찍한 날을 맞이할 것이다. 그때에는 과연 누가 왕국을 지키고 노예들을 다스릴 것인가?

그들은 특히 마지막 대목을 결정적인 요소로 여겼다. 1790년대에는 아이티 혁명이 여전히 진행 중이었기 때문에 노예의 관리 문제가 가장 중요한 관심사로 떠올랐다. '생도맹그'로 불린 프랑스의 옛 식민지에서는 대농장 노예들이 대규모 폭동을 일으켜 농장주의 통제가 무력화되었다. 문제는 자유를 얻은 파르도들의 선동이 폭동의 도화선이 되었다는 점이다. 자유를 얻은 파르도들은 파리의 국민의회에서 천명한 '인간과 시민의 권리 선언'이 자신들을 프랑스 공화국의 동등한 시민으로 인정할 것이라고 믿었다. 생도맹그의 지배층은 국민의회에서 그런 열망을 억누르려 했다. 그러나 로베스피에르의 급진파가 역설한 인종 평등의 원칙은 노예에게는 적용되지 않았다. 자유를 얻은 파르도와는 달리 생도맹그의 노예들은 프랑스 국민의회에 희망을 걸 수가 없었다. 인권에 관한 주장에 고무되었다가 그것을 누릴 수 있는 희망이 꺾이자 노예들은 반란을 일으켰다. 반란의 지도자 투생 루베르튀르(Toussaint L'Ouverture)는 10년 동안 혈투가 진행되는 가운데 두각을 나타냈다. 그리고 마침내 노예제 폐지와 유색인 차별 철폐를 규정한 헌법을 공포했다. 아이티 혁명은 세계사에서 가장 의미있는 노예 봉기였다. 그리고 노예 소유주들에게는 두려움을 주는 일화로서 아프리카 노예들이 있는 모든 지역에서 반복적으로 회자되었다. 아이티라는 새 이름을 지닌 이웃 생도맹그의 재난은 카라카스 시의회에게 위험이 임박했다는 점을 알려주는 경고인 셈이었다.

시몬 볼리바르가 11살이 되던 해 쿠라사오(Curaçao) 출신의 노예가 베네수엘라에 나타나 아이티의 사례를 거론하면서 '프랑스의 법'을 선언한 바 있었다. 이 외침에 호응해 부실하게 무장된 반란 세력이 일어났지만 식민 당국은 재빨리 이를 진압했다. 당국은 따끔한 본보기로 삼겠다는 의도에서 반란에 가담한 파르도 한 명을 참수했다. 그리고 통행자들이 볼 수 있도록 그 머리를 쇠 철장에 담아 6미터 높이의 기둥에 몇 개월 동안 걸어놓았다. 그러나 이듬해인 1797년에 또 다른 위협이 발생했다. 마드리드에서 선동 행위로 투옥된 에스파냐인 세 명이 라과이라 감옥으로 이송되었을 때, 프랑스의 영향을 받은 현지 급진주의자들은 이들의 탈출을 도왔다. 이 급진주의자들은 강령을 통해 노예제 폐지,

원주민의 공납 철폐, 자유무역 등을 주장했고 새로운 운동을 상징하는 휘장으로 백인, 흑인, 파르도, 원주민의 다채로운 동맹을 의미하는 다색(多色) 리본을 사용했다. 하지만 가담자 가운데 한 명이 기밀을 누설해 반란 모의는 무산되고 말았다. 시몬의 삼촌, 카를로스 팔라시오스는 이 사건을 "혼혈인 건달들"(la canalla del mulatismo) 또는 거칠게 "파르도 쓰레기들"의 음모라고 불렀다. 마드리드의 친척에게 보낸 편지에서 그는 "쓰레기들"이 태연하게 "혐오스러운 평등의 원리"를 주장한다고 전했다. 이것이 바로 그들이 군주에게 경고한 것이었다.[10]

이런 반란의 기운은 볼리바르가 사탕수수 대농장을 직접 운영하고 마리아 테레사가 대농장의 여주인이 된 1802년에도 여전히 남아 있었다. 만약 이 젊은 부부가 노예들에게 두려움을 느꼈다면 굳이 노예들을 소유할 필요는 없었다. 하지만 이들의 좌절은 파르도의 반란이 아니라 새로운 환경에 적응하지 못한 마리아 테레사의 건강 문제에서 비롯되었다. 황열병에 걸린 마리아 테레사의 건강은 급속히 악화되었다. 볼리바르는 황급히 그녀를 카라카스로 옮겼지만 1803년 1월 마리아 테레사는 끝내 숨을 거두고 말았다. 이들의 목가적인 사랑은 몇 달밖에 지속되지 못했다. 낙담한 볼리바르는 곧 유럽으로 돌아가기로 결심했다.

훔볼트, 페루와 누에바에스파냐를 조사하다

마리아 테레사가 세상을 떠난 1803년 1월 훔볼트와 봉플랑은 누에바에스파냐로 향하고 있었다. 항해는 남아메리카에서 출발해 태평양 연안을 따라 북으로 거슬러 오르는 경로를 택했다. 훔볼트는 항해를 즐기

---

10) Salvador de Madariaga, *Bolívar*(Mexico City, Editorial Hermes, 1951), 1: pp. 94, 103.

려고 종종 하던 대로 바닷물을 일부 퍼 올렸다. 이를 통해 그는 오늘날 '훔볼트 해류'라고 부르는 전 지구적 규모의 현상을 측량한 최초의 학자가 되었다. 이 해류는 멕시코 만류(灣流)와 같은 유형이었지만, 흐름은 그와 반대로 극지방의 차가운 해수를 적도로 운반했다.

한 해 전인 1802년 훔볼트와 봉플랑은 페루에서 잉카의 역사를 연구했다. 그리고 아메리카 원주민의 거대한 안데스 중심지에 매료되었다. 그곳의 농촌에서는 잉카의 언어인 케추아(Quechua)가 여전히 일상어로 사용되고 있었다. 페루에서 목격한 잉카인들의 기술 수준은 훔볼트의 상상력을 자극했다. 특히 그 일부가 오늘날에도 사용되는 1만 6천 킬로미터 정도의 포장도로망은 그에게 깊은 인상을 심어주었다. 이 프로이센 학자는 잉카의 도로가 고대 로마인이 만든 도로에 견주어도 전혀 손색이 없다고 판단했다. 또한 새의 배설물로 만든 비료도 조사했다. 구아노(guano)라 불리는 이 비료는 토지를 비옥하게 유지하고자 예로부터 원주민 농부들이 사용해온 것이었다. 구아노의 뛰어난 효능을 발견한 훔볼트는 이 비료를 유럽에서 활용하도록 추천했다. (나중에 유럽의 농민들이 마침내 구아노를 사용하게 되었을 때, 그 수입량은 2천만 톤에 이르렀다.)

리마에서 휴식을 취한 뒤 훔볼트는 오랜만에 그의 형에게 편지를 띄웠다. 이는 대서양을 건너 실제로 전달된 얼마 안 되는 편지 가운데 하나였다. 훔볼트는 피친차와 침보라소 등반, 잉카 이전의 언어로 기록된 자료의 조사 등 마지막 수개월 동안의 중요한 일에 대해 언급했다. 이 무렵 다양한 원주민 언어들을 공부하고 있었던 훔볼트는 그동안 원주민을 '야만인'으로 취급한 것은 큰 잘못이라고 주장했다. 그는 아메리카 원주민의 형편을 옹호하는 지적인 논거를 발전시켰다. 페루를 여행하는 동안 훔볼트는 "어두운 피부는 저열함의 상징이 아니다"[11]라는 점을 굳게 확신했고 당시 원주민이 처해 있는 불행한 환경을 초래한 것은 에스파냐의 정복이라고 단언했다. 또한 그는 원주민 짐꾼들에 대해서도 언급했다. 이들은 얼마 되지 않는 수당을 벌기 위해 누에바그라나다에서 하루에 서너 시간씩 여행객을 등에 업고 안데스의 산등성이를 올랐다. 차별의 상징에 분노를 느낀 훔볼트와 봉플랑은 이들의 등에 올라타길 거절했다. 하지만 짐꾼들은 일자리를 잃는 것이 두려워 도덕적 후원에 감사를 표하지 않았다. 폭우가 쏟아지자 깊이 파인 바윗길로 폭포수 같은 물이 흘러내렸고 흠뻑 젖은 짐꾼들의 신발은 결국 찢겨 너덜거렸으며 드러나고 만 맨발은 피투성이가 되었다. 훔볼트와 봉플랑은 여러 가지 방식으로 이들의 용감한 행동에 답례를 지불했다.

19세기의 리마를 혐오한 여러 유럽 여행가들의 명단에서 훔볼트는 첫머리를 차지한다. 훔볼트는 리마가 정신적인 면에서 케추아어를 구사하는 대다수 원주민과 안데스에 등을 돌린 채 항구와 바다 너머의 세계만 바라보고 있다고 생각했다. 그에게 리마는 안데스의 도시라기보다는 오히려 에스파냐 왕실과 교회 관리들의 요새였다. 그의 판단은 정확했다. 리마는 아메리카에서 가장 먼저 수립된 부왕령 수도 가운데 하나였다. 1600년대에는 매장량이 풍부한 포토시 은광 때문에 페루의 이름은 막대한 부와 동의어가 되었다. 그러나 포토시 '은산'(銀山: 지구상에서 인간이 거주하는 가장 높은 고도에 위치)은 현재 볼리비아에 해당되는 알토페루에 있었고 1700년대 에스파냐 왕실이 새롭게 두 개의 부왕령을 추가했을 때, 알토페루(그리고 안타깝게 포토시도 함께)는 리

---

11) Gerard Helferich, *Humboldt's Cosmos: Alexander von Humboldt and the Latin American Journey That Changed the Way We See the World*(New York: Gotham Books, 2004), p. 262.

마의 행정 구역에서 분리되었다. 그 뒤 리마는 포토시의 상실을 영영 회복하지 못했다. 훔볼트가 방문했을 때에도 외부에서 바라보는 리마의 모습은 여전히 인상적이었다. 겹겹이 쌓인 교회와 수도원은 과거의 영화를 충분히 짐작할 수 있게 했다. 하지만 그때 에스파냐 제국 내에서 가장 가치 있는 존재는 페루가 아니라 누에바에스파냐였다. 그곳에 훔볼트, 봉플랑, 카를로스 몬투파르가 도착한 것은 1803년 3월이었다.

누에바에스파냐의 중추적인 태평양 항구도시 아카풀코에 내리자마자 훔볼트가 처음 취한 외교적 판단은 부왕에게 편지를 보내 자신의 도착을 알리는 일이었다. 그 무렵 그는 다른 사람들의 도움 없이 유려하고 격식을 갖춘 에스파냐어를 구사할 수 있었다. 그는 부왕 '폐하'에게 아메리카에서 그가 방문한 장소들의 목록을 증정하면서 실용적 기술과 과학의 보호자라는 부왕의 명성에 찬사를 보냈다. 그리고 깊은 존경심을 표하면서 전적으로 '폐하'의 재량에 자신을 맡기겠노라고 써 보냈다.

훔볼트는 전반적으로 누에바에스파냐가 남쪽의 어느 에스파냐 식민지보다도 훨씬 발전된 곳이라는 인상을 받았다. 누에바에스파냐는 에스파냐령 아메리카에서 가장 인구가 많고 부유할 뿐 아니라 에스파냐 왕실의 전체 식민지 수입 가운데 절반을 제공하는 가장 수익성 높은 지역이었다. 그곳에서 훔볼트는 에스파냐 군주와 맺은 약속을 이행하느라 최선을 다했다. 그것은 바로 식민지의 광산 기술에 대한 평가였다. 훔볼트가 쌓아온 다방면에 걸친 전문 기술에는 광물학 교육도 포함되어 있었다. 그는 과거에 항상 그래왔듯이 누에바에스파냐에서도 개선의 여지를 발견했다. 그러나 그것은 광업 자체가 아니라 과도하게 광업에 의존하는 구조에 관한 문제였다. 몇백 년 동안 에스파냐 왕실은 페루와 누에바에스파냐의 거대한 은광을 독점하면서 광업의 수익에 도움이 되도록 아메리카 전체를 조직했다. 절정기에 광산에서 비롯된 부는 그 정도로 엄청났다. 훔볼트가 멕시코 시 북쪽에 있는 과나후아토를 방문했을 때, 그곳의 '발렌시아나 광산' 한 곳만 해도 전 세계 은 생산량의 무려 20퍼센트를 담당하고 있었다. 갓 채굴된 은에 매기는 20퍼센트의 세금은 몇백 년 동안 에스파냐 왕실이 아메리카에서 얻은 주요 수입원이었다.

그러나 훔볼트는 누에바에스파냐의 비옥한 토지가 광산보다 더 많은 부를 창출하고 더 많은 주민들에게 일자리를 제공할 수 있다고 보았다. 경제적으로 소외된 원주민 농민들이 누에바에스파냐 인구의 절반을 차지했기 때문에 고용 문제의 해결은 시급한 과제로 떠올랐다. 다른 각도에서 보면 '소외된' 원주민들은 오히려 믿을 수 있는 자급자족적 농업을 선호하는 듯했다. 원주민들은 실제로 그렇게 판단했다. 원주민들은 전반적으로 자신들에게 필요한 것만 생산했기 때문에 교역이나 임금 노동에는 거의 관심이 없었다. 그러나 훔볼트의 관점은 달랐다. 만약 에스파냐가 식민지를 잃고 싶지 않다면, "구릿빛 피부의 인종"을 식민지 사회로 잘 흡수해 부와 번영을 나눠야 한다고 주장했다. 그러지 않으면, 1780년대 페루의 투팍 아마루 반란과 같은 대규모 원주민 폭동이 발생할 수 있다고 설명했다. 투팍 아마루 반란은 아메리카 식민지에서 발생한 가장 큰 규모의 반란으로서 수만 명의 목숨을 앗아갔다. 반란 세력의 야만성이 진압되자 에스파냐인들의 야만성이 드러났다. 에스파냐인들은 야유하는 군중 앞에서 투팍 아마루의 사지를 하나하나 찢어 처형했다. 그리고 반란의 대가가 얼마나 끔찍한지 경고하기 위해 신체의 조각들을 여러 곳으로 보냈다.

이달고 신부의 등장

누에바에스파냐에서 훔볼트는 에스파냐 제국에 대한 비판을 함께 나눌 수 있는 이들을 알게 되었지만, 미겔 이달고라는 이름의 반체제적 성직자를 만날 기회를 얻진 못했다. 이달고는 훔볼트와 관심 사항이 매우 유사해 아마 기회만 있었다면 이 여행자 일행을 기쁘게 맞아들였을 것이다. 게다가 당시 이달고는 누에바에스파냐에서 가장 큰 광산의 하나인 과나후아토 은광에서 그리 멀지 않은 곳에 거주했는데, 훔볼트는 그곳을 방문할 참이었다.

누에바에스파냐 경제의 필수 요소는 다양화이고 구릿빛 인종 역시 번영의 기회를 가질 수 있어야 한다는 데 이달고 신부는 훔볼트와 견해를 같이했다. 그리고 훔볼트처럼 원주민과 메스티소에게 수익을 제공할 수 있는 실질적인 개혁이 무엇인지 다각적으로 숙고했다. 그는 올리브와 포도 재배를 권유하기도 했다. 누에바에스파냐에서 올리브유와 포도주를 생산할 수 있다면 에스파냐 본토에서 군이 그것을 수입할 필요가 없지 않을까? 하지만 현실적으로는 에스파냐의 무역 독점이 식민지의 경쟁력을 가로막고 있었다. 이달고 신부는 그 점을 참을 수 없었다. 또한 그는 뽕나무를 심어 누에를 기르고자 시도했다. 수익성 높은 견직물의 제조를 중국이 독점하지 못하도록 세계 각지에서 다양한 시도가 모색되었기 때문에 누에바에스파냐로서도 못할 까닭이 없었다. 그리고 현지의 질 좋은 점토로는 훌륭한 도자기를 만들어낼 수도 있었다. 이달고는 어떤 종류의 도자기를 생산하고 판매하는 것이 좋을지 구체적인 방안을 생각하기도 했다. 더구나 도자기는 운반하기에 무겁기 때문에 시장의 근접성이 필수 요소였다. 그런 점에서 부유한 과나후아토의 광산 도시는 매우 훌륭한 시장을 제공할 수 있었다. 또한 그는 무두질 공장의 설립 역시 의미있는 작업이라고 생각했다. 어쨌든 식용으로 매일 가축들이 도살되니 그 가죽을 무두질해서 제품을 만들 수 있지 않을까? 그뿐만이 아니었다. 당시 누구든 한번쯤은 소규모로 생산되는 섬유 제조에 관심을 보였는데, 이달고는 한발 더 나아가 이에 필요한 면화의 공급을 궁리했다. 그는 이를 하나의 사업으로 발전시켜 촌락 주민들이 공동으로 소유하고 운영하는 방안을 구상했다. 물론 생산은 시장 공급을 위한 것이지만 생산 조직은 자본주의적이 아니라 공동체적인 성격을 지니도록 할 생각이었다.

그즈음 미초아칸의 주교로 선출된 이달고의 친구 마누엘 아바드 이 케이포(Manuel Abad y Queipo) 역시 기회가 있었다면 훔볼트와의 만남을 기뻐했을 것이다. 아바드 이 케이포는 1799년 에스파냐 왕실 앞으로 항의 서한을 보낸 뒤 부정적인 평판을 얻고 있었다. 이 서한에서 그는 누에바에스파냐 인구의 약 90퍼센트가 원주민, 가난한 메스티소, 파르도이지만 이들은 너무 빈곤한 나머지 식민사회에서 아무런 지위도 갖지 못한다고 설명했다. 이들은 백인들이 모든 것을 차지한 반면 자신들은 아무것도 갖지 못한 현실에 분노를 느꼈다. 원주민은 특별 공물(貢物) 납부에 대해 항의했고 메스티소와 파르도는 사회 활동을 제한하는 신분제에 대해 분노했다. 주교의 제안 중에는 공납과 신분 차별의 철폐, 버려진 모든 토지의 무상 분배 등이 포함되어 있었다. 하지만 제안의 핵심은 교회, 특히 교구 성직자에게 왕실의 지원이 더 많이 이루어져야 한다는 것이었다. 아바드 이 케이포의 논리에 따르면, 누에바에스파냐의 모든 마을에서 에스파냐의 통치에 필요한 도의적 권고를 행할 수 있는 이들은 오직 교구 성직자뿐이었다. 그와 이달고는 때때로 프랑스 서적이나 '실용적인 기술과 과학' 등의 주제에 대해 토론했다. 특히 두 번째 주제의 경우 면화 생산과 같은 분야에 두 사람 모두 특별한 관심을 기울였다. 이 둘은 오랜 기간 친분을 쌓은 사이였다.

그러나 그 무렵 주교는 종교재판소가 이달고를 내사한다는 사실을 알고 깊이 우려했다. 조사는 1800년의 한 모임에서 행한 이달고의 신중치 못한 발언에서 비롯되었다. 이달고가 예수의 처녀잉태설은 믿을 수 없는 일이라고 공언했다는 의혹 때문이었다. 이달고의 교육적 견해도 프랑스 사상가 장자크 루소(Jean-Jacques Rousseau)의 영향을 받았다는 점에서 정통이 아닌 이단이라고 낙인찍혔다. 또한 이달고는 스스로 '프랑스식 자유'를 지지했다고 알려졌다. 사실 산펠리페 교구에 있는 그의 집에는 '작은 프랑스'라는 별명이 붙었다. 목격자들에 따르면, 그곳에는 신분이나 사회적 계급에 관계없이 모든 사람들이 모였기 때문이었다. '작은 프랑스'에서 열린 이달고의 유명한 축하연에는 진지한 토론뿐 아니라 춤, 연극, 카드놀이 등이 뒤따랐다. 종교재판관들은 이달고가 교회 의식이나 향(香)을 조롱했다고 밝혔다. 한편 이달고 대신 종종 미사를 집전하던 부제(副祭) 역시 프랑스 서적을 읽는 급진적 성향의 인물로서 그는 이달고가 짓궂은 장난을 치지 않을까 경계해야 했다. 신실한 신자들이 무릎을 꿇고 있는 상황에서 부제는 이달고가 성체를 숨기는 것을 여러 차례 목격했다. 게다가 이달고는 간음이 그리 나쁜 것만은 아니라고 선언하고 스스로 자신의 신념을 실천에 옮기기도 했다. 몇 년 동안 그는 여러 여성들과 함께 지내면서 아이들을 낳았다. 그중에 호세파 킨타니야라는 여성이 있었다. 때때로 이달고가 자신의 집에서 연극을 상연했을 때 그녀는 주로 주연을 맡곤 했다.

물론 아바드 이 케이포는 이 모든 견해와 행동에 동의하지 않았다. 그는 이달고의 행동이 전도양양한 학문적 경력을 어떻게 훼손하는지 지켜보았다. 이달고는 아메리카 태생 에스파냐 혈통의 중산층 가문에서 태어났다. 그의 아버지는 지방 행정관이었다. 12살이 되던 해 이달고는 집을 떠나 학교에 입학했다. 그는 매우 우수한 학생으로서 그 뒤 12년 동안 라틴 문학, 수사학, 논리학, 윤리학, 신학, 이탈리아어, 프랑스어, 그리고 두 가지 원주민어, 즉 나우아어와 오토미(Otomí)어를 배우는 데 열중했다. 몇 번의 탈선과 미래의 파계(破戒)를 짐작게 하는 '여우'라는 별명에도 불구하고 이달고는 호감을 샀다. 그리고 점차 자신의 모교인 산니콜라스 대학에서 승진을 거듭해 학장이 되었다. 바야돌리드에 위치한 이 학교는 누에바에스파냐에서 가장 우수한 학교 가운데 하나였다.

이달고는 즉시 산니콜라스 대학의 교육 과정과 교재의 개선 작업에 착수했다. 수사학, 논리학, 그리고 이론에 초점을 맞춘 중세적 방식에서 벗어나 실용적 응용 학문에 관심을 기울이고자 했다. 오래된 교과목에는 많은 교수진이 선임되어 있었기 때문에 개혁은 힘든 싸움이었다. 그런 점에서 그의 학문적 경력은 굉장한 승리였다. 게다가 이런 경력에는 넉넉한 자산을 모을 수 있는 재정적 보상이 뒤따랐다. 그러나 이달고의 허랑방탕한 생활이 그의 수입을 따라잡았다. 대학의 자금을 잘못 운용하는가 하면, 막대한 개인 채무도 더욱 늘어갔다. 아마 당시 누에바에스파냐에서 가장 인기 있는 오락인 카드놀이에서 자산을 탕진한 듯했다. 대학에서 그를 적대시하던 이들은 그의 추방을 요구했다. 결국 1792년 이달고의 단정치 못한 사생활(아들과 딸 한 명씩 낳은 것을 포함해)이 알려지면서 그의 반대자들은 이달고를 몰아내는 데 성공했다. 그 뒤 이달고는 산펠리페에서 10년 동안 교구 사제로 지냈다.

훔볼트와 봉플랑이 아카풀코에서 멕시코 시로 여정을 이어갈 무렵, 이달고는 산펠리페를 떠나 얼마 떨어지지 않은 돌로레스로 옮겨 갈 채비를 하고 있었다. 돌로레스는 더 작고 더 가난하며 원주민이 더 많이 거주하는 교구 마을이었다. 새로운 교구에서 그는 누에, 포도밭, 올리브 농원, 베틀·도기 공장, 무두질 작업장 등 그가 구상해온 여러 가지 사업들을 수행할 수 있는 기회를 얻었다. 그때 이달고는 당시 평균 수명을 넘어선 50살이었지만 겉모습은 나이보다 더 연로해 보였다. 모든 연회에 어느 정도 싫증을 느낀 그는 어떻게 해서든 세상을 변화시키고 싶어 했다. 1803년 8월 삐걱거리는 마차에 가족(반려자 호세파와 두 자녀)을 태우고 돌로레스로 향할 때, 그는 자신의 인생에서 마지막 장(章)이 열리고 있다는 느낌을 받았을 것이다. 하지만 그 작품은 그가 예상치 못한 결말을 지니고 있었다.

자유와 전제에 대해 숙고하다

1803년 8월 훔볼트와 봉플랑은 과나후아토, 특히 광산지대를 방문했다. 이달고 신부가 머물던 곳까지는 채 하루도 안 걸리는 거리였다. 훔볼트는 누에바에스파냐에서 경제와 인구에 관련된 자료를 수집하거나 광산을 방문하면서 1803년 한 해를 바쁘게 보냈다. 누에바에스파냐는 더 이상 개척해야 할 변경지대가 아니라 원주민 아메리카의 거대한 심장부였다. 단 텍사스와 캘리포니아를 포함해 광대하고 인구가 희박한 북부 지방은 예외였다. 훔볼트는 야생지대를 돌아보는 대신 대부분의 시간을 관공서나 도서관에서 보냈다. 멕시코 시는 아메리카 여행에서 그가 세 번째 만난 부왕령의 수도로서 그에게 가장 깊은 인상을 남겼다. 광대한 규모, 풍요로움, 붐비는 인파, 넓게 정렬된 구획, 그리고 위풍당당한 공공 건축물 등을 간직한 멕시코 시는 사실 아스테카 시대 이후 그 어느 곳보다도 큰 감흥을 선사하는 수도였다.

하지만 훔볼트와 봉플랑은 파리로 되돌아가길 원했고 훔볼트는 그에 앞서 미국을 방문하고자 했다. 무엇보다 평소 열렬히 흠모하던 토머스 제퍼슨(Thomas Jefferson) 미국 대통령을 만나고 싶었기 때문이었다. 그래서 그는 필라델피아에 도착하자마자 즉시 제퍼슨에게 프랑스어로 편지를 띄웠다. 얼마 지나지 않아 이 여행객 앞으로 제퍼슨의 의욕적인 답신이 도착했다. 제퍼슨은 훔볼트가 누에바에스파냐에서 수집한 지리적 자료들에 지대한 관심을 보였다. 대통령으로서 제퍼슨이 시도한 가장 큰 모험은 '루이지애나의 매입'이었다. 북아메리카 대륙의 이 거대한 지역은 신생 공화국 미국이 애당초 차지한 영토의 두 배가 넘는 면적을 지니고 있었다. 제퍼슨은 자금이 부족한 나폴레옹으로부터 그 영토를 사들였다. 당시 나폴레옹은 유럽과 아이티 문제에 온통 정신이 팔린 상태였다. 아이티에서는 투생 루베르튀르와 그의 추종자들이 이끄는 반란 노예들에게 프랑스 군이 여러 차례 패배를 당했다. '루이지애나의 매입'으로 미국은 누에바에스파냐의 북부 지방인 텍사스와 경계를 맞대게 되었다. 하지만 1804년 제퍼슨이 훔볼트를 맞이할 시점에 국경선이란 단지 이론에 불과했고 대부분의 지역은 여전히 파악되지 않은 전인미답의 땅이었다. 루이스와 클라크의 탐험대가 루이지애나 탐사를 위해 출발한 것은 훔볼트의 방문 몇 주 전이었다. 그들이 돌아오는 데에는 몇 년이 소요될 것이었다. 그래서 제퍼슨은 몬티첼로에 있는 자신의 농장으로 훔볼트를 초대했다.

아직 절반 정도밖에 건설되지 않은 수도 워싱턴을 통과한 훔볼트는 길을 재촉해 버지니아 서부의 산등성이에 이르렀다. 그곳에서 그는 새롭게 출현한 미국 지도에 대해 제퍼슨과 열띤 토론을 벌였다. 그들은 틀림없이 신세계에 대한 확신을 공유했을 것이다. 그들에게 신세계란 자유를 통해 더 나은 사회가 만들어지는 공간이었다. 1804년에 '자유'(liberty)는 매우 중요한 단어였고 그 이전에 지녔던 느낌을 더 이상 갖고 있지 않았다. 중요한 개념으로서 '자유'는 분별력 있게 자신의 이익을 추구할 수 있는 구속되지 않은 상태를 의미하거나 독단적인 정부의 간섭이나 전제로부터 해방된 상태를 의미했다. 훔볼트는 남부에 여전히 노예제라는 눈에 거슬리는 예외가 존재했음에도 미국이 '자유'를 이해하는 국가라고 믿었다. 아메리카의 첫 번째 공화국은 세계 무대에 당당하게 등장했다. 미국은 유럽과의 무역을 통해 이익을 얻었고 몇 차례의 정치 위기를 잘 견뎌냈다. 특히 그 가운데서 가장 큰 위기는 '친(親) 프랑스적'인 제퍼슨의 당선이었다. 훔볼트는 이달고와 같은 인물들이 그랬던 것처럼 주의 깊게 관찰한 뒤 그것을 아메리카에 적용해보려고 했다. 하지만 미국의 사례는 이달고의 동향인들로부터 크게 호응을 얻지 못했다. 아무래도 에스파냐어를 사용한 가톨릭교도에게 영어권의 신교도는 몇백 년 동안 적이나 다름없는 존재였다. 아메리카의 자유사상가들은 영국과 미국을 찬탄하기는 했지만 프랑스 대혁명에 더 열렬히 반응하는 경향이 있었다.

유럽으로 돌아간 훔볼트와 봉플랑은 1804년 8월까지 파리에 있었다. 그곳에서 그들은 대단한 환대를 받았다. 아니 정확히 말하면, 늘 그렇듯이 훔볼트 한 사람에게 관심이 집중되었다. 당시 유럽에서 훔볼트보다 더 큰 명성을 얻은 인물은 아마 나폴레옹이 유일했을 것이다. 하지만 나폴레옹은 그런 경쟁을 탐탁지 않게 여긴 듯했다. 노트르담 대성당에서 나폴레옹이 스스로 대관(戴冠)한 뒤 축하연을 열었을 때, 훔볼트도 그 자리에 참석했다. 새로운 황제에게 축하의 인사를 건네자 나폴레옹은 훔볼트를 무시하듯 이렇게 말했다. "귀하는 식물을 수집한다면서요. 내 아내도 한답니다."[12] 프랑스 대혁명의 초기 이상주의적 단계는 이미 종료되었다.

나폴레옹이 스스로 황제의 자리에 올랐을 때, 시몬 볼리바르 역시 파리에 있었다. 마리아 테레사의 죽음으로 비탄에 잠긴 그는 종종 그녀의 부유한 친척 페르난도 토로와 만나곤 했다. 파리의 격앙된 분위기 속에서 이 베네수엘라 청년은 정치적 변신을 경험하고 자유의 주창자로 변모하고 있었다. 사교 모임에서 그는 에스파냐의 전제 정치나 아메리카

---

12) Terra, *The Life and Times of Alexander von Humboldt*, p. 196.

의 새로운 공화국 수립에 대해 열변을 토하곤 했다. 우아한 부인들과 신사들이 모이는 파리의 한 상류층 모임에서 훔볼트는 볼리바르를 소개받았지만, 그다지 깊은 인상을 받지는 못했다. 하지만 봉플랑은 볼리바르가 마음에 들었기 때문에 그의 견해를 계속 지켜가라고 격려했다. 볼리바르는 혁명가가 되기에는 여전히 미숙한 점이 많았다. 그러나 그때 그에게는 전력을 기울일 수 있는 새로운 중심축이 생긴 셈이었다.

볼리바르의 변신에 결정적인 영향을 끼친 요인으로는 카라카스 출신으로 과거 그의 개인 교사를 맡았던 시몬 로드리게스(Simón Rodríguez)의 존재를 들 수 있다. 로드리게스는 사회의 관행을 거부하고 모든 인습을 경멸한 인물이었다. 로드리게스는 1797년 '프랑스식' 혁명을 추진하려던 운동에 연루되었다가 망명길에 올랐다. 베네수엘라를 떠날 때, 그는 새뮤얼 로빈슨이라는 가명을 사용했다. 이 이름은 소설 『로빈슨 크루소』에서 착안한 것으로, 정치적 표류자인 자신의 삶을 재창조한다는 선언인 셈이었다. 그는 먼저 자메이카로 가서 영어 구사력을 향상시킨 뒤 미국을 방문했고 이어 자유의 본고장이라고 할 수 있는 프랑스로 건너갔다. 프랑스에서 로드리게스는 "필라델피아의 새뮤얼 로빈슨"으로 통했다. 그리고 정치적 이유 때문에 누에바에스파냐에서 망명한 급진주의 성직자 세르반도 테레사 데 미에르와 한동안 같은 집에서 생활했다. 그 뒤 로드리게스는 마침내 유럽 여행길에 올라 더 많은 언어를 배우고 다양한 교역에 손을 대기도 했다. 그는 루소의 교육론을 열렬히 지지했는데, 특히 가공된 교육 내용의 단순한 암기보다 실제적 경험과 깨달음의 중요성을 강조한 부분에 매료되었다.

파리에서 훔볼트와 만난 직후 젊은 볼리바르는 그의 교사 겸 법적 후견인이 된 로드리게스와 여행을 떠났다. 프랑스에서 이탈리아까지 함께한 이 교육 여행은 자유주의 철학을 습득하려는 일종의 단기 해외 속성 과정이었다. 이탈리아 북부에 머무르는 동안 이 교사와 학생은 나폴레옹을 직접 볼 수 있었다. 장래 나폴레옹에 흔히 비견될 볼리바르에게는 인생을 결정짓는 순간이었다. 몇 주 뒤 감탄을 자아내는 고대 로마 유적 한가운데에 선 베네수엘라 청년은 압제의 멍에에서 아메리카를 해방하겠노라고 다짐했다. 아마 그때 그는 나폴레옹을 떠올렸을지 모른다. 볼리바르는 로마에서 또다시 훔볼트와 우연히 마주치게 되었다. 훔볼트는 로드리게스/로빈슨의 인상에 대해 아무런 기록을 남기지 않았는데, 이는 매우 유감스러운 일이었다. 대신 훔볼트는 또 다른 화산인 베수비오 산에 서둘러 올랐다. 그의 희망은 화산이 폭발할 때, 그 현장에 서 있는 것이었다.

조제 보니파시우, 브라질을 그리워하다

1805년 3월 조제 보니파시우 지 안드라다 이 실바(José Bonifácio de Andrada e Silva)라는 훔볼트의 오랜 브라질 지인은 다른 방식으로 자신의 의견을 표명하고자 했다. 조제 보니파시우는 대학 교육을 받기 위해 브라질에서 포르투갈로 건너갔다. (우리는 그를 지칭할 때 브라질의 관습에 따라 성은 빼고 이름만 사용할 것이다.) 조제 보니파시우가 대학을 마치자, 포르투갈 정부는 이 우수한 식민지 청년을 독일 프라이베르크(Freiberg) 광산학교로 보내 전문적인 광물학 지식을 습득하게 했다. 조제 보니파시우는 이 학교에서 훔볼트를 만났다. 졸업한 뒤 북유럽에서 여러 해 동안 실습 과정을 마친 조제 보니파시우는 다시 포르투갈로 돌아갔다. 포르투갈 정부는 코임브라 국립대학에 광산학 과정을 설립하기 위해 재빨리 그를 투입했다. 그뿐 아니라 많은 비용을 들여 배운 그의 지식과 다방면에 길친 재능을 더욱 잘 활용하고자 정부는 엄청난 양의 추가 과제를 그에게 할당했다. 과연 그는 언제 브라질에 돌아갈 수 있을까? 어머니를 못 본 지도 어언 20년이 되었다.

그동안 두 동생 안토니우 카를루스와 마르칭 프란시스쿠가 포르투갈 생활에 합류했다는 사실이 그에게는 중요한 위안거리였다. 두 동생을 통해 안드라다 가문의 학문적 관심을 확인할 수 있는데, 이들 또한 코임브라 대학의 학위를 받기 위해 기꺼이 대서양을 횡단한 것이었다. 그 뒤 두 사람은 포르투갈에 남아 입신의 길을 모색했다. 볼테르(Voltaire)의 작품을 탐독하고 소네트(短詩) 쓰기를 좋아하는 조제 보니파시우는 확실히 유럽 예찬론자였다. 유럽은 학문의 기회를 제공한 장소일 뿐만 아니라 무엇보다 대학원 수학 시절 사랑하는 여인을 만나게 해준 곳이었기 때문이다. 결국 그는 아일랜드 여성과 혼인해 가정을 이루었다. (그의 어머니는 그녀가 가톨릭 신자라는 데 그나마 위안을 얻었다.) 훔볼트와 마찬가지로 조제 보니파시우도 1790년 여름 파리의 열정을 경험했다. 그러나 나이가 들고 보수화함에 따라 그는 혁명적인 시각에 혐오감을 느끼게 되었다. 1805년에는 정부의 지지자인 전 외무장관 호드리구 지 소자 코티뉴(Rodrigo de Souza Coutinho)가 "가증스러운 프랑스식 원리"에 대해 비판을 가했을 때, 그의 주장에 공감을 표했다. 또한 조제 보니파시우는 아메리카에 대한 포르투갈의 막대한 권리를 주장하는 코티뉴의 의견에도 역시 동의했다. 나폴레옹이 유럽 곳곳을 질주하자 코티뉴는 포르투갈 왕실의 리우데자네이루 이전을 제안하기에 이르렀다. 이는 매우 특별한 조치가 될 것이었다. 이는 유럽 군주로서 처음으로 유럽 밖에서 왕좌를 수립하는 일이 될 것이기 때문이었다.

프랑스 대혁명의 물결 바로 옆에서 살아간다는 것은 에스파냐와 포르투갈에게 쉬운 일이 아니었다. 1793년부터 대체로 에스파냐는 프랑스의 압력에 굴복해 동맹을 받아들였다. 하지만 그 때문에 지속적으로 영국의 적대감을 불러일으켰다. 앞서 살펴본 바와 같이 영국의 강력한 해군은 에스파냐와 에스파냐령 아메리카 사이의 연결로를 차단했다. 포르투갈은 에스파냐와 정반대의 길을 선택했다. 즉 프랑스를 거부하고 오랜 동맹국인 영국을 받아들였다. 그러자 나폴레옹은 더욱 위협적으로 나왔다. 영국 선박에는 항구를 개방하지 말고 영국인들을 체포해 그들의 물품을 몰수하라고 포르투갈을 계속 압박한 것이었다.

특별한 시기에는 특별한 지도력이 요구되었다. 그런 점에서 조제 보니파시우는 절망을 느꼈다. 비록 충직한 포르투갈계 아메리카인이었지만 그가 보기에 포르투갈 왕가는 강력한 지도력을 지니지 못했다. 여왕 마리아 1세는 불치의 정신 질환을 앓고 있었다. 앞서 14년간 아들 주앙이 그녀를 대신해 섭정 황태자로서 통치해왔다. 주앙은 사려 깊은 인물이기는 했지만 뛰어난 지도자는 아니었다. 나폴레옹이 지정학적으로 하나의 유럽을 구상했을 때, 주앙은 몸을 사리는 관객의 위치에 머물렀다. 1805년 말에는 그 자신도 우울증에 걸려 의기소침해졌다. 그러자 부인 카를로타 호아키나는 주앙의 증세를 마리아 1세의 정신 질환과 요란스럽게 비교하기 시작했다. 그녀의 개입은 적극적으로 주앙을 적대시하려는 태도였다. 하지만 그녀의 형편은 어느 정도 이해가 되었다. 카를로타 호아키나의 부모, 즉 에스파냐 국왕 부처는 그녀가 10살이 되던 해에 주앙과 혼례를 올리게 했다. 결국 왕실의 혼인은 감정적인 개인사가 아니라 국가 간의 문제였기 때문에 카를로스 호아키나나 주앙의 의사는 전혀 고려되지 않았다. 포르투갈의 브라간자 왕가를 위해 일곱 명의 자녀를 출산한 — 이는 또 다른 국가적 문제지만 — 정열적이고 성격이 강한 카를로타 호아키나는 점차 남편을 무시하고 그의 섭정을 방해하려고 했다. 주앙의 뒤를 이을 왕손은 겨우 일곱 살에 불과한 아들 페드루 왕사였다. 적이도 조제 보니파시우에게 이는 그리 큰 희망을 걸 수 있는 상황은 아니었다. 정신 이상인 할머니가 이끄는 음울한 왕궁에서, 게다가 극심한 불화 가운데 성장한 어린 왕자에게 과연 무엇을 기대할 수 있단 말인가.

조제 보니파시우는 후원자인 코티뉴에게 보낸 편지에서 자신은 병들고 지쳐 있다고 썼다. 그리고 왕실의 봉사를 그만두고 브라질로 돌아갈 수 있도록 "국왕의 발밑에서 얼굴을 조아리고" 간청할 것이라고 밝혔다.[13] 40대가 된 그는 농사짓는 상류층 인사가 되기를 간절히 원했다. 훔볼트의 친구 토머스 제퍼슨이 버지니아의 미개척지에서 실행하려고 했던 것처럼 조제 보니파시우도 농업 기술의 개선을 위해 과학 기술을 적용하거나 선별적인 품종 개량을 통해 식물을 번식시키길 원했다. 실제 그는 코임브라 부근에 땅 한 뙈기를 빌려 곡류, 야채, 꽃 등을 이미 재배하고 있었다. 그는 자신이 브라질에서 절실히 농사를 짓고 싶어 한다는 증거로서 이런 사실을 코티뉴에게 밝혔다.

유럽에서 오랜 시간을 보냈지만 조제 보니파시우는 브라질을 잘 알고 있었다. 만약 그가 우리에게 브라질을 설명해야 한다면, 필시 브라질은 여러 카피타니아(capitania)[14]로 이루어졌다는 사실에서 출발할 것이다. 카피타니아는 일종의 정착촌으로서 당시에는 각 카피타니아가 멀리 떨어져 거의 연결되어 있지 않았다. 그리고 브라질의 대농장은 아프리카 노예들의 노동으로 유지되었고 아메리카의 대규모 설탕 수출을 주도했다. 주요 항구도시 세 곳, 즉 헤시피, 사우바도르, 리우데자네이루는 브라질의 핵심적인 설탕 생산지였다. 이 대서양의 항구들은 커다란 만(灣)과 항해 가능한 강들이 연결되는 지점에 위치해(헤시피의 경

---

13) Octavio Tarquinio de Sousa, *História dos fundadores do Império do Brasil*, vol. I: *José Bonifácio*(Rio de Janeiro: José Olímpio Editora, 1957), p. 93.
14) 식민 초기부터 존재한 행정 단위로서 독립 이후 주(州)의 모체라고 할 수 있다. (옮긴이 주)

우는 예외적으로 사주砂洲에 있었지만) 있었기 때문에 수출용 설탕의 해상 운송이 용이했다. 조제 보니파시우가 활동하던 시절에 브라질의 설탕 무역은 전성기인 1600년대에 비해 다소 쇠퇴했지만 브라질 전체 인구의 절반 이상인 약 2백만 명 정도가 여전히 이 세 도시의 해안지대에 거주하고 있었다. 그 밖의 인구는 대부분 아마존 강 입구에서 라플라타 강까지 길게 늘어선 작은 항구들에 모여 살았다.

조제 보니파시우의 활동 시기에 포르투갈의 영유권 주장은 남아메리카 대륙의 거의 절반에 해당되는 내륙 오지에까지 확대되었다. (정착민들은 주로 해안지대에 거주했기 때문에 내륙으로 확산되지는 않았다.) 조제 보니파시우는 포르투갈의 서부 확대 주장에 대해 주저하지 않았을 것이다. 오지 개척은 그가 태어난 카피타니아, 즉 상파울루의 몫이라고 생각했기 때문이다. 오늘날 상파울루는 남아메리카에서 가장 역동적인 대도시 가운데 하나이다. 대서양 해안에서 상파울루의 초기 예수회 정착지까지 약 50킬로미터에 육박하는 길을 따라 높은 언덕에 오르면 비탈진 언덕까지 무질서하게 개발된 도시의 난맥상을 확인할 수 있다. 조제 보니파시우의 시절에는 해안으로부터 비탈길을 따라 펼쳐진 이 언덕에 상파울루라는 작은 마을이 마치 독립된 세계처럼 놓여 있었다. 원주민들은 대륙의 심장부까지 다다르는 강물을 이용해 여러 가지 운송로를 잘 정비했고 상파울루는 이 노선들의 종착점이었다. 1600년대에 상파울루 주민들은 이 운송로들을 따라 탐험을 하거나 원주민 노예를 포획했고 포르투갈 왕실의 새로운 영토를 개척하기 위해 내륙으로 집단 이주했다.

그 길을 따라 상파울루의 이주민들은 금과 다이아몬드를 발견했다. 광물학자인 조제 보니파시우는 브라질 광산의 잠재력에 큰 관심을 보였다. 비록 브라질의 '황금광(골드러시) 시대'는 1700년대에 막을 내렸지만, 많은 정착민들을 내륙으로 끌어들여 브라질을 변모시켰다. 조제 보니파시우의 시절에는 광산촌의 중심에 위치한 미나스제라이스가 사실상 유일하게 잘 정비된 내륙 도시였다. 광산업은 인구가 거의 없는 브라질 미개척지에 단지 인구가 밀집된 몇 개의 '섬'들을 만들 뿐이었다. 광활한 미개척지에는 원주민들과 드넓게 흩어진 가축들이 불안 속에서 서로 공존하고 있었다.

조제 보니파시우가 브라질을 매우 낙관적으로 전망하는 데에는 그만한 이유가 있었다. 그 무렵 포르투갈령 아메리카는 에스파냐령 아메리카에 비해 경제 사정이 더 나은 편이었다. 카리브 해 최대의 설탕 생산지인 아이티에서 1791년 혁명이 일어나 설탕 생산이 중단되자, 브라질산 설탕은 국제 시장에서 활로를 찾기 시작했다. 브라질 사탕수수 대농장에서 일하는 노예들은 농장주들이 생산량을 증대하고자 할 때마다 채찍의 아픔을 감수해야 했다. 한편 과거 사탕수수 재배업자들 가운데 일부는 수익성이 훨씬 높은 면화 시장에 눈을 떴다. 영국의 산업혁명으로 직물 공장의 면화 수요가 증가한 덕분이었다. 1800년 무렵에는 면화가 브라질 대농장에서 둘째로 중요한 생산물이 되었다. 포르투갈 무역은 주로 브라질의 농산물에 의존하는 형편이었다. 다시 말해 포르투갈은 브라질의 생산물을 유럽의 다른 지역으로 재수출하고 돌아오는 편에 영국산 제품을 브라질에 공급했다. 브라질은 다른 에스파냐령 아메리카보다 상대적으로 번창했으나 식민 본국의 이익을 보장하고자 구축된 무역 독점 체제의 장벽에 가로막혔다는 점에서 크게 다를 바가 없었다. 그 결과 브라질에는 영국으로부터의 밀수도 증대했다.

조제 보니파시우가 1805년의 브라질을 설명한다면, 아마 프랑스식 자유주의의 영향으로 출현한 다양한 반란 시도에 대해선 언급하지 않을 것이다. 그는 혁명의 지지자가 아니었다. 더욱이 식민 시대 말기 브라질에서 발생한 반란들은 규모가 작고 서로 연계되어 있지 않았으며 얼마 안 가 진압되었다. 그럼에도 우리가 그 반란들을 언급하는 까닭은 그 속에 비록 제한적이긴 하지만 이념적 자극이 있었기 때문이다. 첫 번째 반란은 1789년 미나스제라이스에서 발생했다. 압수된 프랑스 서적 더미와 함께 반란 가담자들에게 불리하게 작용한 또 다른 증거는 미국 헌법이었다. 조서에서 가장 흥미로운 인물은 파르도 혈통의 한 장교였다. 부업인 '치라덴치스'(Tiradentes), 즉 '발치의'(拔齒醫)란 별명으로 더 알려진 그는 일종의 속죄양으로서 주동자 가운데 유일하게 처형당했다. 다른 이들은 모두 백인이었고 그와 같은 운명을 피하기 위해 자신들의 부와 영향력을 행사했다. 치라덴치스에게 돌아간 보상이라고 한다면 사후에 브라질의 국민적 영웅이 되었다는 점이었다. 브라질의 주요 항구도시(리우, 사우바도르, 헤시피)들은 각각 내부의 프랑스식 음모를 탐지해냈다. 베네수엘라에서 혁명 사상에 귀를 기울인 계층은 파르도 장인들이었는데, 바로 이들이 리우와 사우바도르에서도 두각을 나타냈다. 사우바도르의 한 파르도 재단사는 "모두가 프랑스인처럼 평등하게 살아야 한다"[15]는 말을 퍼뜨렸다. 헤시피에서는 포르투갈 당국이 일부 대농장주들을 체포했다. 이들의 혐의는 나폴레옹 보나파르트의 후원 아래 공화국을 수립하기 위해 집회를 열었다는 것이었다.

끝으로 1805년의 브라질에 대해 질문을 받는다면, 조제 보니파시우는 틀림없이 기회를 봐서 노예제와 노예무역을 비난했을 것이다. 이 두 가지는 아마존 유역의 파라(Pará)와 마라냥(Maranhão)으로부터 최남단 히우그란지두술(Rio Grande do Sul)에 이르기까지 포르투갈의 모든

---

15) Sousa, *História dos fundadores do Império do Brasil*, vol. 9: *Fatos e personagens em tôrno de um regime*, p. 13.

카피타니아에서 널리 시행되고 있었다. 조제 보니파시우는 민주주의를 신뢰하지는 않았지만 노예제의 부당성을 잘 알고 있었다. 특히 당시는 브라질에서 감히 그런 발언을 하기 어려운 시기였지만 그는 주저하지 않고 노예제를 비판했을 것이다.

훔볼트의 유명한 여행기가 발간되다

1805년 9월 훔볼트는 마침내 베를린으로 귀향했다. 베를린 과학원은 그를 회원으로 받아들였고 프로이센 군주는 그에게 연금 혜택을 제공했다. 파리에서는 그의 방대한 여행기가 프랑스어로 출간되었다. 제목은 『알렉산더 폰 훔볼트와 에메 봉플랑이 1799, 1800, 1801, 1802, 1803, 1804년에 경험한 신대륙 열대지방 여행』(*Voyage aux régions équinoxiales du Noveau Continent, fait en 1799, 1800, 1801, 1802, 1803, et 1804, par Alexandre de Humboldt et Aimé Bonpland*)이었다. 훔볼트는 평생 출판 사업을 지속하기 위해 충분히 자료를 수집했다. 그는 하고 싶은 말이 너무 많았고 사실 독자들도 그것을 열망하고 있었다. 1799년 첫 상륙지인 쿠마나를 시작으로 점차 권수를 늘린 그의 여행기는 위대한 모험과 과학적 관찰을 상세히 기술하면서 모두 35권에 이르렀다.

방대한 여행기와 함께 훔볼트는 멕시코와 쿠바 경제에 대한 체계적인 통계 연구 저작을 출판했다. 영어로 번역된 첫 번째 저작 『누에바에스파냐 왕국의 정치 소고』(*Political Essay on the Kingdom of New Spain*)에서 그는 에스파냐 제국이 분해될 위기에 처해 있다고 분석했다. 결국 아메리카에서 그 위기는 모든 것을 통제 불능의 상태로 몰아가고 독립 운동을 재촉할 것이라고 결론지었다. 훔볼트는 자신에게 에스파냐령 아메리카의 탐험을 허락해준 카를로스 4세에게 이 저작을 헌정했다. 훔볼트가 카를로스 4세 치하의 아메리카 식민지에서 반란의 소용돌이를 직접 목격하지는 않았다. 그러나 역시 그의 작품답게 『정치 소고』는 에스파냐 군주가 식민지를 잘 유지하고 발전시키는 데 도움이 될 만한 몇 가지 개혁 방안을 제시하고 있었다. 그는 "훌륭한 군주에게 국익에 대해 언급할 때 어떻게 그가 불쾌하게 여길 수 있겠는가?"라는 희망적인 문구로 끝을 맺고 "가톨릭 군주 폐하의 보잘것없는 충직한 하인, 폰 훔볼트 남작"[16]이라고 서명했다.

　하지만 카를로스 4세가 이 책을 보기 전에 그의 왕국은 무너지기 시작했다. 에스파냐를 휘청거리게 만든 폭풍은 아메리카에서 발생한 것이 아니었다. 그 폭풍은 에스파냐를 포함해 유럽 대륙 전체에 10년 넘게 불안과 공포를 야기한 이웃 국가 프랑스에서 비롯되었다.

---

16) Alexander von Humboldt, *Political Essay on the Kingdom of New Spain*, ed. Mary Maples, trans. John Black(New York: Alfred A. Knopf, 1972), p. 20.

제2장

군주정의 기둥들 1806~10년

아메리카는 이 장에서 언급할 나폴레옹의 에스파냐와 포르투갈 침략에 분노하고 반발했다. 중대한 사실이기는 하지만 매우 혼란스럽게도 아메리카의 독립투쟁은 에스파냐와 포르투갈의 두 세습 군주정에 대한 한결같은 충성심에서 비롯되었다. 이 열렬한 충성심은 혼란스러운 틈을 노려 1806년 영국과 미국의 원정대가 두 차례에 걸쳐 에스파냐로부터 아메리카의 일부를 탈취하고자 했을 때 분명히 드러났다.

미란다가 아메리카를 침입하다

1806년 8월 대부분이 미국 출신인 무장 병사 수백 명이 베네수엘라의 소도시 코로에 침입하면서 인적이 없는 거리에 영어로 말하는 소리가 으스스하게 울려 퍼졌다. 그들은 대개 돈벌이를 위해 코로에 발을 디뎠다. 하지만 그들을 용병이라고 부르는 것은 다소 부당해 보인다. 왜냐하면 그들은 다른 목적으로도 징집되었기 때문이다. 그들은 아마 우편물 수송 경비라는 명령을 하달받았을 것이다. 그 대장 — 그는 분명 돈을 바라고 오진 않았다 — 은 프란시스코 미란다라는 아메리카의 혁명가였다. 인생의 대부분을 유럽에서 지낸 그가 베네수엘라 땅을 다시 밟은 것은 30년 만이었다. 하지만 미란다에게는 불운하게도 그가 온다는 이야기를 접한 코로의 주민들은 그의 부하들이 도착하기 전에 이미 도시를 버리고 떠났다. 한 차례 총격전이 벌어지기는 했지만 그것은 초조해하던 침입자들이 서로 오인한 나머지 사격한 탓이었다. 얼마 뒤 신호를 받은 미란다의 부하들은 침입의 기념물로 리넨 손수건을 흔들어댔다. 손수건은 미란다 자신은 물론 조지 워싱턴과 두 명의 영국 장교 홈 포펌 제독과 윌리엄 베레스퍼드 장군의 모습을 포함하는 초상화들을 연상하게 했다. 그렇지 않은 경우에는 "예술과 산업과 상업을 번성하게 하자"[1] 같은 희망에 찬 구호들을 담고 있었다.

미란다는 자신의 운동에 여러 사람들을 끌어들이기 위해 다른 방법을 강구하기도 했다. 그는 원정대의 갑판에 인쇄기를 싣고 항해하면서 그 인쇄기로 자유나 인권선언 같은 주제의 선언문과 소책자를 2천 부씩 제작했다. 56년에 걸친 그의 전 생애가 마치 코로에서 펼쳐지고 있는 이 일을 위한 사전 준비처럼 보였다. 군사 훈련은 물론이고 프랑스의 정치사상 탐독 생활, 특히 수년에 걸쳐 살아온 자칭 혁명가의 생활이 그러했다. 미란다는 (자신이 만난) 조지 워싱턴(George Washington)과 (친구이자 지지자가 된) 토머스 페인(Thomas Paine)의 미국 혁명을 둘러보았다. 그리고 유럽으로 돌아와 영국, 네덜란드, 독일, 오스트리아, 이탈리아, 그리스, 러시아, 스칸디나비아, 스위스, 프랑스 등지를 여행했다. 4년에 걸쳐 유럽을 여행하면서 미란다는 가는 곳마다 자신의 혁명 계획을 전했다.

---

1) Karen Racine, *Francisco de Miranda: A Transatlantic Life in the Age of Revolution*(Wilmington, DE: Scholarly Resources, 2003), p. 163.

미란다의 해외여행은 프랑스 대혁명의 전야인 1789년 5월 파리에서 절정에 달했다. 그는 혁명 활동에 가담해 장군이 되었고 마침내 개선문에 이름을 올리게 되었다. 그러나 그 거대한 혁명 기념물에 이름을 올리긴 했지만 미란다는 큰 승리를 거두진 못했다. 게다가 군사적 실패로 좌절감마저 느꼈다. 그는 1797년에 프랑스와 프랑스 대혁명을 떠나 자신의 계획을 수행하고자 런던으로 갔다. 프랑스를 떠나기 전에 그는 운동을 벌이기 위해 국외에 거주하고 있던 일부 아메리카인들을 규합했다. 그리하여 런던에 도착할 때 에스파냐령 아메리카 식민지의 수석 대리인이라는 외교 신임장을 사칭할 수 있었다. 그는 곧 자신의 운동을 위해 로비하면서 출판 활동에 종사하느라 바쁜 일정을 보냈다. 특히 아메리카의 독립을 주장한 후안 파블로 비스카르도의 『아메리카계 에스파냐인들에게 보내는 공개 서한』을 번역해 보급했다. 미란다는 막연하게나마 독립국가와 연방수도를 구상하기도 했다. 콜롬비아(콜럼버스를 기념한)라는 이름의 독립국가에 '잉카'라는 지배자를 두고 파나마 지협에 연방수도를(코린트 지협에 위치한 고대 그리스 폴리스의 집회 장소를 기려) 수립한다는 내용이었다.

그러는 사이 미란다는 런던 생활에 익숙해졌고 영국 박물관 근처에 3층짜리 주택을 구입했으며 요크셔 출신의 젊은 여성과 혼인하고 노예제 폐지 운동가 윌리엄 윌버포스(William Wilberforce), 공리주의("최대 다수의 최대 행복") 철학자 제러미 벤담(Jeremy Bentham), 선구적인 교육가("각 사람이 한 사람을 가르치자") 조지프 랭커스터(Joseph Lancaster) 같은 지식인들과 교분을 나누었다. 미란다는 언제나 프랑스인보다 영국인에게 더 동질감을 느꼈다. 그는 이제 런던에 있는 자신의 집을 아메리카의 독립을 도모하기 위한 국제적 모의의 중심지로 삼았다. 그 가운데 매우 중요한 위치를 차지한 것이 그가 런던에서 설립한

'합리적 신사회'(Society of Rational Gentlemen)라는 아메리카인 대상의 프리메이슨 모임이었다. 1800년대 초에는 이런 프리메이슨식의 집회소들이 대서양 전역으로 확산되어 엘리트층의 핵심 정치조직으로 부상했다.

매우 흡사하게 베네수엘라 침입 기념 손수건을 장식한 동료 프리메이슨 포펌 제독은 미란다를 매우 열렬히 지지하는 영국인 지지자이자 협력자였다. 포펌은 에스파냐령 아메리카를 자유(와 영국의 상업)를 확장해나가야 할 지역으로 보았다. 그는 에스파냐를 미개한 후진국이라고 생각했다. 이는 당시 영국과 미국에 널리 퍼진 일반적인 시각이었다. 그는 에스파냐의 지배가 없다면 아메리카가 더 나아질 것이며 마음껏 교역하고 개발하며 (영국) 문명의 혜택을 누리게 될 것이라고 주장했다. 이런 주장은 실제로 (영국) 무역에 대해 아메리카를 개방하고 에스파냐로 점차 그 그림자를 확대해나가던 나폴레옹에게는 아메리카를 폐쇄하는 직접적인 결과를 초래하게 될 것이었다. 따라서 영국 외무성이 지원을 약속하고 나섰다. 하지만 포펌과 미란다는 기다림에 지쳤다.

1805년 말 미란다는 미국을 돌아다니며 지원을 요청했다. 영국과 달리 미국은 에스파냐와 전쟁을 벌이지 않고 있었다. 그래서 토머스 제퍼슨 대통령은 미란다의 계획을 전혀 지원하지 않았다. 그래도 미란다는 순회 지원 요청을 중단하지 않았다. 다행스럽게도 그는 영국의 지원을 받을 수 있었다. 지원금에다 자신의 귀중한 서재를 저당 잡히고 빌린 돈을 더해 뉴욕에서 조그만 배 한 척을 장만하고 그의 원정을 따라나설 지원자를 모집했다. 지원자들은 영문을 모른 채 원정에 뛰어들었다. 넉넉한 보수 덕분이었다. 그 가운데는 존 애덤스(John Adams) 전임 미국 대통령의 손자도 끼어 있었다. 원정대는 혁명이 일어난 아이티에서 한 달 동안 준비했다. 콜롬비아 군이라고 부른 이 급조된 원정대는 아이티에서 기초적인 군사 훈련을 받은 뒤 "에스파냐로부터 독립하는 남아메리카의 자유민들에게 진실하며 신의를 지키겠다"[2]고 서약했다. 미란다는 원정을 위해 자신이 직접 고안한 새로운 깃발을 게양했다. 그 깃발은 오늘날 여전히 콜롬비아, 베네수엘라, 에콰도르 국기의 바탕을 이루는 황색, 청색, 적색의 삼색기였다. 또 미란다는 우아한 글씨로 "남아메리카인들을 위한 성명서"라는 글을 쓰고 2천 부를 인쇄했다. 성명서에는 모든 성인 남성들을 콜롬비아 군에 징집한다는 규정과 공공건물에서 비스카르도의 『아메리카계 에스파냐인들에게 보내는 공개 서한』을 날마다 큰 소리로 읽어야 한다는 규정이 담겨 있었다.

그러나 1806년 8월 자신의 베네수엘라 침입에 대한 대중의 지지를 이끌어내려는 미란다의 세심한 계획은 베네수엘라인들로부터 거의 아무런 반응을 얻어내지 못했다. 미란다의 자신만만한 예견과는 달리 베네수엘라의 충성스러운 에스파냐 신민들에겐 그가 제안한 해방을 이뤄낼 의사가 아예 없어 보였다. 유령 도시 코로에서 며칠을 보내면서 미란다는 자신의 소규모 부대를 진압하기 위해 지역 민병대가 결집하고 있다는 사실을 알게 되었다. (미란다는 이를 눈치채지 못했지만) 파리에서 곧 돌아올 시몬 볼리바르의 삼촌이 이 민병대의 일부를 이끌었다. 미란다의 원정대는 코로에 상륙한 지 열하루 뒤인 1806년 8월 13일에 철수했다. 그리고 곧바로 해체되었다.

미란다의 1806년 원정은 "프랑스식 사상"만으로는 아메리카의 독립운동을 이뤄낼 수 없다는 사실을 확인시켜주었다. 코로 주민들은 미란다를 외국인 침입자로 간주했다. 이는 어느 정도 일리가 있는 것이었다. 미란다의 계획이 실패로 돌아간 뒤 미국에서는 격렬한 논쟁이 벌어

2) *Ibid.*, p. 161.

졌다. 이는 미국의 중립 원칙을 어겼고 보조선이 나포되어 미국의 모험가 57명이 포로로 붙잡혔기 때문이다. 하지만 강력한 반(反)에스파냐 정서 덕분에 관련자 모두는 무죄 판결을 받았다. 한편 미란다는 영국 전함을 타고 영국으로 돌아갔다. 그는 그곳에서 교회 종소리가 울려 퍼지는 가운데 영웅 대접을 받았다. 그가 런던 집에 도착했을 때, 그의 영국인 아내 세라와 두 자녀들은 물론 친구 몇 명이 그를 환영하기 위해 기다리고 있었다. 일행 가운데 포펌 제독도 있었다. 미란다에게 나름대로 할 이야기가 있었기 때문이다.

영국의 리오데라플라타 침략도 실패하다

미란다의 코로 침략이 용두사미로 끝나기 하루 전인 1806년 8월 12일 멀리 떨어진 곳에서 또 다른 침략이 요란하게 막을 내렸다. 부에노스아이레스 거리는 집집마다 전투가 벌어지고 폭발이 발생하는 가운데 화약 냄새로 자욱했다. 포펌 제독의 독자적인 군사 작전에 따라 영국 병사들은 부에노스아이레스를 3주 동안 점령했다. (명령에 따라) 남아프리카의 케이프타운을 점령하는 데 성공한 포펌은 아무런 지시를 받지 않은 채 함대를 이끌고 부에노스아이레스로 향했다. 제독은 자신의 함대가 남대서양을 항해하면서 교역에 굶주린 에스파냐의 리오데라플라타 부왕령을 "해방시키지" 않는다는 것은 수치스러운 일이라고 여겼다.

불명예스럽게도 에스파냐 부왕 소브레몬테(Sobremonte)는 포펌의 함선을 보자마자 도망치기에 바빴다. 깜짝 놀란 부에노스아이레스는 저항 한번 하지 못한 채 무너졌다. 침입을 지휘한 장군은 미란다의 침입 기념 손수건에 등장하는 두 번째 인물 베레스퍼드(Beresford)였다. 포펌과 베레스퍼드의 이런 행동을 이해하기 위해서는 1800년대 초에 영국의 상업이 경제적 세계화를 주도하고 있었다는 사실을 기억해야 할 것이다. 세계화라는 단어가 존재한 것은 아니지만 오늘날과 마찬가지로 당시 '세계화'의 주창자들은 자신의 이익을 보편적인 선으로 합리화했다. 실제 영국 상품들이 아메리카에 대량으로 밀반입되었다. 이는 그 상품에 대한 수요가 높았다는 사실을 예증한다. 더욱이 영국은 상업적인 관점에서 에스파냐의 식민지 무역체제에 끼어들기를 간절히 바라고 있었다. 그래서 베레스퍼드 장군은 부에노스아이레스를 점령하자마자 그곳이 에스파냐의 무역 독점에서 해방되었다고 선언했다. 그는 부에노스아이레스 주민들이 장차 외국산 물품은 물론 자유와 문명의 혜택을 저렴한 가격에 누릴 수 있다고 설명했다. 이를 들은 부에노스아이레스의 수많은 노예들은 그의 발언을 오해하고 주인 몰래 도망치기도 했다. 하지만 결국 베레스퍼드는 그들을 붙잡아 왔다. 그 때문에 경제적 혼란이 일어나는 것을 원치 않기 때문이었다. 에스파냐의 독점 상인들이 항의의 표시로 문을 닫아걸었지만 베레스퍼드는 영업 지시를 내렸다. 부에노스아이레스의 일부 주민들은 사실 이런 방식의 해방을 열망하고 있었다.

부에노스아이레스의 젊은 여성 마리키타 산체스(Mariquita Sánchez) 또한 역동적인 대서양 세계의 신선한 미풍을 기다리고 있었다. 마리키타는 혼인이 여성의 삶을 규정하던 시대에 혼인한 지 얼마 안 된 19살의 여성이었다. 그녀의 혼인은 그야말로 파란만장한 사건이었다. 마리키타의 아버지는 유럽 상인이었고 에스파냐의 독점체제 아래 대서양 연안과의 관계망에 따라 그 성공 여부가 결정되는 형편에 처해 있었다. 이상적인 사업 연줄은 가족 관계였다. 그녀의 아버지는 이를 염두에 두고 마리키타가 14살이 될 무렵 장래 사윗감으로 자신과 같은 상인인 유럽인을 점찍어두었다. 마리키타는 그 남자와의 혼인을 거부했다. 다른 중매혼도 마찬가지였다. 결국 아버지가 그녀를 수녀원에 가두고 있는 사이에 아버지의 친구들은 젊고 씩씩한 영국계 해군 대위인 그녀의 애인을 에스파냐에 배치해버렸다. 하지만 두 연인은 열렬히 사랑하면서 연애혼의 권리를 주장했다. 그 결과 부왕이 직접 내린 판결에서 승리를 거두었다. 가족의 이해관계보다 사랑을 우선시한 혼인은 급진적 개인주의의 산물로서 유럽, 특히 주로 프랑스에서 흘러나온 새로운 사조의 하나였다. 자유무역도 주로 영국인들이 역설하긴 했지만 그런 부류의 사조였다. 따라서 베레스퍼드의 부에노스아이레스 "해방"이 마리키타나 그녀의 남편 같은 자유사상가에게는 매혹적인 가능성으로 비쳤다. 이들은 자신의 집에서 개최한 모임에 베레스퍼드를 초대하기도 했다.

하지만 1806년 부에노스아이레스에는 자유사상가들이 거의 없었다. 그리하여 곧이어 베레스퍼드의 침략에 대한 저항이 발생했다. 3주가 지나기 전에 부에노스아이레스의 군대가 몬테비데오에 재집결했고 리오데라플라타에 있는 에스파냐 군이 몬테비데오의 지원을 받아 침입자들로부터 부에노스아이레스를 탈환했다. 마지막 전투에는 호세 아르티가스도 참여했다. 그는 전투 결과를 보고하라고 몬테비데오 행정관이 파견한 인물이었다. 부에노스아이레스와 몬테비데오의 민병대들이 중앙광장에 집결하자 베레스퍼드는 도시를 포기하고 포펌의 함대가 있는 해안으로 재빨리 철수했다. 부에노스아이레스를 탈환한 영웅들은 현지의 아메리카인 민병대원들이었고 민병대를 이끈 지휘관은 에스파냐 왕실을 위해 복무하던 프랑스인 장교 산티아고 리니에르(Santiago Liniers)였다.

아르티가스는 서둘러 고향 몬테비데오로 돌아가 "이단자" — 곧 프로테스탄트 — 가 괴멸되었고 그들이 남아 있다고 해도 코로에서 미란다를 지지한 이들보다 약간 더 많을 뿐이라는 소식을 전했다. 에스파냐 제국 정부는 부에노스아이레스를 탈환하는 데 이바지한 공로로 몬테비데오에 "충성과 재정복의 도시"라는 영예로운 칭호를 하사했다. 몬테비데오는 사실 부에노스아이레스보다 더 중요한 해군과 육군의 기지였고 부에노스아이레스가 갖지 못한 멋진 항구를 갖춘 요새였다. 1805년 말 포펌의 정찰선이 리오데라플라타 해안에 출현해 침입을 예고하기도 했다. 그리하여 몬테비데오는 위협에 맞서 적극적으로 대비했다. 몬테비데오에 근거지를 둔 육류 가공업자 — 리오데라플라타의 대표적 사업 혹은 그와 매우 유사한 직업에 해당하는 — 가 영국의 위협에 맞서 농촌에서 모집한 지원병 280명에게 자금을 제공했다.

이 부대를 조직하고자 가우초들의 선발 임무를 맡은 장교는 밀수꾼 추격대장을 지낸 호세 아르티가스였다. 그는 혼인한 지 얼마 지나지 않았고 10년 정도 부대장을 맡아서 기마경찰대를 퇴임해도 좋다는 허락까지 받았다. 신부는 몇 년 전에 이미 사망한 이사벨 벨라스케스가 아니라 아르티가스보다 10살 연하인 그의 사촌동생 라파엘라였다. 그가 정착 생활을 꿈꿨을지도 모른다. 하지만 자급자족을 하며 기병 훈련이 거의 필요하지 않은 가우초들을 찾아 수개월 동안 변경지대를 돌아다니다가 그 사실조차 잊어버렸다. 그는 밀수업자, 이탈자, 노상강도 등을 사면할 자격을 갖추었다. 그 자신도 10년 전 이런 방식으로 사면을 받은 적이 있었다. 또 그는 몬테비데오 감옥을 방문해 그럴듯한 인물 수십 명을 모집하기도 했다. "셔츠가 필요하면 멈춰서 일하고 셔츠를 구하면 말을 몰았다"고 술회한 베난시오 베나비데스의 증언은 아무 근심이 없는 가우초의 생활 방식을 잘 보여준다.[3] 그가 남긴 기록에 따르면, 경찰이 베나비데스의 말을 총으로 쏘아 죽이고 난 뒤에야 그를 사

---

3) Fernando Assunçao and Wilfredo Pérez, *El jefe de los orientales*(Montevideo : Editorial Próceres, 1982), p. 212.

로잡을 수 있었고 이어 손을 묶인 채 포로 신세가 되자 갑자기 경비대의 말에 뛰어올라 대원을 떠미는 바람에 경찰이 그 말까지 쏘아 죽여야 했다. 아르티가스가 찾아다닌 신병은 바로 이런 부류였다.

하지만 다음 공격에 대비하기 위해서는 이보다 더 큰 병력이 필요했다. 베레스퍼드 장군이 부에노스아이레스에서 철수한 것은 순전히 전술적인 이유 때문이었다. 그와 포펌은 10월에 다시 돌아왔다. 이미 병력을 보강하고 몬테비데오를 먼저 공략할 참이었다. 그들은 말도나도 부근의 도시에 상륙해 그곳을 약탈하고 때를 기다렸다. 부에노스아이레스가 공격에 취약하다는 점이 드러나자 영국은 포펌의 독자적인 원정을 공식 지원하기로 했다. 1807년 1월 중순 함선 수십 척으로 구성된 함대 전체가 몬테비데오 외곽의 해안을 따라 병력을 하선시키기 시작했다. 영국군에게는 다행스럽게도 몬테비데오에서는 부왕 소브레몬테가 에스파냐 군을 직접 지휘하고 있었다. 그는 늘 그렇듯이 일을 그르치고 있었다. 지도력이 엉망인 데다 전력도 뒤처지는 중과부적의 수비대는 2주 뒤 4백 명의 전사자를 내고서 도시를 영국군에게 내주었다. 소브레몬테 자신은 영국군이 포위 작전을 전개하기 전에 몰래 철수했다.

영국의 점령군은 몬테비데오 최초의 신문 『서던 스타』(Southern Star)를 영어와 에스파냐어로 발행하고 자유무역을 개시하는 등 새로운 과업에 착수했다. 하지만 부에노스아이레스 공격을 준비하는 데 전력을 기울였다. 당시 부에노스아이레스에서는 리니에르가 도시의 방어를 위해 지역 민병대를 조직하고 있었다. 영국 정부는 새로운 장군 존 화이트로크를 파견해 작전을 지휘하도록 했다. 하지만 영국군의 부에노스아이레스 공격은 큰 실패로 끝났다. 1807년 7월 6일의 항복 조건은 리오데라플라타에서 영국군이 전면 철수하는 것이었다. 무능한 에스파냐 부왕이 사라진 뒤에 아메리카 민병대원들은 단단히 무장한 유럽의 직업군인을 완파했다. 수비대원들은 새로운 자립 정신으로 충만했다. 부에노스아이레스 민병대와 시의회는 소브레몬테를 경멸하고 리니에르에 열광하는 여론에 편승해 리니에르를 부왕으로 선언했다. 이는 명백히 그들의 권한을 넘어서는 결정이었다. 부에노스아이레스 민병대의 사기가 에스파냐 왕실의 위기에 영향을 끼치게 되리라는 점이 분명해졌다.

포펌과 미란다의 아메리카 해방 계획이 남긴 교훈 가운데 매우 중요한 점은 그들이 대중의 지지를 거의 받지 못했다는 사실이다. 새로운 정치사상인 계몽사상이 프랑스어와 영어를 읽을 줄 아는 에스파냐 식민지의 소수 지식인들에게는 엄청난 영향을 미쳤을 것이다. 실제로 그렇기도 했다. 하지만 1806~07년 대다수 아메리카 주민들에게 자유의 언어는 대개 거짓말처럼 들렸다. 게다가 영국이 제공하는 경제적 이득도 군주와 조국을 배신하고 침입해오는 "이단자"를 환영하게 만들 수준은 아니었다. 하지만 역사적으로 결정적인 순간이 다가오고 있었다. 에스파냐의 전통적인 경쟁 상대인 영국이 머지않아 동맹 세력이 될 것이었다.

주앙 왕자가 브라질을 향해 출항하다

나폴레옹이 1807년 9월 8일 포르투갈의 주앙(João) 왕자에게 보낸 편지는 마프라라고 알려진 왕궁 겸 수도원에서 평화롭게 지내던 주앙의 인생에 날아든 냉혹한 최후통첩이었다. 영국이든 프랑스든 한쪽을 당장 택하라는 내용이었다. 주앙은 급히 결정을 내려야 했지만 늘 하던 방식대로 했다. 즉답을 회피하면서 영국 선박의 포르투갈 입항을 막았다. 하지만 나폴레옹이 요구한 대로 영국인을 체포하거나 그 상품을 몰수하지는 않았다. 지략이 뛰어난 왕자는 답신을 차일피일 미루면서 9살이 된 자신의 독자(獨子) 페드루를 나폴레옹 조카딸의 배우자로 제의하기도 했다. 그는 급부상한 황제 나폴레옹이 전통적인 왕실과의 혼인 관계를 학수고대할 것이라고 생각했다. 더욱이 나폴레옹의 조카딸은 포르투갈을 침략할 태세를 갖추고 있던 프랑스 장군 뮈라의 딸이었다. 따라서 당시 주앙과 뮈라가 실제 사돈을 맺게 된다면 그것은 놀라운 외교적 성과일 것이었다.

하지만 나폴레옹은 그럴 생각이 없었다. 대신 포르투갈을 침입해 분할할 계획을 세우고 있었다. 그는 에스파냐의 협력을 확보하기 위해 협력의 대가로 포르투갈 남부를 제공하고 그곳을 악명이 자자한 에스파냐 왕비의 정부 고도이로 하여금 다스리게 할 작정이었다. 뮈라의 부대가 에스파냐를 거쳐 포르투갈로 진입하기 시작했고 에스파냐 군은 프랑스의 침입에 협력할 채비를 했다.

주앙은 마지못해 함대를 준비하기 시작했다. 왕실을 아예 브라질로 옮겨야겠다고 생각한 예전의 구상이 다시금 매력적인 방안으로 떠올랐다. 하지만 그는 망설였다. 싸우지 않고 떠나는 것이 아마 부끄러웠을 것이다. 문제가 생길 경우를 대비한 일종의 왕실 보험증서로서 왕자나 공주를 프랑스의 손길이 닿지 않는 브라질에 보낼 수는 있었을 것이다. 1807년 11월 11일 프랑스 군이 포르투갈에 진입해 수도로 행군해 오고 있다는 소식이 리스본에 전해졌다. 같은 날 영국 함대는 포르투갈 왕실을 대피시키라는 지시를 받고 리스본에 도착했다. 주앙의 모친인 광녀 마리아 1세는 "우리는 모두 가거나 아니면 아무도 가지 않는다"고 말했다. 최종 결정은 아마 그녀가 내렸을 것이다.[4] 신하와 하인 수천 명을

---

4) Octavio Tarquinio de Sousa, *História dos fundadores do Império do Brasil*, vol. 2: *A vida de Pedro I*(Rio de Janeiro: José Olímpico Editora, 1957), p. 13.

포함해 왕실 전체가 브라질로 건너갈 예정이었다. 그때까지는 대중의 반응이 두려워서 비밀리에 항해를 준비했다. 하지만 바로 그때부터 드러내놓고 준비하기 시작했다. 이를 목격한 리스본 주민들은 침입 세력 때문에 자신들을 버리고 떠나는 왕실에 경악을 금치 못했다. 리스본 부두는 각종 수레들로 붐볐고 도자기, 은제 식기, 리넨 제품, 가족 초상화 등을 담은 크고 작은 상자와 옷장들이 뒤엉켜 있었다. 이를 본 대중은 소리를 지르거나 흐느껴 울었다.

주앙과 카를로타 호아키나가 각자 마차를 타고 부두에 도착해 그들을 브라질로 데려다줄 선박에 오를 무렵 뮈라의 부대는 리스본 교외로 진입하고 있었다. 어린 왕자 페드루는 할머니와 함께 도착했다. 정신 이상인 할머니는 마부에게 달아나는 강도처럼 마차를 몰지 말라고 소리를 질러댔다. 주앙은 마지막 성명서를 통해 자신이 포르투갈을 떠나면 조국이 고통을 받지 않을 것이라고 강조했다. 그리고 마지막까지 설득하다가 뮈라의 부대에게 숙식을 잘 제공하도록 지시했다. 주앙은 프랑스와 포르투갈이 우방이 될 것이라고 선언했다. 그리고 출항 채비를 갖추고 항구에 정박 중인 모든 선박은 물론 주위를 맴돌던 영국 호위함과 더불어 포르투갈 왕실 전체가 브라질로 향하기 시작했다.

조제 보니파시우 지 안드라다는 당시 왕실과 더불어 브라질로 떠난 수천 명의 포르투갈인들 틈에 끼어 있지 않았다. 그는 항해를 조직한 자신의 후원자 호드리구 지 소자 코티뉴를 따라나설 수 없었다. 조제 보니파시우의 형제인 안토니우 카를루스와 마르칭 프란시스쿠는 이미 브라질로 돌아가 안드라다 가문의 고향인 상파울루에서 명망이 높은 지위에 올라 있었다. 조제 보니파시우는 이제 더는 단순한 청년이 아니었다. 그는 브라질로 돌아가길 간절히 원했다. 하지만 함대의 마지막 돛이 대서양의 수평선 너머로 사라질 때, 그는 코임브라 대학에서 프랑스 군과 맞서 싸울 학도병을 조직하느라 정신이 없었다.

한편 대서양을 건너면서 포르투갈 왕실과 신하들은 황급히 서두르느라 제대로 준비하지 못한 대가를 톡톡히 치르게 되었다. 음료수와 식료품이 부족했고 선박 내 공간도 비좁았다. 화려한 의상을 걸친 풋내기 선원들은 메스꺼워하더니 급기야 구토를 해댔다. 그 가운데서도 페드루 왕자의 새로운 가정교사는 왕자에게 베르길리우스를 읽히면서 계속 라틴어를 가르치거나 적어도 그렇게 하고자 했다. 페드루 왕자는 공부와 거리가 먼 인물이었다. 하지만 망명길에 오른 군주가 병든 어머니와 나이 어린 아들을 데리고 새로운 왕국을 찾아 바다를 건넌다는 베르길리우스의 작품 『아이네이스』의 내용은 9살짜리 왕자의 관심을 끌었을지도 모른다.

1808년 1월 말 주앙의 함대와 영국 호위함은 마침내 브라질 최초의 수도가 될 바이아의 사우바도르 연안에 위치한 아름다운 토두스우스상투스(Todos os Santos) 만에 도착했다. 사우바도르 주민들이 환호성을 질렀고 시의원들은 그곳에 새로운 수도를 건설하도록 군주를 설득했다. 하지만 주앙의 마음은 리우데자네이루에 가 있었다. 그리하여 바이아 주민들의 간청을 재치 있게 거절했다. 그는 리우데자네이루로 길을 재촉하기 전에 브라질의 항구들을 모든 국가, 특히 영국의 선박에 개방한다고 선언했다. 이는 한편으로 단순히 포르투갈의 무역 독점을 종식시킬 필요에서 비롯된 것이었다. 브라질 무역의 유일한 종착지인 포르투갈이 적의 수중에 들어갔기 때문이었다. 다른 한편으로는 주앙의 새로운 동맹 세력인 영국이 브라질 교역의 자유를 요구한 덕분이었다. 주앙이 브라질에 발을 디딘 지 며칠 지나지 않아 영국의 브라질 상업 지배가 시작된 것은 우연이 아니었다. 이는 사실 그가 그곳에 있었기 때문에 가능했다.

1808년 3월 8일 주앙과 그 일행이 리우데자네이루에 도착하자 머리 위로 폭죽이 터지고 시내 곳곳에 교회 종소리가 울려 퍼졌다. 그리고 경치가 빼어난 구아나바라 만에서는 군함이 함포를 쏘아 올렸다. 시의 원들과 흥에 겨운 군중은 부두로 몰려가 왕실을 맞이했고 주앙은 머리 위에 비단 차양을 두르고 엄숙한 행렬을 따라 곧바로 미사를 드렸으며 거리는 구경꾼들로 넘쳐났다. 주앙은 곧 리우데자네이루를 좋아하게 되었고 리우데자네이루도 그를 반겼다. 하지만 포르투갈인 신하들은 대체로 이 도시를 썩 좋아하지 않았다. 카를로타 호아키나도 특히 그러했다.

나폴레옹이 에스파냐도 침략하다

한편 조제 보니파시우와 같은 대중의 저항이 늘어났음에도 1808년 3월 당시 프랑스와 에스파냐 연합군은 여전히 포르투갈을 점령하고 있었다. 점령군 가운데는 서른 살이 된 호세 데 산마르틴이라는 에스파냐 군 장교가 있었다. 산마르틴은 군인 가문 출신의 노련한 장교였다. 그는 아버지가 라플라타 변경지대에서 복무할 당시 야페유라는 외딴 전초 기지에서 출생한 아메리카인이었다. 하지만 그가 아메리카에서 보낸 유년기는 몇 년 되지 않았다. 그가 취학 연령에 도달했을 때 가족들이 에스파냐로 돌아갔기 때문이다. 그가 11살이 되었을 때 그와 다른 두 형제는 아버지를 따라 에스파냐 군에 입대했고 직업장교가 되었으며 에스파냐 군의 제복을 입고 1791~1808년 유럽에서 발생한 격동의 사건들을 목격할 수 있었다. 1808년 3월 에스파냐에서 발생하는 숨 막히는 사건들의 소식이 들려올 무렵 산마르틴은 포르투갈에서 에스파냐 군을 지휘하는 장군을 보좌하고 있었다.

에스파냐 북부는 10만 명에 달하는 프랑스 군으로 가득 찼다. 이는 포르투갈 작전을 지원하는 데 필요한 병력보다 훨씬 더 많은 인원이었다. 따라서 개인적 이득을 위해 프랑스의 침입을 부추긴 에스파냐 왕비마리아 루이사의 정부 고도이의 평판이 왕비의 명성과 더불어 크게 실추되었다. 에스파냐인들은 부인을 통제하지 않는 카를로스 4세를 비난했다. 망신을 당한 왕가와 군주의 총신은 도시 주민들의 적대감을 피하기 위해 마드리드를 떠나 외딴 왕궁에 머물렀다. 대중은 결국 카를로스 4세의 아들이자 후계자인 페르난도 왕자를 국가의 유일한 희망이라고 생각하기 시작했다. 페르난도가 인기를 누리기는 했지만 국가로서는 불행하게도 그 인기가 왕자의 자질에 근거를 둔 것은 아니었다. 사실고도이에 대한 대중의 증오심이 점점 커지면서 그에 대한 반발로 페르난도의 인기가 올라간 것이었다. 그리하여 왕자의 이름을 언급할 필요조차 없게 되었다. 그는 바야흐로 엘 데세아도, 곧 '기대주'가 되었다.

나폴레옹 군이 북부 에스파냐의 여러 지역들을 점령함에 따라 프랑스황제의 의도가 침략에 있음이 분명하게 드러났다. 에스파냐 왕실은 당시 아랑후에스 왕궁에 머물고 있었는데 왕국을 포기하라는 나폴레옹의최후통첩을 받고 남쪽으로 떠날 채비를 갖췄다. 그러자 아랑후에스를넘어 소문이 퍼졌다. 왕실이 대서양을 건너 누에바에스파냐로 도망가려고 한다는 내용이었다. 그런 계획이 수립되진 않았지만 주앙이 리스본을 떠난 사실에 비춰 보면 충분히 가능한 일이었다. 에스파냐인들은그런 끔찍한 생각이 분명 고도이로부터 비롯되었을 것이라고 생각했다. 처음에는 수백 명, 나중에는 수천 명으로 불어난 폭도들은 그를 찾아내고자 아랑후에스로 뛰어들었다. 이들의 분노에서 벗어나고자 고도이는 하루 넘게 다락방에서 숨어 지내야 했고 그 결과 그의 정치적 생명은 완전히 끝났다. 아랑후에스 왕궁 주변에 배치된 부대가 폭동을 일으킨 주민들에게 공감하더니 결국 그들과 합세했다. 1808년 3월 19일 아랑후에스 폭동이 발생했다. 군중은 카를로스 4세에게 페르난도 왕자에게 왕위를 넘기도록 강요했고 그날 밤 페르난도가 새로운 군주로 선포되었다. 며칠 뒤 페르난도가 마드리드에 입성할 때 군중은 보도와 발코니를 가득 메운 채 환호성을 질렀다.

'기대주'는 곧 변화를 갈망하는 군중을 실망시키기 시작했다. 프랑스군의 보호를 받고 있던 페르난도의 부친 카를로스는 자발적으로 양위한 것이 아니라면서 왕위를 돌려달라고 요구했다. 아버지와 아들은 비참하게도 이 문제를 해결하기 위해 프랑스 남부의 바욘에서 친선 모임을 갖자는 나폴레옹의 초청을 수락했다. 하지만 페르난도와 카를로스는 바욘에서 사실상 나폴레옹의 포로가 되었다. 간교한 황제는 페르난도와 카를로스에게 새로운 왕가인 보나파르트 가문을 위해 에스파냐 왕위에 대한 각자의 주장을 포기하라고 강요했다. 나폴레옹의 형 조제프가 에스파냐 역사상 최초로 보나파르트 가문 출신의 군주가 될 것이었다. 카를로스와 마리아 루이사는 이탈리아로 망명했다. 에스파냐인들은 그들의 귀환을 바라지 않았다. 에스파냐는 페르난도를 진심으로 원했다. 그는 다음 6년 동안 프랑스의 감시 아래 놓이게 되었고 충성스러운 주민들에게는 그를 '기대주'로 받아들일 또 다른 기회가 제공되었다. 하지만 에스파냐인들은 페르난도에 대해 잘 알지 못했다.

나폴레옹이 배반했다는 소식이 에스파냐 전역에 퍼졌고 포르투갈에 주둔한 에스파냐 군에게도 이 소식이 알려졌다. 에스파냐 역사에서 유명한 날인 1808년 5월 2일, 마드리드 주민들은 점령군에 맞서 봉기했다. 프랑스 군은 대량학살로 응수했다. 프랑스의 점령 아래 들어가지 않은 지역의 지도자들은 '훈타'(junta)라고 부르는 저항협의회(사실상 임시정부)를 구성하고 새로운 보나파르트 왕조의 정통성을 거부하며 군주가 없을 경우에는 주권이 각 지역에 귀속된다고 선포했다. 지역협의회는 처음에 나폴레옹의 주적인 영국에 도움을 청했다. 이런 지각 변동이 정치적 판도를 뒤흔들어놓자 산마르틴의 부대는 프랑스 동맹군과 결별하고 포르투갈을 떠나 에스파냐로 돌아왔다.

지휘관의 핵심 측근인 산마르틴은 에스파냐 남부의 주요 항구인 카디스에서 이 혼란스러운 사건의 전모를 대략적이나마 알게 되었다. 그의 지휘관 솔라노 장군은 그의 친구였고 믿을 만했다. 그를 신뢰할 만한 또 다른 이유는 그가 아메리카인이라는 점이었다. 두 사람은 계급의 격차에도 불구하고 서로 친하게 지냈다. 그들은 심지어 서로 닮기까지 했다. 이 때문에 1808년 5월 하순의 어느 날, 산마르틴은 평생 마음의 상처로 남게 될 좋지 않은 일을 겪게 되었다. 솔라노 장군은 부대를 동원해 프랑스의 점령에 대항하는 봉기를 조직하진 않겠다는 결정을 내렸다. 그는 약화된 자신의 부대가 강력한 동맹군과 맞설 형편이 아니라고 생각했다. 게다가 영국의 지원 여부는 여전히 확정되지 않았다. 그리하여 솔라노는 프랑스 군에 맞선 대중 봉기가 승리를 거두리라고 보지 않았다. 불행히도 봉기에 가담한 대중 역시 솔라노 장군에 대해 회의적인 생각을 품고 있었다. 대중은 그의 명성이 프랑스식 조직과 전술을 지지한 데서 비롯되었다고 생각했다. 애국심에 불타는 군중은 그를 위험천만한 친(親)프랑스주의자라고 비난하면서 산마르틴의 친구이자 후원자인 솔라노를 붙잡아 갈가리 찢어버렸다. 한때 산마르틴도 솔라노로 오인받았지만 겨우 목숨을 건졌다. 산마르틴은 그 뒤 솔라노의 모습이 새겨진 메달을 주머니에 넣고 다녔다. 그는 그때부터 민주주의란 폭도의 지배와 같다고 생각했다.

한편 프랑스의 점령에 맞서 거국적인 저항을 조직하는 작업이 진행되고 있었다. 주 정부 가운데 에스파냐·아메리카 최고협의회라는 화려한 이름을 지닌 세비야의 정부가 가장 강력했다. 이는 프랑스에서 가장 멀리 떨어진 지리적 위치뿐만 아니라 도시의 규모와 부, 그리고 해외 연결망 등을 고려할 때 자연스러운 일이었다. 세비야는 근처에 있는 카디스 항구와 함께 몇백 년 동안 아메리카 무역을 지배하고 해외 식민지들의 행정 중심지 역할을 맡아왔다. 또한 세비야의 협의회는 무장 병력이 프랑스 군에 맞서 두 차례 승리를 거두면서 큰 활력을 얻었다. 그 가운데 첫 번째 승리는 1808년 6월 말에 거두었는데, 이는 매우 사소한 접전이었지만 에스파냐가 거둔 최초의 승전이었다. 애국파는 이를 기념했다. 여기서 이 승전을 언급하는 까닭은 그날 에스파냐 군을 지휘한 하급 장교가 다름 아닌 호세 데 산마르틴이었기 때문이다. 산마르틴은 다음 달에 벌인 바일렌의 대규모 전투에서도 그 이름을 드높였다. 이 전투 때문에 조제프 보나파르트는 잠시 마드리드를 떠나야 했고 그 위신에 큰 손상을 입었다. 그가 왕위에 오르기 위해 마드리드에 도착한 지 불과 열흘 뒤에 벌어진 일이었다.

에스파냐와 포르투갈(이베리아 반도의)은 7년 동안 영국인들이 '반도 전쟁'이라고 부르는, 그리고 웰링턴 공작이 나폴레옹의 천적으로 부상한 군사 작전의 무대가 되었다. 에스파냐와 포르투갈에게 반도 전쟁은 점령군에 대항한 민족의 봉기이자 애국적인 독립전쟁이었다. 조제 보니파시우 같은 민간인 지원병들이 포르투갈과 에스파냐 군의 주력을 이룬 반면 영국군이나 프랑스 군은 대부분 정규군이었다. 영국군은 리스본 근교에서 반격을 개시했다. 그곳에서 베레스퍼드 장군은 포르투갈 지원병들을 조직해냈다.

아메리카에서는 나폴레옹의 1807~08년 이베리아 반도 침입이 점진적이긴 하지만 전면적인 변화를 촉발하였다. 포르투갈 왕국을 자극해 유럽의 어떤 군주국도 실행하지 않은 일을 벌이게 했다. 그것은 유럽을 떠나 당분간 브라질을 포르투갈 왕국의 터전으로 삼은 것이었다. 아울러 에스파냐 식민지에서는 점차 정치적 정통성의 위기가 감지되었다. 군주가 없을 때 과연 누가 통치할 것인가?

아메리카인들이 반발하기 시작하다

6주 정도 늦기는 했지만 유럽에서 발생한 위기의 소식이 누에바에스파냐에 전해졌다. 1808년 6월과 7월에 걸쳐 매주 극적인 사건들 —프랑스의 에스파냐 침입과 아랑후에스의 봉기, 고도이의 몰락, 카를로스 4세의 강제 양위, '기대주'의 짧은 통치, 5월 2일 마드리드의 대학살, 에스파냐의 지방 정부 구성 등 — 에 관한 소식이 전국에 전파되었다. 소식은 산발적으로 알려졌을 뿐 아니라 그 내용이 모순적이기도 했다. 누에바에스파냐의 주민들은 즉각 고도이의 몰락에 만족을 표시하고 프랑스를 맹비난하며 페르난도 왕자에게 애정 어린 관심을 보였다. 주민들은 그를 즉각 군주로 옹립하고 엄숙한 공식 의례를 통해 그에게 충성을 다짐했다. 아메리카인들은 전반적으로 유럽인만큼이나 '기대주'에게 충성을 바치는 것처럼 보였다. 하지만 에스파냐의 협의회에 대한 아메리카인들의 태도는 더할 나위 없이 사무적이었다. 여러 지역의 협의회가 군주를 대변했을까? 아니었다. 지역협의회들이 군주를 대변하지 않는다면 그들은 어떤 존재였을까? 단지 지시를 내리기만 하는 거만한 가추핀(에스파냐 본토인을 지칭하는 경멸적인 표현)이었을까?

1808년 8월 세비야의 에스파냐·아메리카 최고협의회가 보낸 사절단이 멕시코 시에 도착하자 작은 규모이지만 부유하고 영향력 있는 누에바에스파냐의 유럽인 공동체는 식민 당국이 세비야 협의회의 주권을 인정하길 원했다. 이런 압력은 세비야 협의회가 지닌 강력한 상업적 이해관계를 고려할 때 예견할 수 있는 일이었다. 유럽 상인들이 독점적 상업체제의 주된 수혜자들이었기 때문이다. 유럽인들은 대체로 누에바에스파냐의 통치 기구를 지배했고 아메리카인들은 멕시코 시의 의회에서 영향력을 발휘했다. 1808년 8월 세비야의 자칭 최고협의회 대표들은 이 의회에 출석해 지원과 복종을 요구했다.

이어 특별한 전문 용어가 필요한 사건이 발생했다. 세비야 사절단은 '카빌도 아비에르토'(cabildo abierto)라고 부르는 시의회의 공개회의에 초대를 받았다. 이 회의에는 에스파냐의 자치 전통에 따라 대중이 자유롭게 참여했다. 공개회의에는 의견을 들어볼 만하다고 여겨지는 어느 누구라도 참여할 수 있었는데, 사실상 주로 소수의 부자들이 포함되었다. 그 밖에 아우디엔시아라고 알려진 고등법원의 판사(멕시코 시와 같은 대도시의 경우)와 콘술라도라고 부르는 독점상인 길드의 회원을 비롯해 관리, 군대와 교회의 고위급 인사들이 참석하곤 했다. 아메리카 전역에서 그랬듯이 멕시코 시에서도 이런 고위급 인사들은 대부분 유럽인이었다. 반면 이 회의에 참석한 시의회 의원들은 대개 아메리카인이었다.

1808년 멕시코 시에서 열린 공개회의에서 세르반도 테레사 데 미에르 신부는 직설적으로 유럽인들이 무역 독점을 유지하는 일에만 관심을 기울이고 있다고 비판했다. 멕시코 시로 일시 귀향한 이 불손한 사제(프랑스에서 시몬 로드리게스와 함께 지낸 바 있는)는 반항적 기질을 유감없이 드러내어 또다시 망명길에 오르게 되었다. 그의 말은 자명했으나 매우 신랄했다. 유럽인들의 체계적인 공직 승진과 마찬가지로 에스파냐의 무역 독점은 누에바에스파냐를 식민지로 취급한다는 사실을 여실히 보여주었다. 하지만 누에바에스파냐의 아메리카인들은 자신들을 아스테카를 물리치고 아메리카에 새로운 군주국을 건설한 용감한 정복자들의 후손이라고 여겼다. 나중에 유럽에 알려진 주장에 따르면, 1808년 멕시코 시의 공개회의에서 대담한 아메리카인들은 군주의 아메리카 왕국들이 당연히 에스파냐의 식민지라는 기존의 인식을 부인하고자 흠잡을 데 없는 에스파냐 혈통과 더불어 정치적 전통을 열거했다. 그들은 에스파냐와 누에바에스파냐가 동일한 군주가 지배하는 별개의 독립 군주정이라고 주장했다. 아메리카인들은 유럽인이 아니라 오직 페르난도에게 복종하고자 했다. 그 무렵 흔히 들을 수 있었던 은유에 따르면, 에스파냐와 아메리카가 대등하고 독립적인 군주정의 기둥들이었다. 에스파냐 각지의 협의회들이 단지 에스파냐를 대변했기 때문에 누에바에스파냐는 자신의 의견을 말해야만 했다.

이런 주장은 에스파냐의 협의회 사이에서 혼란이 있었기 때문에 한층 더 설득력이 있어 보였다. 세비야의 협의회가 에스파냐·아메리카 최고 정부를 자처하긴 했지만 그것은 어디까지나 야심에 불타는 지방 정부 가운데 하나에 불과했다. 다른 지방 정부들은 세비야의 권위를 인정하지 않았다. 실제 1808년 멕시코 시에서 열린 공개회의 도중 누군가가 다른 지방 정부에서 보내온 편지를 읽으면서 세비야의 우위권 주장이 잘못된 것이라고 경고하기도 했다. 요컨대 시의회는 페르난도 7세를 지지하는 독자적인 정부를 구성하려는 방안에 대해 숙고하기 시작했다.

한편 누에바에스파냐의 부왕 이투리가라이는 멸시의 대상이 되어버린 고도이의 후원 덕택에 그 자리에 오르게 된 정치적인 지명자였기 때문에 그 어느 때보다 더욱 불안한 처지였다. 멕시코 시의 유럽인 가운데 정적들이 많았기 때문에 정치적 생명을 지키기 위해서 그는 아메리카인들의 지지를 받아야만 했다. 하지만 유럽인 고위 관리들과 교회 성직자, 상인 공동체, 광산 귀족들은 이투리가라이의 아메리카 친화적 행보에서 위험스러운 일이 벌어지고 있음을 직감했다. 그리하여 한 유럽인 파벌은 가장 수익성이 좋은 에스파냐 식민지의 안전을 지키기 위해 선제 쿠데타를 감행했다. 9월 중순에 이투리가라이를 체포한 뒤 자신들이 통제할 수 있는 자를 부왕으로 옹립했다. 소브레몬테가 망신을 당한 뒤 두 해가 지나기 전에 또다시 부왕이 쫓겨난 셈이었다. 아메리카에 일대 격동이 일어나고 있었다.

이 격동은 얼마간 부유층에게 매우 의미있는 변화였다. 부모를 잃은 지 얼마 지나지 않은 19살의 젊은 여성 레오나 비카리오의 경우를 살펴보자. 멕시코 시에 거주하던 레오나의 아버지는 부유한 유럽 상인으로서 가난하지만 존경을 받으며 매력이 넘치는 아메리카 여성과 혼인했다. 이는 당시 흔한 일이었다. 레오나는 집안의 재산 덕분에 후견인 숙부의 도움을 받아 여러 하인들을 거느리고 멋진 대저택에 사는 여주인이 되었다. 부자인 데다 부모를 여읜 젊고 영리하며 재능 있는 여성이었기 때문에 레오나는 최고의 신붓감이었다. 1808년 일련의 정치적 사건들이 벌어지고 있을 때, 레오나는 부유하고 매력 넘치는 젊은 남성과의 약혼 문제에 푹 빠져 있었다. 레오나의 약혼자는 실제로 전설적인 과나후아토의 발렌시아나 은광을 소유한 가문의 남성이었다. 레오나의 예비 시아버지는 부왕 이투리가라이와 가까운 사이였다. 따라서 이투리가라이의 몰락은 레오나의 예비 시아버지의 몰락을 재촉했다. 레오나의 약혼자는 유럽인들의 보복을 두려워한 나머지 그녀를 남겨둔 채 누에바에스파냐를 떠났다. 향후 레오나 비카리오의 정치적 성향은 이렇듯 날로 커지는 유럽인과 아메리카인의 갈등에 큰 영향을 받았다.

마누엘라를 만나다

멀리 떨어신 조그만 도시 키토에 살고 있는 12살 소녀 마누엘라 사엔스에게도 이와 비슷한 일이 일어났다. 마누엘라는 부유하지 않았다. 그녀의 아버지는 레오나 비카리오의 아버지와 마찬가지로 매우 부유한 유럽 출신 상인이었다. 하지만 마누엘라의 아버지는 어머니인 아메리카 여성과 정식으로 혼인하진 않았다. 마누엘라는 사생아였다. 1809년 3월 하순의 어느 날 오후 마누엘라와 그녀의 어머니는 키토의 자갈길을 달리는 말 여러 필의 발굽 소리를 듣고 창가로 다가갔다. 키토의 대표적인 아메리카인 가운데 하나인 셀바 알레그레 후작, 즉 후안 피오 몬투파르(훔볼트가 키토에 머물 때 그의 체류를 후원했고 그 아들 카를로스가 훔볼트와 함께 침보라소 산에 오른 적이 있는 인물)가 호위대에 둘러싸인 채 감시를 받으며 시내로 진입했다. 에스파냐 정부에 반역 음모를 꾸민 혐의 탓에 체포된 죄수 신분이었다.

  1809년 초 아메리카의 여러 지역과 마찬가지로 키토에서도 주민들이 모여 유럽에서 발생하고 있는 사건에 관한 소식을 나누었다. 페르난도가 왕위에 올랐다는 이야기를 들어본 적도 없는 그들은 조제프 보나파르트가 이미 그를 몰아냈다는 사실을 알게 되었다. 그들은 세비야 최고협의회에 관한 소식을 듣자마자 새로운 중앙협의회가 우월한 지위를 주장하고 있다는 사실을 알게 되었다. 이제 누가 합법적인 군주의 권위를 대변하는가? 누에바에스파냐에서 시작된 이 논쟁은 아메리카 전역으로 퍼져나갔다. 그것은 어떤 정부도 군주를 대변하지 않을뿐더러 아메리카인들이 본질적으로 에스파냐에 복종할 필요가 없다는 내용이었다. 합법적인 군주 페르난도가 없는 상태였기 때문에, 아메리카에서도 에스파냐와 동일한 조치가 취해져야 한다는 주장이 제기되었다. 그가 복귀할 때까지 그의 이름으로 통치할 과도정부를 구성해야 할 것이었다. 키토에서 발생한 1809년 3월 음모는 바로 이런 대중적인 의도를 지니고 있었다. 아우디엔시아의 재판장은 대중의 압력에 못 이긴 채 저항하는 키토의 아메리카인들을 달래고자 몬투파르를 비롯한 일부 인사들을 석방했다.

  마누엘라의 가족은 이런 정치적 사건들에 직접적인 관심을 보였다.

마누엘라의 아버지는 키토의 유명 인사였고 몬투파르 일파와는 불구대천의 원수 사이였다. 한편 마누엘라는 어머니와 함께 살았고, 마누엘라의 어머니는 그녀의 아버지로부터 철저히 버림받았다. 마누엘라 모녀는 몬투파르를 범죄 음모자가 아니라 영웅이라고 생각했다. 유럽인들에 대한 마누엘라의 감정이 좋지 않게 된 것은 부분적으로 개인적인 이유 때문이었다. 이런 정서의 변화가 당시 추키사카와 라파스 중심의 안데스 전역에서는 물론 알토페루에서도 감지되고 있었다.

키토와 마찬가지로 아우디엔시아의 소재지인 추키사카에서는 에스파냐인 재판장이 축출되었다. 이 추키사카의 반란에는 아우디엔시아의 판사와 아메리카인 변호사부터 성난 메스티소 주민들에 이르기까지 대부분의 주민들이 참여했다. 메스티소 주민들은 그 재판장이 리우데자네이루에 거주하는 포르투갈 왕자의 부인이자 남을 험담하기로 유명한 카를로타 호아키나의 외교적 제안을 수락했다는 소문에 자극받았다. 카를로타 호아키나는 에스파냐의 공주로서 페르난도의 누나였고 1809년 당시 에스파냐 왕족 가족 가운데 나폴레옹이 좌지우지할 수 없었던 유일한 인물이었다.

인근의 라파스 시의회는 추키사카의 소동에 자극받아 1809년 7월 페르난도 7세에게 큰소리로 충성을 맹세하면서 왕실 행정관을 몰아냈다. 라파스 봉기는 추키사카의 소동을 넘어서 정부를 수립하고 케추아어와 아이마라어를 사용하는 알토페루의 원주민들을 지원했다. 봉기를 이끈 지도자 페드로 도밍고 무리요는 부자이긴 했지만 메스티소였다. 라파스의 선언은 아메리카의 독립을 외친 매우 대담한 내용이었다. 독립이란 물론 '기대주'로부터의 독립이 아니라 에스파냐로부터의 독립을 의미했다. 라파스의 협의회를 구성한 지 한 달도 지나지 않아 마누엘라가 거주하던 키토의 아메리카인들이 또다시 음모를 꾸몄다. 1809년 8월의 어느 날 저녁, 대표 50여 명이 모여(자유주의 사상을 지닌 독립투사의 집에서) 재판장을 몰아내고 독자적인 협의회를 구성했다. 이는 페르난도 7세의 이름을 내걸고 추진되었지만 셀바 알레그레 후작의 지휘를 따랐다. 키토 주민들은 이를 기념해 사흘 동안이나 촛불로 창문을 밝혔다. 협의회는 곧 마누엘라의 아버지를 비롯해 적대적인 유럽인들을 투옥했다.

하지만 라파스와 키토의 협의회에게는 불행하게도 그리 멀지 않은 리마에 있던 부왕은 당시까지 아메리카에 파견된 식민 행정관 가운데 가장 유능한 인물이었다. 부왕 아바스칼은 페루의 부왕이 되기 전 과달라하라의 재판장으로 재직한 7년을 포함해 1809년까지 누에바에스파냐의 카리브 해 지역과 리오데라플라타에서 근무하는 등 경험이 풍부한 노련한 통치자였다. 남아메리카 최고의 부왕령을 책임진 아바스칼은 매우 유능했다. 요새를 세우고 갱도가 깊은 페루의 은광에 증기기관을 도입했으며 식물원을 만들고 의과대학을 설립했을 뿐 아니라 에스파냐의 대(對)나폴레옹 애국 저항에 보태고자 엄청난 자금을 모았다. 아바스칼의 엄격한 지배 아래 리마의 아메리카인들은 페루가 에스파냐의 식민지가 아니라는 주장을 입 밖에도 내지 못한 채 새로운 중앙협의회에 충성을 맹세했다.

아바스칼은 키토와 라파스의 협의회에 관한 소식이 리마에 들려오자 강력한 물리력으로 신속하게 대응했다. 부왕의 부대는 1809년 11월까지 안데스 산악지대에서 갑자기 세를 얻은 협의회들의 흔적을 모조리 제거했다. 라파스에서는 페드로 도밍고 무리요와 다른 반란 기담자 8명을 처형했다. 아바스칼의 부대는 키토 협의회도 진압했다. 귀족 출신 반란자들은 사형에 처해지진 않았지만 60명이 투옥되었다. 감옥에서 갓 출옥한 마누엘라의 아버지는 키토의 아메리카인 반란자들을 처리하는 일에 참여했다.

이런 와중에 젊은 여인 마누엘라에게는 또 다른 사건들이 발생했다. 마누엘라는 그녀보다 두 살 또는 세 살 연상의 노예 호나타스를 거느리고 있었다. 호나타스는 마누엘라의 곁을 떠나지 않는 진정한 동반자였고 일생 동안 그럴 운명이었다. 마누엘라의 이복 언니가 그녀보다 나이가 두 배나 많은 에스파냐 남자와 혼인해 에스파냐로 떠날 때, 마누엘라 역시 가족들이 어우러진 흥겹고 떠들썩한 분위기에 동참했다. 하지만 그녀와 아버지의 관계는 여전히 불편한 상태였다. 이는 그녀 자신만의 문제가 아니었다. 여성과 아이가 입을 다물어야 하는 키토의 보수적인 정서 속에서 반항적인 마누엘라의 기질은 언제나 말썽을 일으켰다. 마누엘라와 같은 자유사상가에게는 결코 어울리지 않았지만 어머니는 곧 그녀를 수녀원 학교에 보냈다. 뒤이어 10년 동안 마누엘라는 정치적인 문제가 아니라 개인적인 문제 때문에 반항아의 길을 걷게 되었다.

마누엘라 사엔스와 레오나 비카리오, 마리키타 산체스 — 아메리카에서 가장 유명한 여성 독립투사가 될 — 는 모두 아버지에 대해 유별나게 독립적이었다. 마누엘라는 아버지와의 사이가 멀었고 레오나의 아버지는 사망했으며 마리키타는 법정 다툼 끝에 아버지에게 승리를 거두었다. 이 젊은 여성들은 가부장제가 지배하는 사회에서 가장의 권위를 무시하거나 그것에 도전했다. 이들은 결국 흔히 "아버지"라고 일컬어진 군주의 통치에 대항해 주저하지 않고 도전하게 될 운명이었다. 이는 그리 놀라운 일이 아니었다.

에스파냐의 대(對)나폴레옹 저항이 무너지다

에스파냐로 돌아온 호세 데 산마르틴은 1809년 11월 카탈루냐 지방에서 프랑스의 점령에 항거하는 투쟁에 힘을 보탰다. 에스파냐의 애국파는 제복을 입은 정규군을 구성하지 않았다. 웰링턴에 맞선 포르투갈의 애국파와 마찬가지로 그들은 고정된 전투 대형 속에서 북을 치고 깃발을 흔들면서 프랑스 군과 직접 맞붙은 적이 거의 없었다. 대신 에스파냐의 애국파는 화력이 우세한 적군에 맞서 비밀리에 치고 빠지는 기습 전술을 구사하면서 "작은 전투"("게릴라")를 벌였다. 물론 그들이 이런 전술을 창안하지는 않았지만, 그들은 이 전술에 우리가 오늘날에도 여전히 사용하는 명칭을 부여했다. 산마르틴의 역할은 훈육하고 조직하며 연락하는 일이었다. 그는 심각한 질병을 앓고 있어서 전투에 가담하진 않았다. 그 질병은 대규모로 번지기 시작한 결핵이었다. 그는 결핵과 수십 년 동안 싸웠다.

산마르틴은 파란만장한 사건들이 이어지던 1809년 초에 세비야에서 몇 달 동안 요양하면서 단일 저항 정부를 구성하려는 에스파냐인들의 피나는 노력을 직접 목격했다. 세비야는 각 지방협의회에서 파견한 대표 두 명씩으로 구성된 중앙협의회를 그해 내내 운영했다. 세비야의 자칭 최고협의회는 처음에 이 중앙협의회의 권한에 반발했다. 하지만 결국 중앙협의회는 프랑스 군에게 점령당하지 않은 에스파냐의 모든 지역에서 승인을 얻게 되었다.

하지만 중앙협의회는 들판을 가로질러 남쪽으로 밀고 내려오는 프랑스 군의 침입을 저지할 수 없었다. 나폴레옹이 직접 이끄는 20만 명 이상의 프랑스 군은 압도적인 전력으로 1809년 말 마드리드에서 형 조제프 보나파르트를 에스파냐의 군주로 옹립했다. 당시 에스파냐 애국파의 저항은 완전히 무너졌고 중앙 정부는 세비야에서 인근 카디스 항구로 피신해야만 했다. 에스파냐 정부는 카디스를 제외하고 에스파냐 영토에 대한 통제력을 상실했으며 섬과 같은 카디스에서 영국 전함의 호위 속에 아메리카와 겨우 연락을 유지할 수 있었다. 중앙 정부는 카디스에 도착하자마자 해체되었고 새로 구성된 섭정위원회에 권력을 이양했다. 섭정위원회는 페르난도를 직접 대변한다고 주장했으나 설득력이 없었다. 카디스 정부를 포함한 기존의 지방 정부들이 섭정의 권위를 받아들이는 데는 시간이 걸렸다. 카디스 정부는 이런 나쁜 소식들이 아메리카에 악영향을 끼치지 않을까 우려해 선박들의 출항을 금지했다. 하지만 나쁜 소식은 바다가 아니라 공기를 통해 날아갔다.

케레타로에서 아메리카인들이 뭉치다

아메리카 민병대 장교들은 에스파냐의 대(對)나폴레옹 저항이 무너지자 더욱 대담하게 누에바에스파냐 협의회를 구성하고 새로운 시도를 모색했다. 아메리카인들은 이미 폐위된 친(親)아메리카 부왕 이투리가라이를 동정했다. 이런 생각을 처음 갖게 된 것은 1807년 그의 지시로 민병대의 훈련이 진행될 무렵이었다. 누에바에스파냐의 보병 민병대 20개 대대와 기병 민병대 24개 대대는 해상 침입에 대비해 누에바에스파냐의 전략적 방어 거점인 할라파 근처의 고지대 평원에 모여 몇 달 동안 훈련과 일체감 형성에 집중했다. 그들은 코로와 몬테비데오, 부에노스아이레스에서 발생한 침입 시도에 대해 익히 알고 있었다. 이투리가라이가 직접 기동 훈련을 지휘하자 각 부대는 기량과 열정을 걸고 앞다투어 경쟁했다. 그의 결점이 무엇이든 간에 이투리가라이는 거친 남성들의 군영(軍營) 사회 속에서 자신감이 넘쳤다. 몇 주에 걸친 기동 훈련 기간에 아메리카인 장교 중 상당수가 그에게 개인적으로 헌신한 까닭은 바로 이 때문이었다.

이 장교들 가운데 우리의 이야기와 관련해 가장 중요한 인물은 이그나시오 아엔데였다. 그는 이달고의 촌락 돌로레스에서 그리 멀지 않은 산미겔 출신으로 재력이 있는 마흔 살의 아메리카인이었다. 1808년 멕시코 시의 유럽인들이 부왕 이투리가라이를 축출할 때, 아옌데는 그들에 맞서 저항하면서 누에바에스파냐에 협의회를 창설하는 흔히 바야돌리드 음모라고 부르는 중요한 모의에 가담했다. 아옌데에게는 불행하게도 모의에 관한 소식이 에스파냐 정부의 귀에 들어갔다. 에스파냐 정부는 라파스에서 페드로 도밍고 무리요를 비롯해 일부 아메리카인들을 처형한 것처럼 메스티소들을 가혹하게 다루지 않았고 관례대로 불만을 품은 아메리카인들에게 관대한 조치를 취했다. 하지만 아옌데는 석방되자마자 조직을 재정비했다.

1810년 3월 아옌데를 비롯해 일부 민병대 장교들은 돌로레스에 있는 미겔 이달고를 방문하기 시작했다. 이들이 교구 사제가 지도하는 유명 단체에 관심을 보인 것으로 알려졌지만 실제로는 이들이 이달고를 음모에 가담시켰다. 이달고는 당시 57살이었고 농업 분야를 비롯해 다양한 계획의 결실을 보고 있었다. 그는 사람들의 존경을 받았고 안락한 생활을 즐기며 매우 만족스러운 삶을 살고 있었다. 하지만 이달고는 이상주의자이자 몽상가이기도 했다. 그는 언제나 무모한 도전을 선택하는 편이었다. 그는 더욱이 훔볼트와 제퍼슨을 비롯해 많은 이들을 고무한 바로 그 자유를 수년간 신봉해왔다. 그는 나폴레옹이 이베리아를 침입한 뒤에도 프랑스 사상에 여전히 관심을 기울였다. 그리고 과나후아토는 물론 산미겔 근처에 있는 아옌데의 고향에 자주 들렀다. 1810년에 이 도시들은 우려 섞인 대화를 주고받느라 분주했다. 에스파냐에선 대(對)나폴레옹 항쟁이 무너지고 실제 연안에 위치한 카디스 정부만 유지되고 있는 상태였다. 이 정부조차 곧 사라지고 말 것 같았다. 당시 나폴레옹과 에스파냐의 꼭두각시 군주인 조제프 1세는 누에바에스파냐에 대한 지배권을 주장하고자 했을까? 누에바에스파냐 협의회는 그 어느 곳보다 더 강력한 것처럼 보였다. 이달고가 케레타로 음모로 알려지게 될 반란 모의에 가담하기로 결심할 때까지 아옌데는 그 협의회를 그리 자주 방문하지 않았다.

케레타로는 레르마 강의 북쪽 유역에 위치해 있었다. 강의 중앙 유역은 누에바에스파냐에서 가장 비옥한 바히오 지방을 이루고 있었다. 바히오 지방은 대규모 곡창지대로서 과나후아토 시(市) 바로 아래에는 은의 주맥이 있었다. 훔볼트는 누에바에스파냐를 방문해 이 과나후아토 시에 오래 머물면서 경탄해 마지않았다. 케레타로의 음모자들은 이그나시오 아옌데와 같은 민병대 장교들을 불러 모으고 약종상, 판사, 성직자를 포함한 도시 주민들을 가르쳤다. 이 모임에는 심지어 케레타로의 최고위 관리도 참여했다. 케레타로의 음모자들은 대중 봉기를 일으키기 좋은 시점 — 칸델라리아 성모를 기려 매년 12월에 2주 동안 원주민과 혼혈인 수만 명이 말과 노새, 당나귀, 술을 거래하는 산후안데로스라고스의 시골 장터에서 북적거리는 때 — 에 페르난도 7세의 권리를 옹호하기 위해 아메리카 협의회 구성을 공포하기로 계획했다.

이달고는 케레타로 음모에서 핵심 역할을 맡는다는 데 뜻을 같이했다. 이달고는 명성이 자자한 데다 원주민 농민들에게 인기가 있었기 때문에 그들을 봉기에 동원하는 데 큰 영향력을 발휘할 수 있었다. 음모자들은 농민 봉기를 매우 중요시했다. 바히오 지방에는 실로 엄청난 수의 농민들이 살고 있었다. 농민들은 더 이상 전통적인 원주민 공동체에서 살지 않고 전에 비해 훨씬 불안정한 농업노동자의 삶을 유지하고 있었다. 기근은 빈민들의 친숙한 동반자였다. 바히오의 농민들은 1766년 대규모 반(反)가추핀 시위에 참가한 적이 있었다. 케레타로의 음모자들은 이달고 신부가 농민들에게 그와 유사한 반(反)유럽 정서를 불어넣어 주기를 기대했다. 이달고는 그들을 조직했고 존경을 한 몸에 받는 명망 높은 성직자였다.

하지만 프랑스의 자유에 관한 얘기라면 그 어떤 것이라도 산후안데로 스라고스의 시골 장터에 모여든 경건한 주민들의 마음을 상하게 했을 것이다. 아옌데는 이달고가 이 점을 강조해야 한다고 생각했다. 이달고 는 이미 결전의 순간에 나눠 줄 투석기와 창, 마체테 칼, 그리고 다른 조야한 무기들을 제작하고 있었다. 언제나 실용적인 도전을 즐기던 이 달고는 심지어 대포 몇 문까지 준비하려고 했다. 하지만 아옌데는 통제 가 불가능할 정도로 일이 확산되기를 바라지 않았다. 그는 이달고에게 누에바에스파냐의 주민들이 유럽인 식민 지배자들에게 도전하는 반란 에 가담할 것이고 특히 유럽인 식민 지배자들이 나폴레옹에게 밀착하 기 위해 군주를 저버린다면 더욱 그럴 테지만, 주민들은 결코 그들의 '기대주'에 항거해 봉기하지 않을 것이며 공화국에 대해선 아무런 관심 도 갖고 있지 않다고 말해주었다. 따라서 산후안데로스라고스 봉기의 구호는 "페르난도 7세 만세! 가추핀에게 죽음을!"[5]이 되어야 할 것이 었다.

페르난도의 가면[6]을 쓰고서

1810년 27살이 된 시몬 볼리바르는 베네수엘라로 돌아왔다. 이론적 으로 그는 자유를 수용하고 군주제에 대한 공화제의 우월성을 인정했

---

5) José Mancisidor, *Hidalgo, Morelos, Guerrero*(Mexico City: Editorial Grijalbo, 1956), p. 54.
6) '페르난도의 가면'은 나폴레옹에 의해 폐위된 페르난도 7세에 계속 충성을 다짐하 는 아메리카인들의 처신을 일컫는 표현이다. 가면이란 단어가 암시하듯이 이런 아 메리카인들의 태도는 대개 본심이 아니었고 오히려 향후 아메리카의 독립을 성취 하려는 크리오요 엘리트들이 꾸민 계략이었다고 볼 수 있다. 식민 본국의 정치적 혼란을 자치정부 수립의 호기로 파악한 이들은 처음에는 페르난도 7세의 이름으 로 자치정부를 통치할 것이라고 천명했다. (옮긴이 주)

지만 일상적 관계에서는 여전히 자만에 가득 찬 만투아노 대지주로 행세했다. 다른 지주와 갈등을 벌이고 있던 토지에 인디고 작물을 심으려고 무장한 노예들을 이끌고 나타난 그를 상상해보라. 다른 지주와 그 노예들 역시 무장을 갖춘 채 이 도전을 받아들인다. 대농장주 두 명이 양편으로 갈라선 노예들 앞에서 몸싸움을 벌인다. 볼리바르는 자신이 이웃의 "이상한 행동"을 당국에 고발해서 그를 체포당하도록 만든 데 대해 유감스럽게 생각한다. 곧이어 행정 당국이 이 젊은 만투아노 농장주에게 농장 인근 지역의 관리로 일하면서 한 바퀴 둘러보라고 하자 볼리바르는 시간이 없다며 딱 잘라 거절한다. 과연 하찮은 지방 당국은 그를 누구라고 생각할까?

한편 카라카스에서도 에스파냐 군주제의 정통성에 위기의 그림자가 드리워지고 있었다. 나폴레옹이 에스파냐 왕위를 찬탈했다는 소식이 1808년 7월에 들려온 것이었다. 그러자 카라카스 전체는 즉각 발 벗고 나서서 페르난도에 대한 충성을 맹세했다. 주민들은 한동안 식민통치자들에게 미친 프랑스의 영향력을 두려워했는데 여기에는 그럴 만한 까닭이 있었다. 1810년 4월 당시 베네수엘라의 총사령관은 비센테 엠파란이었다. 그는 에스파냐 관리로서 1799년 쿠마나에서 훔볼트를 환영하고 그의 연구를 독려한 바 있었다. 엠파란은(이달고나 산마르틴의 불운한 상관 솔라노 장군처럼) 당시 친(親)프랑스파 ─ 프랑스의 과학, 문학, 정치문화를 열렬히 찬미한 나머지 '프랑스화'된 것을 의미 ─ 로 알려진 인물이었다. 그는 그나마 여러 해 동안 베네수엘라에서 양호한 통치를 선보임으로써 별 매력 없는 프랑스화 노선을 상쇄했다. 엠파란의 친구와 동료 역시 '프랑스에 경도되는' 경향을 보였다. 그 가운데는 볼리바르뿐만 아니라 볼리바르의 친척이자 쾌락을 즐기는 동료인 파리 출신의 페르난도 토로가 있었다. 볼리바르는 심지어 총사령관이 참석한 어떤 모임에서 에스파냐의 폭정 종식을 위해 건배하기까지 했다. 아마 그 분위기는 틀림없이 어색했을 것이다.

선박 한 척이 에스파냐의 대(對)나폴레옹 저항이 무너졌다는 소식을 갖고 라과이라에 도착한 지 불과 4일 뒤인 1810년 4월 19일 카라카스에서는 협의회 구성을 위한 공개회의가 열렸다. 회의장 밖에서는 "페르난도 7세 만세! 프랑스인들에게 사형을!"이라는 군중의 외침이 들렸다. 엠파란은 보좌관들을 시의회 의장에게 넘겨주었다. 훔볼트는 카라카스의 엘리트층을 아메리카에서 가장 개방적인(따라서 진보적인) 세력으로 여겼다. 이런 그의 견해는 협의회가 무역 제한, 수출 관세, 원주민 공납, 노예무역 등을 폐지했을 때 그 정당성을 입증했다. 이 밖에도 카라카스 최고협의회는 영국이 나폴레옹에 맞서 페르난도 7세를 지지하고 있었기 때문에 런던에 외교 사절을 보내기로 계획했다.

볼리바르가 특사를 자처하고 나섰지만 협의회는 주저했다. 언쟁을 좋아하며 규율이 없는 젊은 민병대 장교가 이 까다로운 임무의 적임자일까? 볼리바르는 사절단의 소요 비용을 대겠다고 제안함으로써 논의에 종지부를 찍었다. 하지만 카라카스 협의회는 일종의 예방책으로 원숙하고 지혜로운 인물 몇 사람을 딸려 보냈다. 그 가운데 한 명은 한때 볼리바르의 가정교사를 지낸 바 있고 영어를 구사할 줄 아는 안드레스 베요였다. (볼리바르에게는 다행스럽게도 안드레스 베요와 시몬 로드리게스는 다방면에서 당대 아메리카 최고의 교육자로 알려져 있었다.) 협의회는 볼리바르에게 "베네수엘라 최고협의회의 이름으로" "에스파냐와 아메리카의 군주 페르난도"의 외교 신임장을 수여했다.[7] 그리고 볼

7) Salvador de Madariaga, *Bolívar*(Mexico City, Editorial Hermes, 1951), I: p. 287.

리바르가 헤프게 돈을 쓴 나머지 런던에 잘못된 인상을 남길 것을 우려해 그에게 엄격한 지침을 내렸다. 마지막으로 프란시스코 데 미란다는 페르난도 7세의 충성스러운 신하가 아니라고 충고했다. 또 런던에서 미란다를 만날 필요가 있을지라도 그를 멀리하고 그에게 베네수엘라로의 귀환을 권고해서는 안 된다고 강조했다. 볼리바르는 이 조건들을 수락했다. 하지만 훗날 공화주의 혁명가들이 군주의 이름을 사칭했다고 비판하듯이 볼리바르는 누에바에스파냐의 아옌데나 이달고와 마찬가지로 자신의 진정한 속셈을 숨기고 "페르난도의 가면"을 썼다.

카라카스 협의회의 사절단은 1810년 6월 초 영국 전함에 승선한 지 한 달 만에 영국에 도착했다. 볼리바르는 곧바로 미란다를 만났고 미란다는 외무성의 연줄을 활용해 사절단과 영국 외교관의 비공식 면담을 주선했다. 면담은 아무런 성과가 없었다. 미란다는 또한 반체제 아메리카 인사들에게 사절단을 소개했다. 볼리바르와 베요는 그들과 함께 런던의 주점을 돌아다니며 얼마간 시간을 보냈다. 유럽에서 처음으로 타국 생활을 즐긴 베요는 베네수엘라로 돌아가지 않았다. 당시 베요가 에스파냐어 말투가 섞인 영어를 구사하면서 정부를 대표하기에 런던의 분위기는 우호적이었다. '리베랄'이나 '게리야'(게릴라) 같은 에스파냐어와 마찬가지로 당시 '훈타'라는 낱말은 영어권에 외래어로 소개되어 큰 유행을 일으키고 있었다. 볼리바르는 명령을 어긴 채 베네수엘라로 돌아가자고 미란다를 설득했다. 그는 노련한 혁명가 미란다의 지식과 명망, 연줄이 에스파냐와 페르난도 7세를 상대로 한 싸움에서 승리를 거두는 데 도움을 줄 것이라고 생각했다. 언제나 몽상가인 미란다는 영국의 가족에게 다시 한 번 작별 인사 — 결국 마지막이 되고 만 — 를 하기로 결정했다.

한편 카라카스 최고협의회는 세비야 최고협의회와 마찬가지로 이웃 국가들의 승인을 얻는 데 어려움을 겪고 있었다. 베네수엘라는 중앙집권적 전통이 강하지 않은 데다가 카라카스가 수도로 정해진 것이 얼마 되지 않았기 때문이다. 그 전에는 쿠마나와 코로가 각각 동부 베네수엘라와 서부 베네수엘라의 수도였다. 독자적인 협의회를 구성한 쿠마나는 카라카스의 지도력에 대해 조건부 승인이라는 결정을 내렸지만 코로는 이를 거부했다. 중소 도시들이 어느 한편을 따르면서 베네수엘라에서는 내전의 망령이 되살아나고 있었다. 이 망령이 곧 아메리카의 여러 지역에 출몰해 주민들을 괴롭혔다.

부에노스아이레스에서 혁명이 일어나다

1810년 부에노스아이레스의 젊은 아메리카 혁명가 마리아노 모레노 역시 페르난도의 가면을 썼다. 그는 (특히 정적들에게) 혁명적 열정이 넘치기로 유명했다. 그의 열정은 유성과 같았다. 그는 아메리카 혁명 가운데 가장 지속적인 1810년 혁명을 일으키는 데 기여했지만 그 자신이 혁명에 직접 참여한 것은 몇 개월에 지나지 않았다.

모레노는 1810년 5월 부에노스아이레스 고등법원의 직원으로 근무했다. 가진 재산이 많지 않았기 때문에 그는 이 정도만 해도 꽤 성공을 거둔 셈이었다. 모레노는 학생 시절 그의 재능을 높이 산 관대한 주교의 후원 덕분에 추키사카에서 멀리 떨어진 리오데라플라타 부왕령의 일류 대학에 입학할 수 있었다. 초기에는 세상과 격리된 채 은둔 생활을 하며 후원자인 주교의 집에서 많은 시간을 보냈다. 그동안 신학 학위뿐만 아니라 법학 학위까지 받았다. 그 뒤 혼인을 해 (그가 사제가 되기를 기대한) 가족들을 실망시켰다. 모레노는 또한 근처에 있는 포토시의 은광 — 추키사카의 존재 이유이기도 한 — 지대를 방문해 원주민 갱부들이 학대당하는 광경을 목격하고 경악을 금치 못한 바 있다. 그들

114

은 미타라고 알려진 악명 높은 식민지의 노동력 징발제에 신음하고 있었다. 모레노는 추키사카에서 잠시 변호사로 활동한 다음 — 영국이 침략할 바로 그 무렵 — 부에노스아이레스로 돌아오기로 결심했다. 영리하고 야심만만한 모레노는 포펌이 독자적인 원정을 단행하기 훨씬 전부터 고등법원의 서기관으로 활약했다.

1806년 영국의 부에노스아이레스 점령 당시 영국 무역선들이 연안에 모여 구미가 당기는 각종 상품들을 제공할 때, 모레노는 자유무역의 이점과 그 필요성을 확신하게 되었다. 물론 영국이 지배하는 자유무역을 의미하는 것은 아니었다. 영국군이 물러난 뒤 모레노는 무역 독점의 종식을 공공연하게 주장했다. 이 때문에 그에게는 강력한 적들뿐만 아니라 지지자들도 생겨났다. 마리키타 산체스 데 톰슨(마리키타의 남편 성)의 집에서 종종 사교 모임을 한 반체제 인사들은 모레노의 주장에 동의했다. 아울러 부에노스아이레스의 지주 집단도 자유무역을 간절히 바랐다. 심지어 오랫동안 도시 상인 길드의 서기를 맡은 마누엘 벨그라노도 영국과의 직접 무역이 경제적으로 불가피하게 되었다고 주장했다. 벨그라노는 상당한 지적 소양을 갖춘 무역 전문가였지만 그의 주장은 꽤 단순했다. 에스파냐가 프랑스의 지배 아래 놓이게 되면서 그 항구들은 적국의 항구가 되었다. 반면 영국과 에스파냐는 동맹국이 되었다. 그렇다면 왜 영국과 교역하지 않는가? 합법적 교역이든 밀무역이든 영국과의 교역은 곧 시작될 것처럼 보였다. 실제로 소수의 독점상인들을 제외하고 부에노스아이레스의 주민 가운데 자유무역을 옹호하지 않는 이들은 그리 많지 않았다. 부왕 리니에르 또한 에스파냐에서 파견된 후임자가 그를 대신할 때까지 이를 용인했다.

마리키타 산체스와 남편 마르틴 톰슨은 1808~10년의 정치적 소용돌이에 깊이 휘말려들었다. 마리키타는 프랑스의 살롱을 본떠 저녁 모임을 주재했다. 손님들은 음악과 춤뿐 아니라 문학, 시사 문제, 심지어 이따금씩 과학 실험에 관한 토론을 즐겼다. 이 젊은 여성에겐 어린 두 자녀가 있었고 셋째를 임신한 상태였기 때문에 이들을 돌보느라 계속 바빴다. 단골손님 가운데 일부는 다가올 혁명의 주역이 되었다. 벨그라노 역시 주역 가운데 한 사람이었다. 지역 민병대로 영국의 침입을 두 차례나 완파한 부에노스아이레스는 이런 과업에 적극적으로 나섰다. 5월에 접어들어 프랑스 군이 에스파냐의 저항을 사실상 일소했다는 소식이 알려지자 부에노스아이레스의 아메리카인들은 신속하게 움직였다.

벨그라노와 후안 호세 카스텔리(오랫동안 음모를 꾸며 온 벨그라노의 사촌이자 마리키타의 친구)가 시의회의 공개회의를 요구하고 나섰다. 그들은 이를 위해 주민들이 선출한 부에노스아이레스 민병대의 사령관 코르넬리오 사아베드라를 방문했다. 카스텔리가 시의회에서 아메리카 전역에 알려지게 될 나름의 주장을 개진하고 있을 때, 의사당 앞 광장에는 그를 지지하는 군중이 몰려들었다. 그는 페르난도가 궐위 중일 때 아메리카 신민들이 자체 협의회를 구성해야 한다고 주장했다. 의사당 내부에서는 아메리카인 대의원들이, 의사당 밖에서는 아메리카인들의 세력이 우세해져서 승리는 불을 보듯 뻔했다. 1810년 5월 25일 시의회는 사아베드라를 새로운 협의회의 의장으로 임명했다. 벨그라노와 카스텔리도 이 협의회에 참여했고 마리아노 모레노는 서기의 직책을 맡았다.

모레노는 단지 서기에 지나지 않긴 했지만 전쟁, 내무, 외교 업무를 추진하면서 부에노스아이레스 협의회를 관장했다. 그는 한결같은 마음으로 업무에 매진했다. 무엇보다 그는 협의회의 군사력을 육성하고 6월에 발행되기 시작한 신문에 혁명 이데올로기를 고취하면서 1810년 5월 혁명을 공고히 하는 데 전념했다. 협의회는 물론 페르난도 7세의 이름으로 구성되었다. 의장인 사아베드라는 보수적인 군주 지지자였다. 따라서 모레노, 벨그라노, 카스텔리는 모두 페르난도의 가면을 유지할 수 있었다. 하지만 모레노의 속셈은 미국 헌법을 표본으로 삼아 남아메리카 연방을 구성하는 것이었다. 그는 유럽인들을 박해함으로써 무자비한 혁명가라는 평판을 얻었다. 모레노는 폐위된 부왕 리니에르가 협의회에 맞서 음모를 꾸미고 있다는 사실을 알게 된 뒤 그를 인정사정없이 처형했다. 한편 카스텔리와 벨그라노는 각각 알토페루와 파라과이에서 군사적 방식을 통해 부에노스아이레스 협의회의 권위를 역설하기 시작했다.

모레노가 활동을 개시한 지 몇 개월이 지나지 않아 보수파는 이 젊은 급진주의자를 부에노스아이레스 협의회에서 밀어낸 뒤 외교 업무를 맡겨 런던에 파견했다. 하지만 일부 인사들에게 부에노스아이레스 협의회의 로베스피에르로 불린 그는 런던으로 항해하는 도중 사망했다. 어떤 이들은 그가 독살을 당했다고 생각했다.

누에바그라나다에 여러 협의회들이 설립되다

에스파냐 정부와 군대가 무너졌다는 소식이 확산되자 카라카스와 부에노스아이레스 협의회 외에 아메리카 여러 곳에서 협의회들이 생겨났다. 소문을 퍼뜨린 이 가운데 한 사람은 훔볼트의 여행 동반자였던 키토 출신의 청년 카를로스 몬투파르였다. 그는 훔볼트와 봉플랑을 따라 유럽에 갔다가 1810년 자유의 사도가 되어 아메리카로 돌아왔다. 카디스 섭정위원회에 위원으로 참여했을 그가 아메리카에서는 협의회 신설을 독려했다. 1810년 5월 몬투파르는 카르타헤나에 도착했다. 누에바그라나다의 카리브 해 연안에 위치한 카르타헤나에는 잘 갖춰진 에스파냐 해군 기지가 있었다. 또 카르타헤나의 강력한 상인 공동체가 이미 카디스의 기대를 저버리고 영국 선박과의 교역권을 꼭 필요한 상업적 권리로 요구하기도 했다. 카르타헤나 시의회는 몬투파르가 전해준 에스파냐 소식에 자극을 받았다. 6월에 10시간 동안 공개회의를 개최하고 카르타헤나의 지사를 권좌에서 몰아냈다. 그리고 페르난도 7세의 이름으로 지역협의회를 구성했다.

새로 들어선 아메리카인 권력 당국은 악취가 진동하는 카르타헤나의 지하 감옥에 수감된 안토니오 나리뇨를 석방했다. 수척해진 나리뇨가 얼마나 기뻐했을지 상상할 수 있을 것이다. 그 무렵 40대 후반에 접어든 나리뇨는 보고타 출신으로서 공화주의 사상 때문에 이미 15년을 주로 감옥에서 보냈다. 그는 그보다 스무 살이 많은 모레노나 집에 머물러 있던 미란다와 같은 유형의 인물이었다. 그는 1781년 새로운 과세에 반대해 시위를 벌인 반역자들이 끔찍하게 처형당하는 장면을 목격한 뒤 민병대 장교단을 탈퇴하고 반체제 인사가 되었다. 나리뇨는 모레노와 마찬가지로 마법에 걸린 학자처럼 프랑스 서적들을 읽었을 뿐 아니라 지방 정부의 재무국장을 맡을 정도로 출세한 관리였다. 또한 그는 왕실의 키니네 독점 사업을 관리했고 언론담당관으로 매우 중요한 역할을 맡았다. 1790년대 프랑스 대혁명이 진행되고 있을 때 그는 미겔 이달고가 그랬던 것처럼 저녁 살롱 모임을 주관하면서 프랑스의 정치 사상가들과 유럽 정세에 관해 토론을 벌였다. 나리뇨는 자신의 개인 도서관에 금서들을 모으고 자신이 존경해 마지않는 벤저민 프랭클린의 흉상을 세우기도 했다. 그는 미란다와 마찬가지로—나중에 살펴보겠지만 부분적으로는 미란다 때문에—머지않아 철저한 혁명가가 된다.

1794년 나리뇨는 인권선언의 전문이 수록된 프랑스의 혁명적 제헌의회에 관한 이야기를 읽었다. 그는 이를 에스파냐어로 번역한 뒤 언론기관에 접근해서 100부를 인쇄했다. 곧 정부 당국에게 발각되는 바람에 그는 혹독한 대가를 치렀다. 그가 소장하고 있던 금서들도 발각되었다. 금서 처리 업무를 맡고 있던 종교재판소는 나리뇨의 번역물을 불태웠고 열정에 불타는 혁명가에게 강제노동 10년형을 선고한 뒤 북아프리카에 있는 에스파냐의 수감 시설에 처넣었다.

하지만 어찌 된 영문인지 나리뇨는 그가 탄 선박이 카디스에 잠시 머무는 동안 탈주해 곧바로 혁명의 도시인 파리로 향했다. 이 집요한 아메리카인 반체제 인사는 파리에서 프란시스코 미란다를 만났다. 미란다가 활동의 본거지를 런던으로 옮기기 전이었다. 1797년 4월 나리뇨는 떠난 지 1년이 지나지 않아 누에바그라나다로 돌아왔다. 그리고 사제로 위장해 프랑스 사상에 영향을 받은 소수의 아메리카 지식인들과 함께 자신과 미란다의 전망을 공유하고 이를 실현하고자 노력했다. 그리하여 누에바그라나다의 농촌을 두루 돌아다녔지만 그는 공화주의 이상을 지지하는 이들을 거의 찾을 수 없었다. 그러다가 1797년 7월에 또다시 감옥에 갇히게 되었다. 그 뒤 건강이 극도로 악화된 나리뇨는 인도적 차원에서 가석방되는 1803년까지 복역할 수밖에 없었다.

후안 피오 몬투파르의 키토 협의회에 관한 소식이 보고타의 독립운동 세력을 고무한 1809년에도 나리뇨는 여전히 요양 중이었다. 카밀로 토레스라는 시의원이 부왕의 실정을 비난하면서 부왕에게 아메리카인들이 독자적인 협의회를 구성할 수 있도록 해달라는 내용의 청원서를 제출했을 때, 기분이 상한 부왕은 아메리카인들의 선동에 대해 단호한 조치를 취했다. 정부 당국의 전복을 꾀하는 이 음모에 나리뇨—불행하게도 또다시—도 가담했다. 나리뇨는 카르타헤나의 철벽 감옥으로 이송되었다. 그는 이송 도중 탈출을 시도했으나 다시 체포되어 매우 잔혹한 옥살이를 겪었다. 1810년 6월 카르타헤나 협의회가 그를 구출할 무렵에 그는 거의 송장이나 다름없었다.

하지만 곧이어 몇 주 동안 이 쇠약한 혁명가에게 꿈을 실현할 무대가 펼쳐졌다. 칼리, 팜플로나, 소코로 등 누에바그라나다의 주요 도시들은 카르타헤나의 선례를 따라 공개회의를 열고 자치협의회를 구성했다. 1810년 7월 20일 보고타의 독립운동 세력은 도시의 중앙 광장에서 한 유럽인 상인과 일부러 폭동의 도화선이 되는 다툼을 일으켰다. 이를 진압해야 할 아메리카인 민병대는 출동을 거부했고 시의회는 페르난도 7세의 이름으로 지역협의회를 구성하면 군중이 흡족해할 것이라며 부왕을 설득했다. 부왕은 스스로 새로운 협의회를 주재할 요량이었지만 광장에 모인 반란자들의 분위기는 다른 방향으로 흘러갔다. 부왕을 포함해 인기 없는 유럽인들을 체포하기 시작한 것이었다. 흥분한 군중이 부왕을 매우 거칠게 다룬 나머지 그의 친구들은 그가 피해를 입지 않도록 피신시켜야 했고 결국 보고타를 빠져나가도록 도왔다. 곧이어 연쇄적인 반응이 일어났고 누에바그라나다 각지의 도시들은 협의회를 구성했다.

나리뇨가 마그달레나 강을 따라 카르타헤나에서 보고타로 이동했을 때, 에스파냐의 부왕령 가운데 가장 분권화된 누에바그라나다 부왕령에서는 다른 어떤 지역에서보다 더 많은 공개회의가 개최되고 더 많은 지역 차원의 협의회가 생겨났다. 나리뇨의 건강이 좀더 오래 유지되고 감옥에서 좀더 오래전에 출소했더라면 그는 아마 이런 혼란을 수습하기 위해 발 벗고 나섰을 것이다.

칠레도 협의회를 구성하다

칠레는 에스파냐로부터 가장 멀리 떨어진 아메리카의 식민지였다. 1810년 당시 대륙 남단의 혼 곶을 돌아가는 어려운 항해를 시도한 선박은 거의 없었다. 칠레와 에스파냐 사이의 왕래는 대개 태평양 연안을 따라 이루어졌다. 이런 경우 파나마와 리마에서 수송 수단을 교체해야 했다. 중앙협의회가 카디스로 철수하고 급기야 해체되었다는 소식이 칠레에 가장 늦게 도착했다. 칠레의 수도 산티아고는 공개회의를 소집하고 1810년 9월 18일 페르난도 7세의 이름으로 협의회를 구성했다. 산티아고에서 가장 영향력이 큰 카레라 가문이 이 축제를 준비하는 데 앞장섰다. 축제 중에 화려한 기념 무도회가 펼쳐졌다. 우아한 젊은 귀족 부인이 준비 작업을 맡았다. 그녀의 이름은 프란시스카 하비에라 에우독시아 루데신다 카르멘 데 로스 돌로레스 데 라 카레라 이 베르두고 ― 줄여서 하비에라 카레라 ― 였다. 하비에라 카레라는 마리키타 산체스와 마찬가지로 저녁 살롱 모임을 열었다. 이 모임은 사실상 혁명 조직과 같은 역할을 맡았고 산티아고 지식인 사회의 유명 인사들을 불러 모았다. 하비에라 카레라가 주최한 모임의 참석자 가운데 일부(그녀의 오빠와 남동생 세 명을 포함해)가 칠레의 새 협의회를 구성하는 데 주도적인 역할을 맡았다.

하지만 산티아고 협의회를 좌지우지한 핵심 인물은 후안 마르티네스 데 로사스였다. 그는 그럴 만한 인물이었다. 학식이 뛰어난 데다 칠레 제2의 도시 콘셉시온을 장악하고 있었기 때문이다. 마르티네스 데 로사스는 콘셉시온에서 모임을 개최했다. 분위기가 그리 화려하진 않았지만 모임에 참여한 인물들은 하비에라 카레라의 집에서 논의했던 것과 유사한 주제를 놓고 토론을 벌였다. 마르티네스 데 로사스가 각별한 애정을 갖고 있는 청년 한 명이 이따금 참여했다. 그는 전임 칠레 지사의 사생아였다. 나중에 귀족의 작위를 받고 페루의 부왕이 되는 칠레 지사의 성은 오히긴스로서 이에 대해서는 약간의 설명이 필요하다.

부왕 암브로시오 오히긴스는 에스파냐에 있는 친척을 방문하기 위해 소년 시절 아일랜드를 떠났다가 다시 그곳으로 돌아가지 않았다. 그는 카디스에서 아일랜드 상인들과 일하다가 배를 타고 부에노스아이레스로 향했으며 칠레에서는 요새 건설에 종사하다가 관리가 되었고 직무를 잘 수행했다. 그는 콘셉시온에서 관리로 근무하던 시기에 젊은 아메리카 여성 이사벨 리켈메를 만나 그녀를 유혹했다. 그녀가 임신했을 때 그는 결혼을 거절했다. 암브로시오와 이사벨의 아들인 베르나르도는 1778년에 태어났다. 베르나르도는 출생 후 12년을 에스파냐에서 가장 멀리 떨어진 아메리카의 변경 비오비오 강 유역에서 살았다. 비오비오 강 건너편에는 호전적인 아라우카노 부족이 살고 있었다. 이들은 에스파냐의 무력에 결코 정복당하지 않았다.

함께 살진 않았지만 베르나르도의 아버지는 그를 학교에 보냈다. 그리하여 베르나르도는 처음에는 리마(암브로시오가 부왕으로 있던 페루 부왕령의 수도)에서, 나중에는 카디스에서 학교를 다녔다. 젊은 베르나르도 리켈메(당시 그의 이름)는 카디스를 떠나 런던에서 5년 동안 머무르면서 아버지의 모국어인 영어를 완벽하게 익히고 프랑스 서적을 많이 읽었으며 공화주의 사상을 접하게 되었다. 물론 프란시스코 미란다의 후배가 되었다. 베르나르도의 아버지는 이런 아들의 이념적 편력에 불만을 품게 되었고 마침내 송금을 전면 중단했다. 베르나르도는 1801년 아버지가 그에게 유산을 남기고 사망할 때까지 모국 칠레로 돌아갈 수 없었다.

베르나르도는 유산 덕분에 소 3천 마리를 소유한 변경의 대지주가 되었고 지역 의회의 의원이 되었다. 그의 어머니와 이부 누이는 그와 함께 살기 위해 그의 소유지로 찾아갔다. 베르나르도는 사생아 출신임에도 불구하고 유럽에서 받은 교육 덕분에 마르티네스 데 로사스가 부근의 콘셉시온에서 개최한 것과 유사한 살롱 모임들로부터 환영받았다. 그는 신분 상승을 위해 명망 있는 아버지의 성 오히긴스를 사용하게 해달라고 식민 당국에 요청했다. 하지만 암브로시오가 자신이 베르나르도의 아버지라는 사실을 법적으로 인정한 적이 없었기 때문에 법정은 훌륭한 평판을 지닌 인물의 선서 증언을 요구했고 마르티네스 데 로사스가 증언에 나섰다. 그럼에도 식민 당국은 이를 허락하지 않았지만 산티아고 협의회가 수립되는 떠들썩한 분위기 속에서 이는 더 이상 문젯거리가 되지 않았다. 마침내 베르나르도 리켈메는 오히긴스를 자신의 성으로 사용하게 되었다. 이는 그가 부왕의 사생아에서 페르난도의 가면을 쓴 아메리카의 민병대 장교로 변신한 첫 단계였다.

1810년 나폴레옹에 맞선 에스파냐의 저항이 눈에 띄게 약화되자 아메리카의 반란자들은 군주의 권위가 부재한 상황에서 자치권을 확고히 할 과도정부를 구성하기로 만장일치로 결의했다. 그들은 페르난도 7세의 군주권이 에스파냐와 아메리카라는 두 기둥에 의지하고 있다고 설명했다. 한 기둥이 산산조각으로 부서졌지만 다른 기둥은 흔들리지 않았다. 아메리카 주민의 대다수, 곧 아메리카 출신 에스파냐인, 원주민, 메스티소, 파르도(물라토)는 유럽인들에 맞서 궐기했을 때조차 이렇듯 페르난도에게 신실하게 충성을 맹세했다. 그들은 인민주권이란 용어를 사용하지는 않았지만 아메리카인을 위한 아메리카를 요구했다. 새로운 협의회를 이끈 인물들은 대부분 미국과 유사한 공화제를 수립하고자 애쓴 급진파였다. 하지만 대중의 지지가 필요한 공화파는 당분간 이른바 페르난도의 가면을 쓰고 그들의 속셈을 숨겨야만 했다. 그들의 수는 적었지만 그 영향력은 더욱 커질 것이었다.

그동안 브라질의 상황은 그리 복잡하지 않았다. 아무런 위기 없이 주앙 6세가 리우데자네이루에 안착하면서 군주의 권위는 강화되었다. 두 지역의 차이는 뚜렷했다. 이 차이는 에스파냐령 아메리카가 야만적이기 짝이 없는 전쟁(not-so-civil wars)에 빠져들면서 더욱 극명해졌다.

제3장
야만적인 내전 1810~12년

　포르투갈의 애국파와 그 동맹 세력인 영국군은 1810년 9월 리스본을 탈환했다. 에스파냐에서는 카디스가 여전히 나폴레옹에 반항하고 있었다. 하지만 프랑스 군이 이베리아 반도의 거의 대부분을 점령하는 한편 아메리카에서는 협의회가 늘어났다. 아메리카의 협의회들은 모두 페르난도 7세에게 충성을 맹세했다. 하지만 에스파냐에 종속되기를 거부하고 독립적이며 평등한 지위를 요구했다. 이런 요구가 실현되려면 실제 에스파냐의 식민체제를 종식시켜야 했다. 카디스에 머물던 에스파냐 저항 정부는 이를 받아들일 수 없었다. 하지만 당시 카디스 정부는 규모가 작고 힘이 없었으며 고립된 데다 생존을 위해 사투를 벌이고 있었다. 따라서 카라카스, 부에노스아이레스, 보고타, 산티아고의 아메리카인 협의회로서는 에스파냐의 보복을 두려워할 필요가 거의 없었다. 당시 그들이 직면한 근본적인 문제는 내부에서 비롯되었다. 다양한 유형의 전투가 아메리카를 갈라놓기 시작했다. 가장 극적인 사건이 누에바에스파냐에서 벌어졌다.

누에바에스파냐의 군중이 날뛰다

이달고와 아옌데는 1810년 9월 16일 동이 터오기 전에 이미 케레타로의 음모가 실패로 돌아갔다는 사실을 알아차렸다. 과거에 일어났던 일이 반복된 셈이었다. 누군가가 초조한 나머지 식민 당국에 밀고한 것이었다. 음모자 가운데 케레타로의 관리도 끼어 있었는데 그가 지체하는 사이에 그의 아내는 아옌데와 이달고에게 경고를 보냈다. 아옌데와 이달고는 당시 돌로레스에 있는 이달고의 집에 있었다. 오늘날 멕시코의 학생들은 이달고에게 전달된 이 여인의 유명한 전언을 암송한다. "이 말이 끝나기가 무섭게 투옥과 죽음의 위협이 들이닥칠 것이다. 당신은 내일 영웅 아니면 죄수가 될 것이다."[1] 이는 달리 말해 반란의 목소리를 드높이는 길만이 탈출이나 항복의 유일한 대안이라는 것이었다. 이달고는 망설이지 않았다. 태연하게 아옌데를 아침 식사에 초대하고 돌로레스의 민병대원 30명과 이달고의 도자기 공장 노동자 10여 명을 주축으로 반란 세력을 불러 모았다. 이들이 벌인 첫 번째 행동은 돌로레스의 유럽인들을 투옥하는 것이었다.

그날은 돌로레스에 시장이 서는 일요일이었다. 일찍 일어난 원주민 농민들은 농산물 거래를 위해 모여들었다. 이곳은 음모자들이 애당초 염두에 둔 규모가 큰 산후안데로스라고스 시장은 아니었지만 그래도 농촌 주민 수백 명이 모이는 장소였다. 이달고는 대다수가 원주민 혈통을 지닌 돌로레스의 소박한 주민들로부터 존경받는 인물이었다. 그는 그날 페르난도의 가면을 쓰고 신실한 신앙심에 호소했다. 자주 재연되곤 하는 이 연설의 판본은 다양하지만 그 골자는 언제나 동일하다. "페

---

1) Matilde Gómez, *La epopeya de la independencia mexicana a través de sus mujeres*(Mexico City: ANHG, 1947), p. 8.

르난도 7세를 위해 무신론의 거점인 프랑스로부터 누에바에스파냐를 보호해야 한다. 유럽의 에스파냐인들을 신뢰할 수 없다. 대다수가 나폴레옹을 섬기고 있기 때문이다. 페르난도를 보호하기 위해선 가추핀들을 모두 체포하고 그 재산을 몰수해야 한다!" 이달고는 사실 페르난도의 가면을 좋아하지 않았다. 하지만 그날 그것이 얼마나 유용한지를 깨달았다. 자발적인 지원자들이 수백 명이나 몰려들었다.

봉기는 매우 충격적인 주제를 내걸었다. 유럽인들에게 책임을 전가한다는 것이었다. 봉기가 발생한 지 몇 주 동안 유럽인들을 맹비난하는 전단지들이 손수 제작되었다. 이달고는 돌로레스의 유럽인들을 당나귀에 태워 자신의 부대를 뒤따르도록 명령했다. 이는 그들을 조롱하려는 것이었다. 이를 보완하는 더욱 민감한 주제는 인민주권의 천명이었다. 이달고는 아토토닐코라는 촌락에서 교회에 들어가 과달루페 성모상을 갖고 나왔다. 주변에 불꽃을 두르고 부대의 선두에 앞세운 이 성모는 봉기의 공식 표준이 되었다. 과달루페의 이름은 혁명의 암구호가 되었다. 이는 이달고의 우연한 선택이 아니었다. 전설에 따르면 멕시코 시의 외곽에 사는 원주민 소년에게 출현한 과달루페 성모는 몇백 년에 걸쳐 누에바에스파냐의 아메리카인들에게 자부심의 원천이 되었다. 성모의 출현은 신이 아메리카에 복을 베풀었다는 것을 의미했다. 대개 가무잡잡한 얼굴로 묘사된 성모는 원주민 농민들의 큰 사랑을 받았다. 농민들은 이따금 성모의 이름을 나우아어, 즉 아스테카의 언어로 불렀다. 이달고가 1810년 그의 추종자 앞에서 치켜세운 과달루페 성모는 종교적 신의뿐만 아니라 누에바에스파냐 — 아메리카인과 다수의 원주민은 물론 흑인과 혼혈인까지 포함하는 — 의 집단적 정체성을 상징했다. 이달고는 성모의 그림 아래에 만세 구호를 세 개 써넣었다. 과달루페 만세, 페르난도 만세, 그리고 아메리카 만세였다.

농촌 주민들이 과달루페 성모의 그림 아래로 몰려들었고 이달고의 부대는 거의 아무런 저항에 직면하지 않고 인근에 위치한 아옌데의 고향 산미겔로 진군했다. 부대의 규모가 점점 불어나자 아옌데는 그들이 약탈을 자행하지 않을까 두려워했다. 약탈이 자행되면 부유한 아메리카인들이 대열에서 이탈할 수 있기 때문이었다. 아옌데는 그들의 지원을 간절히 바라고 있었다. 게다가 그들은 아옌데의 이웃이기도 했다. 하지만 아옌데는 이달고에게서 아무런 도움을 받지 못했다. 이달고는 대규모의 폭력을 수반할 프랑스 대혁명과 유사한 격변 — 유럽인과 아메리카인 모두의 특권을 빼앗는 사회적 · 경제적 · 이데올로기적인 대변혁 — 을 고려하기 시작했다. 이런 혁명을 달성하기 위해 이달고는 억압자들에 대한 피억압자들의 누적된 분노, 곧 회오리바람을 일으킬 준비가 되어 있었다. 아옌데와 아메리카인들 대다수는 이달고의 이런 생각에 두려움을 느끼고 있었다.

지원병들이 몰려들어 이달고 부대는 다음 며칠 동안 수천 명으로 불어났다. 하지만 아옌데가 우려한 대로 아메리카인들은 거의 참여하지 않았다. 누에바에스파냐의 곡창지대인 바히오 지역의 중심부에 위치한 규모가 꽤 큰 셀라야에 다다랐을 때 무리는 2만 5천 명 정도로 늘어났다. 당시 인구 규모에 비해 이는 믿기지 않는 수치였다. 이 무리를 부대로 부른다면 다소 오해의 소지가 있을 수 있다. 아옌데는 훈련을 받고 무기와 제복을 갖춘 민병대원 100명을 거느리고 있었다. 이달고 부대를 구성하는 나머지 '전투원' 24,900명은 다수의 부녀자들이 끼어 있는 가난한 농촌 주민들이었다. 대부분 농기구로 무장한 이들은 곧 의자, 염소, 닭 같은 노획물 때문에 움직임이 불편해졌다. 셀라야는 아무런 저항을 하지 않았다. 셀라야의 아메리카인들은 심지어 지방 협의회를 수립하자고 제안하기도 했다. 승리에 도취한 군중은 이달고를 최고사령관으로, 아옌데를 장군으로 치켜세웠다. 이달고는 과나후아토의 에스파냐 행정관에게 항복을 요구하는 최후통첩을 보내고 그곳을 향해 행군하기 시작했다.

엄청난 규모의 발렌시아나 은광이 있는 과나후아토는 부유한 유럽인들이 많이 거주하는 주요 도시(훔볼트의 추정에 따르면 멕시코 시와 아바나에 이어 아메리카에서 셋째로 인구가 많은 도시)였다. 과나후아토는 경사가 급한 협곡의 바닥에 위치해 있기 때문에 방어하기가 매우 어려웠다. 에스파냐 관리는 방어를 포기했다. 이달고는 셀라야가 저항할 경우 유럽인 포로 78명을 처형하겠다고 협박했다. 이달고는 과나후아토에 보낸 협박성 최후통첩을 통해 그곳에서도 유럽인들을 처리하겠다고 분명히 밝혔다. 그리하여 과나후아토의 관리는 그곳의 유럽인들을 두텁고 높은 곡물 창고의 석벽 내부로 모으고 나머지 주민들은 그저 알아서 살아남도록 내버려두었다. 곡물 창고의 방어자들은 단단히 무장한 석벽 수비대와 토르티야를 요리할 여성 25명은 물론 풍부한 곡물과 우물을 확보하고 장기간에 걸친 포위 작전에 대비했다.

그들은 겨우 다섯 시간을 버텼다. 과나후아토에 도착한 이달고의 군중은 겁먹은 주민들이 집에 친 바리케이드를 발견하고 "가추핀을 처단하라!"고 외치면서 곧장 시 곡물 창고로 내달렸다. 수비대가 높은 벽에서 사격을 가해 처음 몇 분 동안 공격하는 군중 수백 명을 사살했다. 하지만 수백 명이 더 몰려들었고 그들의 의지는 결연했다. 그날의 영웅은 젊은 광부였다. 그가 육중한 저장고 문에 불을 지른 결과 군중이 내부로 들어가 임무를 마칠 수 있었다. 창고 내부에서 사망한 3백 명 가운데 대다수는 유럽인이었고 비전투원이었다. 이들의 죽음 — 채광 장비 파손과 시내의 유럽인 상점 털이를 비롯해 며칠 동안 계속된 약탈과 더불어 — 은 이달고 반대파의 선전에 단골 메뉴로 등장했다. 과나후아토의

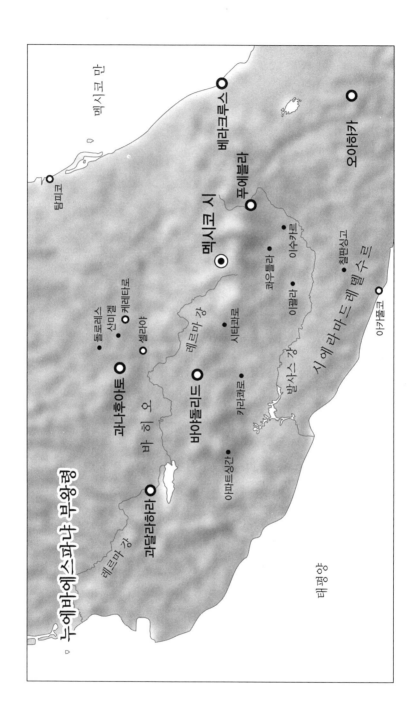

누에바에스파냐 부왕령

멕시코 만

탐피코

베라크루스

푸에블라

오아하카

멕시코 시

이수카르

아툴라

이슈카르

아틀라

과우틀라

칭판싱고

시에라마드레델수르

치판싱고

아카풀코

돌로레스

산미겔

케레타로

셀라야

과나후아토

바 히 오

레르마 강

바야돌리드

레르마 강

시타쿠아로

카라쿠로

아파트싱간

과달라하라

레르마 강

태평양

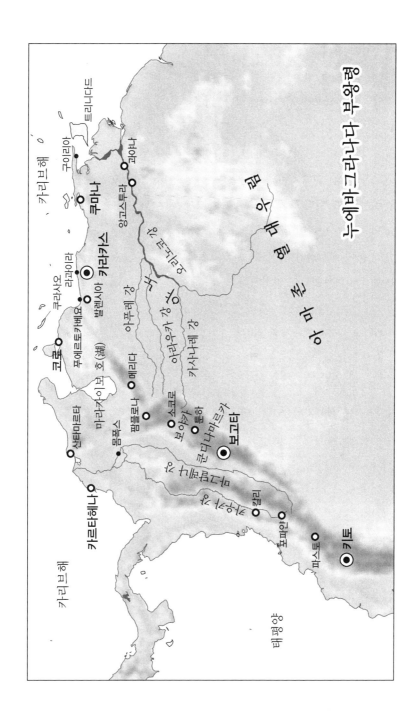

누에바그라나다 왕국

안데스 산맥 북부

트리니다드

구아리아

카리브 해

파리아

쿠마나

앙고스투라

쿠마라

라과이라

오리노코 강

쿠라카오

카라카스

발렌시아

무에르토카베요

호(湖)

아푸레 강

아라우카 강

코로

마라카이보

카사나레 강

산타마르타

파물로나

볼룸수

소코로

룬하

카라헤나

통하

보고타

쿤디나마르카

막달레나 강

카우카 강

칼리

포파얀

키토

마스토

태평양

카리브 해

살아남은 관리들은 이런 사태에 충격을 받고 셀라야의 전철을 밟지 않았다. 포연이 사라지고 난 뒤에도 그들은 협의회를 구성하지 않았다.

이달고의 군중은 계속 불어났다. 다음 목적지는 바야돌리드라는 조용한 지방 도시였다. 이 도시를 공격 목표로 삼은 까닭은 군사적이거나 정치적인 이유가 아니라 개인적인 이유 때문이었다. 바야돌리드는 이달고가 학생, 교수, 총장 시절을 보낸 생활 터전이었고 명예를 훼손당한 곳이기도 했다. 바야돌리드의 주교가 된 이달고의 옛 친구 아바드 이 케이포는 반란이 일어나자 즉각 그를 파문에 처했다. 주교의 교서는 교회 문에 게시되었다. 군중 대열의 선봉에 선 이달고는 이들을 무너뜨리고자 바야돌리드로 진격했다.

카디스 의회가 거래를 제안하다

이달고가 과나후아토를 공격하기 나흘 전에 에스파냐의 애국파는 에스파냐인들의 주권 실현을 요구하면서 카디스의 한 성당에 모였다. 그들은 전통적인 명칭에 따라 그 모임을 코르테스, 즉 의회라고 불렀다. 하지만 이 의회에는 아메리카의 대표들이 참여하고 있었기 때문에 이전의 다른 의회와는 구별되었다.

그에 앞서 해체의 기로에 놓인 중앙협의회는 의원 선거를 소집했다. 하지만 프랑스 군에게 점령당한 상태에서 선거 실시는 불가능한 일이었기 때문에 1810년 집결한 이들은 카디스에 기반을 둔 애국파의 저항을 대변한 것이나 다름없었다. 그들은 대부분 젊었고 저항의 구심점인 페르난도 7세에게 충성을 다짐하기는 했지만 선거로 구성된 입헌정부 같은 새로운 급진 사상을 신봉했다. 한마디로 말해 그들은 자유(당시 상황 때문에 그들은 이를 프랑스의 자유라고 부르지 않았다)를 옹호했다. 그들은 스스로 자유주의자라고 불렀다. 이는 새롭게 등장한 용어였다. 이 최초의 자유주의자들 가운데 대의원 30여 명을 이끈 키토의 호세 메히아 레케리카도 있었다. 그들은 당시 카디스에 머물다가 아메리카를 '대표하게' 되었다.

에스파냐 의회에 아메리카의 대의원들이 참석한 경우는 이때가 처음이었다. 프랑스 군이 점령한 위기 상황에서(그리고 없어져버린 중앙협의회의 주도 아래) 카디스 의회는 에스파냐 국민의 범위를 확대해 아메리카인까지 포함시켰다. 따라서 아메리카인들에게 의회에 대표를 보낼 자격이 주어졌다. 문제는 불공평성에 있었다. 추정치에 따르면 아메리카 인구가 에스파냐 인구보다 훨씬 더 많았지만 에스파냐 대의원들은 아메리카 대의원들에 비해 세 배나 많았다. 메히아는 집회 둘째 날에 인구 비례에 따른 대의원 수의 동등을 요구했다. 만일 그의 요구가 받아들여진다면 아메리카인들은 의회를 지배할 수 있었다.

에스파냐 대의원들은 이 요구를 즉시 거절했다. 그들은 식민지인 아메리카와의 평등을 결코 인정하려고 하지 않았다. 이는 그들이 회기 중에 받아들일 수 있는 사안도 아니었다. 당시 전체 대의원들의 관심은 절체절명의 순간에 아메리카 대의원들의 충성을 유지하는 데 있었다. 에스파냐 대의원들은 인종적 이유를 들어 에스파냐의 수적인 우위를 유지하려고 했다. 그들은 원주민과 아프리카 혈통의 주민들이 인종적으로 열등하기 때문에 에스파냐인들과 동일한 대우를 받을 수 없고 의회에 대표를 파견할 수도 없다고 주장했다. 아메리카인만 대표를 파견한다면 에스파냐 대의원들이 아메리카 대의원들보다 적어도 다섯 배는 많게 될 것이다.

아메리카 대의원들은 아메리카인으로만 구성되었기 때문에 이런 인종적 조롱에 휘말려들진 않았다. 하지만 이런 태도는 그들의 영향력을 약화시키기에 충분했다. 그리하여 높은 학식으로 유명한 명연설가 메

히아는 인종 문제의 다른 측면을 들어 원주민과 아프리카 혈통의 충성
스러운 신민으로부터 정치적 대표권을 박탈한 조치의 부당성을 비난했
다. 하지만 에스파냐 대의원들은 꿈쩍도 하지 않았다. 그리하여 1810년
10월 1일 메히아는 다른 제안을 준비했다. 아프리카 혈통을 지닌 주민
들의 정치적 대표권만 박탈한다면 어떻겠는가? 대신 여전히 다수의 아
메리카 원주민들이 아메리카인이나 메스티소와 더불어 참정권을 부여
받게 될 것이다. 메히아를 비롯한 아메리카 대의원들은 이를 수용할 태
세였다. 에스파냐 대의원들도 마찬가지였다.

이때 푸에르토리코 대의원이 완벽한 타협안을 제시했다. 그는 유럽인
들을 만족시키기 위해 "유럽과 아메리카의 에스파냐 영토들은 단일 군
주제와 단일 국민, 단일 가문을 이룬다는 논란의 여지가 없는 개념"을
명시했다. 하지만 아메리카 대의원들의 주장에 따라 "앞서 언급한 유럽
과 해외 영토의 원주민들은 권리에서 평등하다"는 표현을 추가했다.[2]
여기서 원주민이란 표현은 아메리카인, 아메리카 원주민, 메스티소를
의미하는 것으로 이해되었다. 하지만 자유민 파르도들은 아프리카 조
상이 에스파냐 출신도 아니고 아메리카 출신도 아니라는 이유 때문에
배제되었다. 백인의 혈통이 섞인 파르도들은 조상 가운데 에스파냐인
이 있었지만 의회는 편의상 이를 무시한 채 1810년 10월 15일 법령을
공포했다.

"대서양 양안의 단일 군주제"라는 공식은 "두 기둥의 군주정"이라는
아메리카 협의회들의 신조에 대해 의회가 내놓은 답이었다. 의회는 거
래를 순조롭게 하기 위해 아메리카 반란자들의 사면을 선포했다. 의회

---

2) Timothy E. Anna, *Spain and the Loss of America*(Lincoln: University of
  Nebraska Press, 1983), p. 68.

가 염두에 둔 반란자들은 당시 갓 출범한 아메리카 협의회들의 구성원이었다. 과나후아토의 소식은 미처 도착하지 않았다.

이달고의 군중이 패배하다

카디스 의회가 아프리카 혈통의 주민들을 시민권에서 배제한다는 법령을 채택한 지 이틀 뒤인 1810년 10월 17일 바야돌리드 시는 아무런 저항 없이 이달고에게 굴복했다. 오합지졸에 불과한 이달고의 대규모 부대는 승리감에 도취한 채 조그만 지방 도시에 진입했다. 이달고는 몇 년 전에 범죄 혐의를 받고 그곳을 떠난 바 있었다. 그는 바야돌리드 귀환을 즐기기 위해 황금으로 된 과달루페 성모상을 목에 걸고 눈부시게 빛나는 군 제복을 입었다. 그리고 주교의 심복들을 동원해 주교를 체포하게 했다.

아바드 이 케이포 주교는 이미 도시를 떠나고 없었다. 그가 교서를 통해 이달고를 여러 차례 비난한 것은 개인적인 배신감은 물론 공범의 위협 때문이었다. 그는 이달고와 마찬가지로 시험 삼아 비단을 생산했고 당시 종교재판소로부터 의심을 받고 있었다. 이달고가 바야돌리드에 접근할 무렵 주교 외에 도시를 탈주한 이가 하나 더 있었다. 그는 아구스틴 데 이투르비데라는 젊고 늠름한 아메리카인 장교였다. 그는 잠깐이긴 하지만 장차 멕시코 황제가 되는 인물이다. 하지만 당시뿐만 아니라 향후 수년 동안 식민 지배 세력을 확고히 지지했다. 한편 이달고가 총장을 지낸 산니콜라스 대학의 학생이었던 호세 마리아 모렐로스라는 촌락 신부는 이달고의 지시를 따랐다. 모렐로스는 급진적인 사제로서 군대 내의 주요 직책을 두루 거친 다음 마침내 이달고의 뒤를 잇게 될 것이었다.

이달고는 바야돌리드에서 이전에 스스로 천명한 종교적 헌신과 페르난도 7세에 대한 확고한 충성을 넘어 사회체제를 혁명적으로 변화시키겠다고 선언했다. 그가 단행한 첫 번째 주요 조치는 전면적이고 무조건적인 노예제 폐지였다. 순수한 마음을 지닌 이달고는 성급하게 이 문제에 접근했다. 유럽인이든 아메리카인이든 관계없이 노예 소유주들은 즉각 노예를 석방해야만 했다. 그러지 않으면 처벌의 대상이 되었다. 혁명운동에 가담한 노예 소유주들도 예외는 아니었고 고액의 재산 손실에 대한 보상 규정도 없었다. 더욱이 이달고는 아프리카인이든 아메리카 원주민이든 해방된 노예는 백인과 동등하다고 선언했다. 이런 조치는 실제 이달고의 이상 속에서만 실현되었다. 그의 부대가 통치한 영역은 누에바에스파냐의 극히 작은 일부에 불과했다. 하지만 아프리카 혈통의 주민들에 관한 이달고의 선언은 카디스 의회의 선언과 현격한 대조를 이루었다. 카디스 의회는 노예제 폐지를 전혀 고려하지 않았다. 이달고는 단지 징병을 위해 노예제 폐지를 선언하진 않았다. 그의 부대는 이미 규모가 컸다. 그는 자신의 신념이 옳다고 믿었기 때문에 노예제 폐지를 선언했다. 해방된 노예가 백인과 동등하다고 선언한 것 역시 마찬가지 이유 때문이었다. 바람기 있는 사제이자 미숙한 장군이요 이따금 무모하긴 하지만 언제나 자만심이 강한 이달고는 당대의 존경받는 도덕주의자들이 전면 거부한 정의의 원리를 대담하게 받아들였다.

결국 8만 명에 육박한 대규모 군중은 바야돌리드에서 며칠을 보낸 뒤 서서히 멕시코 시로 이동했다. 멕시코 시에 도달하려면 부왕에게 충성을 바치는, 규모가 작지만 훈련이 잘되고 단단히 무장한 병사 2천 5백 명이 지키고 있는 몬테데라스크루세스의 좁은 통로를 지나야 했다. 이달고 일행에게는 불행하게도 이런 상황에서 전투 경험이 없고 무기를 갖추지도 않은 군중은 거의 쓸모가 없었다. 이달고를 따르는 무리는 1810년 10월 30일 벌어진 몬테데라스크루세스 전투에서 하루 종일 유혈 전투를 치르고도 그곳을 통과할 수 없었다. 2천 명이 사망하고 수천 명이 부상을 입었다. 탈영병들은 겁에 질린 채 후미로 몰려들었다. 다음 날 부왕의 군대가 통로를 열어둔 채 퇴각했을 때 반란군에게 그것은 마치 힘겹게 얻은 승리처럼 보였다. 길이 열렸다. 시야에 들어오기 시작한 누에바에스파냐 부왕령의 수도 멕시코 시 쪽으로 부상자들은 발을 질질 끌면서 그 통로를 지나갔다. 몬테데라스크루세스 전투를 치른 뒤 정신이 번쩍 든 이달고는 두 번째 구상을 밝혔다. 이달고를 따르는 무리는 얼마 남지 않은 탄약을 다 사용했고 뒤쪽에선 부왕을 따르는 또 다른 부대가 추격해오고 있었다. 이 두 번째 부대는 아옌데의 옛 상관인 펠릭스 마리아 카예하가 지휘하고 있었다. 아옌데는 카예하가 방어를 강화할 시간을 벌기 전에 수도를 공격해야 한다고 주장했다. 하지만 이달고가 바야돌리드로 퇴각할 것을 고집하자 아옌데는 하는 수 없이 동의했다. 아옌데가 반란을 위해 모집하기를 기대한 아메리카 민병대 — 이달고보다는 그를 따랐을 — 는 과나후아토를 약탈한 뒤 그의 요구를 기피했다. 군중은 논란이 벌어질 경우 아옌데보다는 카리스마가 있는 이달고 신부를 따를 가능성이 높았다.

밝은 색 제복을 착용하고 부왕에게 바친 기부금으로 단단히 무장한 기동성이 뛰어난 7천 명의 카예하 부대는 1810년 11월 7일 아쿨코라고 불리는 곳에서 반란군을 따라잡았다. 아쿨코 전투 역시 경험 없는 이달고 병사들의 약점을 드러내주었다. 포탄에 목이 잘린 기수가 등자에 발이 끼인 채 질주하는 말에 끌려다니자 병사들은 두려움에 떨며 혼란에 빠졌다. 이달고와 아옌데는 카예하 부대를 피하기 위해 남은 무리를 둘로 나누어 재편성하고 이달고는 바야돌리드로, 아옌데는 과나후아토로 향했다.

이달고는 아메리카에서 여태껏 생겨난 추종 세력 가운데 가장 규모가 큰 무리를 모으는 빛나는 성과를 거두었다. 그의 메시지가 호소력을 지녔다는 점은 의심할 나위가 없었다. 하지만 그것이 아주 멀리 도달하기는 힘들었다. 그는 자신의 선언을 전파하는 데 필요한 인쇄기를 갖고 있지 않았다. 레르마 강 유역을 제외한 누에바에스파냐의 대부분은 여전히 부왕에게 변함없이 충성을 바치고 있었다. 부왕을 신속하게 타도한 뒤 아메리카인들로 구성된 누에바에스파냐 협의회를 구성하겠다는 반란군의 희망은 점차 사라졌다. 두려움에 사로잡힌 멕시코 시의 주민들은 수도를 방어하려는 부왕의 준비 작업에 전폭적으로 협조했다. 그들은 자신들이 구출된 것을 기념하고자 로스 레메디오스 성모에게 특별한 감사를 표현했다. 로스 레메디오스 성모상은 이달고의 군중으로부터 도시를 구하고자 멕시코 시에 들여온 것이었다. 로스 레메디오스 성모는 이후 전쟁에서도 반란군이 떠받드는 과달루페 성모와 일종의 상징 대결을 벌인 셈이었다.

11월 중순에 바야돌리드로 귀환한 이달고는 대중 반란을 착실하게 준비했다. 60명이 넘는 죄수를 공개 처형하게 함으로써 가추핀들을 희생양으로 삼는 그의 작전은 새로운 단계에 진입했다. 카예하 부대 때문에 과나후아토를 포기할 수밖에 없었던 아옌데도 처형을 허락했다. 그가 임시 감옥으로 활용한 곡물 창고에 수감된 백 명이 넘는 유럽인들을 처형하라고 구체적으로 지시하지는 않았지만 그가 떠난 뒤 격노한 주민들이 그를 대신해 처형했다. 이는 예견된 일이었다. 카예하는 과나후아토에 진입하면서 유혈 보복을 가하기 시작했다. 주민 수십 명을 닥치는 대로 골라 선혈이 낭자한 옛 곡물 창고 벽에 세워놓고 사살했다. 두 조로 나뉜 반란군은 각각 과달라하라를 향해 레르마 강 유역을 따라 서쪽으로 퇴각했다. 과달라하라에서도 처형이 발생했다. 일부 예외가 있기는 했지만 원칙은 대체로 변함이 없었다. 이달고는 유럽인들을, 카예하는 아메리카 태생의 주민들을 처형했다.

1810년 11월 26일 규모가 크게 줄어든 이달고 부대가 과달라하라에 진입할 때 풍악이 울리고 군중은 환호했다. 이달고는 문이 닫힌 마차를 탔고 어떤 여인과 동행하고 있었다고 알려졌다. 그 여인은 군복을 입고 있었기에 여대장이라고 불렸다. 이는 이달고를 폄하하는 이들의 험담이었다. 하지만 만일 그렇다 하더라도 이달고와 그의 시대를 고려할 때 그리 이상한 일은 아니었다. 다소 불안정한 지도자 이달고는 반란 세력의 핵심을 조직하면서 페르난도의 가면을 벗기 시작했다. "아메리카에 대한 페르난도 7세의 권리"는 이달고가 실제로 추진한 것과 거리가 먼 의례적이고 정형화된 언급이었다. 이달고는 '기대주'의 초상화를 지정된 장소에서 멀리 떨어진 곳에 두었고 관직명에서 레알(군주가 하사했다는 의미)이라는 표현을 뺐다. 의원 선거를 소집하고 미국의 지원을 기대하면서 미국 주재 대사를 임명했다. 마침내 이달고의 메시지가 출판되기 시작했다. 그는 노예제 폐지와 연공(年貢) 폐지를 역설했다. 원주민들은 단지 원주민이라는 이유 때문에 연공을 바쳐야 했다. 또한 그는 잃어버린 원주민의 땅을 원주민 공동체에 반환하는 법령을 공포했고 『엘 데스페르타도르 아메리카노』(대략적으로 말하자면, "아메리카인들이여 일어나라!")라는 새로운 정부의 관보를 발행하기도 했다. 창간호를 낸 뒤 페르난도 7세에 관한 언급을 모두 삭제하고 아메리카 태생의 주민들로 구성된 새로운 국가와 국민의 개념을 사용했다.

이달고의 마술은 과달라하라 주변에서 새로운 지원병들을 끌어들이는 데도 효과를 발휘했다. 그곳에 도착한 지 다섯 주가 지나자 군중은 8만 명쯤으로 불어났다. 하지만 무장을 제대로 갖추지 못한 새로운 지원병 부대가 예전 부대보다 싸움터에서 더 효율적이진 않았다. 잘 훈련된 카예하 병사 7천 명이 단단히 무장한 채 과달라하라로 접근해 올 때 그들과 맞서려고 나간 이달고 부대는 사기가 충천해 있었다. 하지만 1811년 1월 17일 전개된 푸엔테데칼데론 전투는 참패로 끝났다. 아쿨코 전투와 마찬가지로 반란군 진영의 한복판에서 탄약을 실은 마차가 폭발하자 미숙함에서 비롯된 공포 때문에 사태가 악화되었다. 푸엔테데칼데론에서 카예하는 불과 50명을 잃었다. 반면 이달고의 부하들은 천 명이 넘게 사망했고 나머지 7만 9천 명은 사방으로 흩어졌다.

이틀 뒤 아옌데와 나머지 반란군 장교들은 이달고의 군사 지휘권을 박탈하고 그를 단지 명목상의 지도자로 인정했다. 그 뒤 그 수가 점차 줄어드는 가운데 반란군은 인구가 얼마 안 되는 누에바에스파냐 최북단의 변경지대로 도주했다. 그들의 봉기는 그곳의 아메리카인 지도자가 멕시코 시에 도전을 제기함에 따라 희미한 메아리를 발견했다. 1811년 2월 이달고와 아옌데는 카디스 의회가 몇 개월 전에 모든 반란 세력을 대상으로 마련한 사면을 제안받았다. 하지만 그들은 이를 당당하게 거절했다. 아마 여전히 일말의 희망이 남아 있다고 생각했을 것이다.

하지만 1811년 3월 반란을 일으킨 지도부 전체가 함정에 빠진 채 전투 한번 치르지 못하고 붙잡히고 말았다.

파라과이가 부에노스아이레스 협의회에 저항하다

1811년에는 내전이 아메리카 전역을 휩쓸었다. 이달고가 지휘한 것과 같은 아래로부터의 봉기보다 각 지방 간의 투쟁이 더욱 빈번했다. 예컨대 옛 리오데라플라타 부왕령의 파라과이 주도 아순시온에서는 시의회 공개회의를 열어 부에노스아이레스 협의회를 인정하지 않기로 결의했다. 이에 대해 부에노스아이레스는 마누엘 벨그라노를 파병해 파라과이인들을 진압하려고 했지만 완전히 실패했다.

사실 책을 좋아하는 벨그라노는 전쟁에 어울리지 않는 인물이었다.

하지만 그가 지휘한 병사 수백 명으로는 파라과이인들을 진압할 수 없었을 것이다. 대륙 내부의 깊숙한 곳에 고립된 변경의 파라과이는 부에노스아이레스보다 더 오래된 정착지였고 그곳에서 라플라타 변경의 여러 지역으로 주민들이 퍼져나간 본거지였다. 변경에 위치한 파라과이는 많은 이들이 민병대에서 활동하고 있었기 때문에 군사적 역량을 지니고 있었다. 익숙한 지형에서 전투를 벌인 파라과이 민병대는 1811년 3월 9일 타쿠아리 전투에서 벨그라노의 부에노스아이레스 부대를 확실하게 제압했다.

타쿠아리 전투를 치를 당시 파라과이의 관리는 여전히 유럽인이었다. 하지만 곧 아메리카인들의 협의회가 그를 대신했다. 이 협의회를 구성한 호세 가스파르 로드리게스 데 프란시아는 파라과이 역사에 지워지지 않는 흔적을 남겼다. 프란시아는 아순시온에서 얼마 안 되는 박사학위 소지자로서 프랑스 대혁명 사상 가운데 일부를 지지하고 있었다. 또한 그는 신분이 상승하고 있던 메스티소들이 이른바 '상류층'에게 터뜨린 불만을 해소해준 포퓰리스트로서 아순시온 협의회를 장악했다. 파라과이 전체를 장악할 때까지 그가 제기한 가장 중요한 대중적 의제는 지방 자치였다. 흔히 프란시아 박사로 알려진 그는 파라과이가 다시 부에노스아이레스의 지배 아래 놓여서는 안 된다고 생각했다. 파라과이인들은 모두 이런 생각을 열광적으로 지지했다. 이때부터 프란시아가 이끄는 파라과이는 에스파냐뿐 아니라 부에노스아이레스로부터도 사실상 독립하게 되었다.

파라과이 사태가 리오데라플라타 부왕령에서 벌어진 유일한 내전은 아니었다. 부에노스아이레스 협의회의 창설 멤버인 벨그라노의 사촌 후안 호세 카스텔리 역시 그와 마찬가지로 협의회의 명령에 따르지 않는 두 번째 지역을 진압하기 위해 파병되었다. 그 지역은 포토시에 은

광이 있고 추키사카에 행정 중심지를 둔 알토페루였다.

알토페루를 둘러싼 전쟁이 시작되다

카스텔리의 임무도 벨그라노의 임무보다 더 나을 것이 없었다. 초기에는 승리를 거두었지만 카스텔리는 1811년 6월 20일 안데스 산맥의 우아키 산지에서 무너지고 말았다. 카스텔리는 부에노스아이레스를 출발해 서북쪽의 코르도바, 투쿠만, 살타를 거쳐 포토시의 은광과 추키사카로 이어지는 길을 따라 이동했다. 알토페루는 1776년부터 리오데라플라타 부왕령에 포함되었다. 주요 간선은 남북을 잇는 축이었다. 부에노스아이레스의 청년층 대부분은 흰색 건물이 늘어선 우아한 대학도시 추키사카에서 공부했다. 부에노스아이레스에서 출발하는 고된 여행이 학창 생활의 시작인 셈이었다. 부에노스아이레스 협의회의 각료를 지낸 마리아노 모레노와 카스텔리 역시 같은 경험의 소유자였다. 카스텔리는 추키사카에서 독서를 통해 ─ 이어서 마리키타 산체스가 개최하는 살롱의 대화에 참여하면서 ─ "프랑스 사상"을 접하게 되었고 모레노와 마찬가지로 매우 급진적인 협의회의 구성원이 되었다.

카스텔리는 사실 장군이 아니라 협의회 대표로서 알토페루에 갔다. 그는 부에노스아이레스 협의회가 페르난도 7세에게 보인 형식적 충성 이면의 혁명사상을 전파하는 데 심혈을 기울였다. 그는 이달고와 마찬가지로 원주민들의 불행에 남다른 관심을 기울였고 자신의 필력을 동원해 오래전부터 내려온 그들의 공납과 노역의 의무를 폐지했다. 촌락 지도자들이 멀리 떨어진 수도에서 파견된 관리들에게 몇백 년에 걸쳐 그랬던 것처럼 잎드려 절을 올리자 카스텔리는 그들을 일으켜 세웠다. 그리고 며칠 뒤 그들에게 "이제 아메리카에서 태어난 아메리카인들은 모두 유럽인과 동등하다"고 말했다. 원주민들은 그저 머리를 긁적거렸다. 그들이 언제부터 아메리카인이었을까? 유혈이 낭자한 내전 속에서 아메리카인이라는 단어는 그 의미가 모호해졌다. 카스텔리는 자신의 애국적 연설을 잉카 제국의 영광스러운 이미지와 결부하기 위해 1811년 5월 25일 부에노스아이레스 협의회 출범 1주년 기념식을 티우아나코의 폐허에서 개최하기로 했다. 이달고와 마찬가지로 그는 아메리카에서 태어난 이들을 모두 아우를 새로운 국민을 구상했다. 그들은 모두 아메리카인으로 불릴 것이었다.

하지만 카스텔리가 고압적이고 교조적인 태도를 보이는 바람에 알토페루의 원주민들은 그의 혁명적 교리를 잘 따르지 않았다. 이달고가 성모상을 자신의 깃발로 사용한 곳에서 카스텔리는 신성 모독이라는 악평을 얻었다. 문제의 근원은 카스텔리 자신이 아니라 그의 동료이자 추키사카의 젊은 지식인인 베르나르도 몬테아구도에게 있었다. 그는 1809년에 작성한 영향력 있는 정치 팸플릿에서 잉카 제국의 마지막 황제 아타우알파의 영혼이 아메리카의 독립운동을 지원하고 있다고 주장했다. 몬테아구도는 정치 활동을 전개하다가 투옥된 뒤 탈옥해 카스텔리에게 합류했다. 인습을 타파하는 대담한 기질을 지닌 몬테아구도는 강단에서 신성 모독 혐의를 받을 수 있는 내용으로 설교했다. 원주민들을 식민 노예화하는 데 교회가 앞장섰기 때문에 원주민의 해방을 위해서는 그들의 마음을 사로잡고 있는 교회의 영향력을 분쇄해야 한다고 생각한 것이었다. 하지만 몬테아구도와 그가 감동을 선사하고자 한 주민 사이에는 크나큰 문화적 간극이 도사리고 있었다. 원주민 대다수를 포함해 보수적 성향의 알토페루 주민들은 몬테아구도와 같은 방식의 심리적 해방에는 관심이 없었고 오히려 지옥의 불이 그와 함께 평지 주민들을 기다리고 있을 것이라고 확신했다.

하지만 다행스럽게도 다른 곳과 마찬가지로 알토페루에서도 유럽인들을 희생양으로 삼는 것은 필승의 전략이었다. 카스텔리는 도시 주민들이 유럽 상인과 광산 소유주, 관리로부터 벗어나고자 한다는 사실을 알아챘다. 그는 추키사카, 포토시, 라파스, 코차밤바에서 아메리카인과 메스티소를 모집했다. 또한 대부분이 짐꾼으로 일한 적이 있는, 화기를 지니지 않은 수천 명의 원주민 지원병을 확보했다. 그럼에도 부에노스아이레스 협의회의 부대 규모는 이달고의 군중에 비해 보잘것없었다.

가장 큰 문제는 미란다와 마찬가지로 실제 군사적인 전망을 예측하지 못하는 카스텔리의 무능력이었다. 그는 오합지졸에 불과한 자신의 군대가 안고 있는 위험성에도 불구하고 에스파냐의 저항이 곧 무너질 것이라고 확신하고 멀리 리마로 행군할 계획을 세웠다. 그의 부대는 겨우 데사과데로(문자적으로는 '배수로'라는 뜻)라는 구불구불한 깊은 협곡에 도착했다. 티티카카 호수에 모인 알토페루 고원지대의 물은 이 협곡을 지나 태평양으로 흘렀다. 알토페루에서 리마로 가는 길은 모두 이 데사과데로 협곡을 거쳤다. 그리하여 페루 부왕 아바스칼의 군대는 이곳을 철저하게 관리했다. 아바스칼은 더욱이 카스텔리의 지원을 약화시키려고 카디스 의회가 아메리카인에게 양보한 내용을 전달하고 휴전을 제의했다. 카스텔리는 휴전 제의를 받아들였다. 하지만 아바스칼은 이를 어기고 우아키를 기습 공격해 전투 경험이 없는 미숙한 카스텔리의 병사들을 뿔뿔이 흩어지게 만들었다. 카스텔리의 작전은 우아키 전투의 패배로 끝났고 그의 명성도 약화되었다. 부에노스아이레스의 5월 혁명 당시 불을 토하는 것 같은 연설로 명성을 떨친 카스텔리는 얄궂게도 곧 설암 때문에 말을 할 수 없게 되었다.

부왕 아바스칼은 우아키 전투를 끝낸 뒤 알토페루에 대한 통제를 점차 확고히 해나갔다. 안데스 산맥의 산악지대는 에스파냐가 다스린 아메리카 식민통치의 마지막 보루가 되었다. 하지만 카스텔리가 철수한 뒤 농촌의 게릴라 집단 여섯 개가 본거지를 갖추고 알토페루에서 권력을 강화하려는 아바스칼에게 저항했다. 이들은 나중에 레푸블리케타 또는 '소공화국'으로 불렸다. 각기(결국 6개 집단) 미로와 같은 협곡 내에서 수년간이나 사실상 독립을 누렸기 때문이다. 소공화국 가운데 하나를 지휘한 인물은 추키사카 출신의 부부 마누엘 아센시오 파디야와 후아나 아수르두이였다.

파디야와 아수르두이는 추키사카의 배후 농촌 출신이었다. 그들은 원주민이 아니었지만 원주민 사이에서 자라나 그들의 언어를 이해할 수 있었다. 후아나는 어머니에게 케추아어를 배우고 알토페루의 주요 원주민 언어인 아이마라어를 익힌 메스티소였다. 후아나는 가족의 토지 관리를 도왔고 부모가 사망했을 때 후견인들과 갈등을 빚은 채 수녀원 학교에 들어갔다. 동기생의 회고에 따르면, 소녀 시절 후아나의 영웅은 전사 성자였다. 후아나의 남편 마누엘은 추키사카에서 벌어진 사건으로 그곳과 라파스의 에스파냐 식민 당국에 대한 저항이 시작되었을 때, 정치 활동에 투신했다. 그 뒤 1810년 코차밤바가 부에노스아이레스 협의회에 대한 지지를 선언했을 때, 마누엘은 원주민의 징집을 돕기 위해 그곳으로 갔다. 마누엘이 카스텔리 원정대에 합류한 것은 원정대가 알토페루에 도착했을 무렵이었다. 한편 후아나는 어린 자녀들과 함께 고향에 머무르면서 독립운동 세력에게 식량과 가축을 제공했다.

에스파냐 당국은 후아나의 토지를 몰수하고 그녀의 남편을 그곳으로 유인해 포로로 잡고자 그녀와 자녀들을 추키사카 교외의 집에 가두었다. 하지만 마누엘 파디야는 용케도 이들을 구출해 산악지대의 은신처, 즉 뾰족한 봉우리 사이에 걸쳐 있는 콘도르의 둥지로 데려갔다. 현지 원주민들은 그들의 안전을 보장했다. 열흘이 지나 그는 독립운동에 가담할 게릴라 조직을 꾸리기 위해 다시 길을 떠났다. 후아나는 남편의 귀환을 기다리면서 자녀들(강보에 싸인 아기를 포함해)을 돌보고 화기 사용법뿐만 아니라 남편이 남겨둔 칼로 검술을 익히기 시작했다.

베네수엘라가 공화국이 되다

카스텔리의 몰락은 프란시스코 미란다의 승리와 시기적으로 일치했다. 노년의 혁명가 미란다는 시몬 볼리바르가 베네수엘라에서 펼친 마지막 노력 덕분에 1806년보다 훨씬 더 따뜻한 환대를 받았다. 예컨대 선출 절차 없이 의석을 제공받았다. 하지만 그는 자신이 대표할 지역구 파오가 너무 멀고 잘 알려지지 않았기 때문에 자신에게 어울리지 않는다고 털어놓았다. 카라카스에서라면 모를까.

베네수엘라 주민 대다수의 관점에서 보면 미란다는 문제의 인물이었다. 예컨대 그는 도착할 때 금으로 장식된 프랑스 혁명군 장군의 제복을 입고 있었다. 이는 그의 군 경력을 보여주는 증거였지만 베네수엘라인들은 이를 달가워하지 않았다. 서민들은 미란다의 이국적인 태도를 싫어했고 귀족들은 그를 말썽 많고 건방진 카라카스 상인의 아들로 받아들였다. 볼리바르가 미란다의 입국을 허용해달라고 카라카스 정부를 설득하는 데 일주일이나 걸릴 정도였다. 결국에는 그를 받아들였지만 미란다는 다소 유감스럽게도 자신의 축배를 들기도 전에 떠들썩한 환영 분위기에 편승한 나머지 이미 직책을 맡고 있는 것처럼 처신했다.

한편 미란다는 열성적인 노예제 폐지론자로서 주민의 대다수를 차지하는 자유 파르도들의 정치적 지지를 얻었다. 이들은 신분 제도를 벗어나고자 오랫동안 안간힘을 써왔다. 미란다는 볼리바르와 다른 혁명가들의 지원을 통해 기존의 카라카스 독립투사 협회에 파르도들을 가입시키고 『엘 파트리오타 데 베네수엘라』라는 신문을 발행하면서 협회에 포퓰리즘적 색채를 덧입혔다. 혁명 의식을 고양하려는 미란다의 이런 노력은 카스텔리가 알토페루에서 시도한 것보다 더 많은 청중을 끌어들였다. 카라카스 협의회 출범 제1주년 기념일은 대중적인 축제가 되었다. 보수주의자들이 보기에는 대경실색할 일이었지만 열광적인 시위자들은 페르난도 7세의 초상화에 불을 지르기까지 했다.

우아키에서 카스텔리의 혁명적 이상이 무너진 지 꼭 일주일 만인 1811년 6월 28일 베네수엘라 최초의 의회에 참석한 미란다는 곧 공식적인 독립선언을 제안했다. 며칠 안 되어 선언문이 작성되었다. 의회는 전날 저녁에 1776년 미국의 필라델피아 독립선언을 기념한 뒤 1811년 7월 5일 베네수엘라의 독립을 공식 선포했다. 필라델피아 독립선언의 영향력은 그 뒤 공포된 새 헌법에도 강하게 나타났다. 베네수엘라를 공화국으로 선포한 것이었다. 이는 대대적인 위기가 아메리카를 엄습한 가운데 탄생한 최초의 공화국이었다.

다른 한편 새로운 정부를 거부하려는 저항이 곳곳에서 발생했다. 주요 도시 3곳 — 각 지방의 거점인 코로, 마라카이보, 과야나 — 은 공화국에 가담하지 않았고 결국 참여한 발렌시아도 애당초 빠지려고 했다. 동시에 카라카스의 유럽인들은 "군주 폐하 만세!"를 외치면서 저항 시위를 벌이다가 체포되었고 10여 명이 처형되었다. 가혹한 유럽인 처벌이 아메리카 독립운동의 보편적 특성이 되었다.

미란다는 공화파 부대를 이끌고 반기를 든 발렌시아에 맞서 싸웠다. 시몬 볼리바르는 미란다를 지원했고 그 대가로 나중에 특별 훈장을 받았다. 미란다는 승리를 거둔 뒤 카라카스로 귀환했다. 이 무렵이 미란다의 전성기였다. 그는 마침내 베네수엘라의 아버지로 추앙받았다. 흰드레스를 입은 처녀들이 그가 이동하는 길에 월계수 잎과 가지를 흩뿌려 놓았다.

포르투갈의 간섭 탓에 문제가 더욱 복잡해지다

에스파냐령 아메리카를 괴롭힌 정통성의 위기는 1811년 페르난도 7세의 누나 카를로타 호아키나가 남동생의 이름으로 에스파냐 영토에 대한 통치권을 주장하면서 새로운 국제 분규로 번졌다. 카를로타 호아키나는 여전히 리우데자네이루에 있었다. 그곳은 그녀와 남편인 포르투갈의 섭정 황태자 주앙이 나폴레옹의 침입을 피해 도착한 도시였다. 그녀는 오늘날 우루과이로 불리는 리오데라플라타의 동부 연안 지역에 각별한 관심을 보이면서 자신의 통치권을 리오데라플라타 전역으로 확대할 계획이었다. 동부 연안 지역의 주도 몬테비데오는 부에노스아이레스 협의회에 대항하는 군주 지지 세력의 저항 거점이었다. 카를로타 호아키나는 몬테비데오를 남부 일대를 장악할 발판으로 삼으려고 했다. 그리하여 자신의 보석을 팔아 도시를 방어하는 자금을 대고 반혁명 선전물을 제작해 리오데라플라타에 배포하도록 인쇄기를 제공했다.

브라질에 머물고 있던 포르투갈 왕실은 에스파냐 식민지에서 일어난 반란 사건에 전혀 영향을 받지 않았다. 열대 지방의 새로운 거주지에 점차 적응해가면서 포르투갈 왕실은 정치적 사안보다는 가정사에 관심을 더 쏟았다. 하지만 주앙과 카를로타 호아키나는 리스본에 있을 때보다 더 사랑하지 않았다. 그리하여 각자 다른 거주지에서 생활했다. 카를로타 호아키나는 보타포구에 위치한 왕실의 저택을 좋아했다. 그것은 뒤로 초록빛 산지가 우뚝 솟아 있는 해변에 있었다. 보타포구는 현재 21세기 거대 도시인 리우데자네이루의 한복판에 자리 잡은 아름다운 구시가지의 일부가 되었지만 1811년에만 해도 시 외곽에 위치한 전원 지구였다. 왕족과 함께 리우데자네이루에 도착한 신하들은 예전부터 그곳에서 지낸 브라질 토박이 엘리트층으로부터 여러 채의 주택을 징발했다. 전원 지구에 있는 저택에 거주하는 것은 귀족의 특권이었다.

청소년기에 접어든 페드루 왕자는 매우 행복했다. 페드루와 그의 동생 미겔은 그곳에서 즐거운 시간을 보냈다. 둘 다 주기적으로 발작하는 가벼운 간질을 앓았지만 그곳에서는 증상이 완화된 것처럼 보였다. 심지어 정신 질환이 있는 주앙의 모친 마리아 또한 다소 정신이 맑아지고 평온을 되찾은 듯 보였다.

리우데자네이루는 천연의 매력이 있긴 했지만 유럽의 왕실에게 그리 인상적인 도시는 아니었다. 로마식 수도교로 물을 공급하는 안전한 상수도와 공원은 근대적인 주요 시설 가운데 일부였다. 거리는 좁고 어두웠으며 비포장이었고 거리 사이로 종종 하수가 흐르기도 했다. 두꺼운 나무 창살이 창문을 가리고 있었기 때문에 실내가 선선하기는 했지만 으스스한 분위기를 자아냈다. 오렌지, 바나나, 파인애플 같은 열대 과일들은 풍부했지만 흰 빵은 매우 귀해 구하기가 어려울 정도였다. 귀족의 세련된 취향과 부에 걸맞은 장신구 가게는 미처 생겨나지 않았다. 사회적 위계의 상층부에는 시내 거주를 선호한 대농장주는 물론 궁정 신하, 관리, 상인 등이 속했다. 가톨릭 성직자, 법률가, 상점주, 장인, 어부, 군인, 숙박업자가 그 나머지를 이루었고 노예들은 포함되지 않았다. 노예들은 리우데자네이루 주민들의 절반을 차지했다. 왕실의 남성들은 리스본으로 돌아갈 생각을 곧 접었지만 화려한 수행단원이나 여전히 좌불안석인 카를로타 호아키나는 그렇지 않았다.

카를로타 호아키나는 남동생 페르난도를 대행한다면서 전임 부왕 리니에르와 마누엘 벨그라노를 비롯해 부에노스아이레스의 주요 인사들과 접촉하고 리오데라플라타 부왕령의 섭정 공주 행세를 했다. 하지만 그녀는 부에노스아이레스에서 통치할 작정이었다. 그녀는 황태자비였음에도 남편에게 여행 허가를 받아야 했다. 주앙은 물론 이를 거절했다. 주앙은 자신의 영향력을 극대화하고자 그녀의 영향력을 리오데라플라타 내부로 제한하려고 했다. 주앙은 리스본에 있는 조제 보니파시우의 옛 후원자인 호드리구 지 소자 코티뉴의 조언을 따랐다. 그는 수년에 걸쳐 포르투갈 왕실의 영구적인 아메리카 이전을 구상해온 인물이었다. 코티뉴와 주앙은 브라질의 남부 변경지대에 병력을 증강하기 시작했다. 하지만 황태자비는 이들과 달리 대리인을 통해 협상을 시도했다.

카를로타 호아키나의 대리인들이 거둔 성공 가운데 하나는 리오데라플라타의 지배권을 회복하기 위해 카디스에서 파견된 신임 부왕 — 프란시스코 하비에르 데 엘리오라는 경험 많은 강경한 에스파냐 식민통치자 — 과 우호적인 관계를 맺은 것이었다. 엘리오는 부에노스아이레스를 장악할 수 없기 때문에 몬테비데오를 부왕령의 임시 수도로 삼았다. 요새가 잘 갖춰진 몬테비데오의 지리적 위치 덕분에 엘리오는 부에노스아이레스 협의회에 맞서 1년 이상이나 저항할 수 있었다. 하지만 엘리오의 지원이 이 항구도시 너머로 확대되지는 않았다. 엘리오가 페르난도 7세의 이름으로 부에노스아이레스에 전면전을 선포하자 동부 연안의 농촌 지역은 봉기를 일으켜 그를 반대하고 부에노스아이레스 협의회를 승인했다. 농촌의 반란군을 이끈 지도자는 호세 아르티가스였다. 몇 주 뒤 그가 이끄는 오합지졸의 소규모 군대에 부에노스아이레스에서 파견된 원정대가 합류했다. 그들은 함께 몬테비데오를 포위했다. 1811년 7월 엘리오는 이 포위망을 뚫기 위해 자칭 포르투갈 구조대를 요청하기로 결정했다.

이달고와 아옌데가 생을 마감하다

한편 이달고와 아옌데를 비롯한 상당수의 반란군 포로들은 가능한 한 멀리 격리해야 할 위험한 바이러스처럼 포로로 붙잡힌 곳에서 북쪽의 치우아우아 변경 기지로 이송되었다. 그곳에서 그들은 심문받고 처형당했다. 그리 중요하지 않은 포로들의 처형은 5월에 시작되었지만 이달고에 대한 심문은 몇 달간 지속되었다. 그는 맨 마지막에 총살당했다. 또한 총살형 집행 부대를 마주 보도록 허용된 유일한 인물이기도 했다. 아옌데를 비롯한 다른 이들은 통상적 절차대로 등 뒤에서 모욕적으로 총살당했다. 이달고는 1811년 7월 30일 처형 당일 간수들에게 그동안 친절을 베풀어주어 고맙다는 인사를 하고 당황해하는 집행관들에게 사탕을 나누어 주기도 했다.

결국 미겔 이달고는 낙담한 채 처형당했다. 아옌데는 쇠사슬로 심문관들을 후려치기도 하면서 저항했지만 이달고는 진정으로 후회하는 것처럼 보였다. 적어도 심문 기록을 통해 이를 확인할 수 있다. 진실한 자백에 대해서도 언제나 까다로운 종교재판소가 이 노인의 후회에 만족을 표시하고 총살형 집행 부대를 마주 볼 수 있는 특권과 같이 일종의 관용 조치를 베푼 것은 그런 이유와 관계가 있다. 이달고는 자신이 돌로레스 마을에서 봉기를 일으키기 시작한 9월 16일이 장차 멕시코의 독립기념일로 기억될 것이라는 점을 모르고 죽었다. 심지어 자신이 뿌린 반란의 씨앗이 남부에 이미 뿌리를 내렸다는 사실조차 몰랐다. 아옌데를 비롯한 일부 고위급 반란군 장교들의 머리와 함께 이달고의 잘린 머리가 과나후아토에 보내졌다. 이 소름 끼치는 전리품은 구멍이 숭숭 난 곡물 창고 벽에 걸려 있는 철제 새장 속에 넣어져 전시되었다. 이 전리품은 그곳에서 10년 동안 썩으면서 행인들에게 에스파냐 왕실에 대한 반역자에게 어떤 운명이 다가올지 상기시켜주었다.

나리뇨가 쿤디나마르카의 대통령이 되다

1811년 8월 29일에 열리게 될 "비길 데 없는 불멸의 영웅"(이자 오랜 고통에 시달려온 정치범) 안토니오 나리뇨를 위한 불꽃놀이와 기념행사, 공식 환영행사를 상상해보라.[3] 나리뇨는 정치 잡지 『라 바가텔라』(*La bagatela*)를 발행하면서 보고타에서 주목의 대상이 되었다. 『라 바가텔라』는 곧이어 『와이즈크랙』(*Wisecrack*)이 되었는데 이는 제목의 우스갯소리를 살린 비문자적 번역이었다. 『와이즈크랙』은 보고타가 가두 행진을 벌이고 가장무도회를 개최하는 가운데 프랑스 대혁명 기념일에 발행되기 시작했다.

나리뇨가 발행한 잡지는 당시 아메리카 전역에서 전개되고 있던 인쇄 매체의 폭발적인 확산에 기여했다. 식민시대에는 검열받지 않는 정치적 성격의 출판물이란 존재하지 않았다. 1808년부터 정통성의 위기가 에스파냐령 아메리카를 뒤흔들면서 수천 종에 달하는 새로운 출판물이 등장할 기회가 생겨났다. 하지만 출판 혁명의 규모는 보잘것없었다. 출판업은 대부분 영세했다. 나리뇨처럼 편집자 한 명이 넉 장의 여론지를 수백 부 인쇄하는 정도에 그쳤다. 아메리카 주민들은 대체로 문맹이었지만 글을 읽을 줄 아는 이들이 도시에 모여들어 여론의 주도자가 되었고 소규모 출판물에 큰 힘을 실어주었다. 그뿐 아니라 주점, 작업장, 공공장소에서 이 출판물들을 자주 큰 소리로 읽어주곤 했다. 대다수 주민들은 이때 헌법이나 인민주권과 같은 용어를 처음 듣게 되었다. 운동을 벌이는 언론인은 유명 인사가 되었다. 이를테면 나리뇨가 발행한 『와이즈크랙』은 1811년 9월 19일 보고타 협의회가 그에게 협의회 의장직을 수여하게 만든 발판이 되었다.

누에바그라나다의 다른 지방들이 각기 제 길을 찾아갔기 때문에 보고

---

3) Thomas Blossom, *Nariño: Hero of Colombian Independence*(Tucson: University of Arizona Press, 1967), p. 77.

타는 당시 쿤디나마르카로 불리는 산악 지방의 수도에 지나지 않았다. 나리뇨는 해체된 누에바그라나다 부왕령을 단일한 공화국으로 재통합하고자 노력했지만 그 앞에는 커다란 장애물들이 버티고 있었다. 여러 지방들은 독자적인 협의회를 구성했다. 잘 알려진 요새 도시 카르타헤나 역시 협의회를 구성했고 보고타의 공화정을 받아들일 마음이 없었다. 협의회를 구성한 지방들은 대체로 보고타를 지지하기보다는 반대하는 데 기꺼이 공모하는 경향이 있었다. 설상가상으로 군주 지지 세력은 산타마르타와 파스토 같은 일부 지방들을 여전히 장악하고 있었다. 간단히 말하면 누에바그라나다에서도 아메리카의 다른 곳과 마찬가지로 내전의 그림자가 다가오고 있었다.

칠레 역시 내전에 휩싸이다

나리뇨가 쿤디나마르카 협의회 의장에 오를 때, 젊은 선동가 호세 미겔 카레라(하비에라 카레라의 동생)가 칠레 산티아고의 정세를 장악했다. 호세 미겔은 20대 중반의 대담한 인물이었고 귀족 가문과 그 습성을 지닌 시몬 볼리바르와 에스파냐 애국파의 장교로 복무한 기록을 지닌 호세 데 산마르틴을 섞어놓은 것 같았다. 카레라 형제들 — 하비에라와 호세 미겔, 그리고 군 장교인 다른 형제들 — 은 "페르난도 7세의 대의"를 넘어 수사적 조치로서 반란 세력이 주창하는 "아메리카의 독립운동"을 지지했다. 카레라는 1811년 9월 자신의 군사적·정치적 영향력을 활용해 직전에 선출된 의회를 장악하고자 했고 산티아고 주민의 이름으로 여러 가지 요구 사항을 제시했다.

카레라의 지휘 아래 산티아고 협의회는 몇 차례 변화를 겪었고 결국 카레라 개인의 독재체제로 바뀌었다. 카레라는 노예수입 금지법이나 "자유 자궁"법 같은 진보적 입법을 관장했다. "자유 자궁"법은 나중에 아메리카 전역으로 확산되어 노예 여성에게서 태어난 모든 자녀들을 자유롭게 해주었다. 하지만 카레라의 통치는 산티아고 귀족이라는 가문의 배경을 반영하는 것이었다. 언제나 그렇듯이 산티아고가 수도를 자처하는 태도에 각 지방이 반발하게 되었다. 칠레 중앙 밀집지대의 남단에 위치한, 베르나르도 오히긴스와 그의 정치적 후원자인 후안 마르티네스 데 로사스의 고향이자 산티아고의 오랜 경쟁 도시인 콘셉시온은 독자적인 협의회를 원했다. 결국 산티아고와 콘셉시온은 민병대를 동원해 지역의 경계를 따라 이들을 배치했다.

아르티가스가 탈출을 지휘하다

주앙 6세의 포르투갈 군이 몬테비데오 독립운동 세력의 포위를 뚫기 위해 다가오자 부에노스아이레스 협의회는 부왕 엘리오와 타협을 시도했다. 부에노스아이레스는 포위를 포기하고 엘리오는 자신을 구출하러 오는 포르투갈 군의 침투를 저지한다는 데 합의했다. 따라서 1811년 10월 14일 협의회의 군대는 동부 연안에서 부에노스아이레스로 철수하기 시작했다. 하지만 호세 아르티가스 대령이 이끄는 지역의 독립투사들은 엘리오와 부에노스아이레스 협의회가 맺은 협정을 따르지 않았다. 포르투갈 군의 진격에 따라 협의회의 군대가 철수하자 현지의 독립투사들은 아르티가스를 장군으로 추대하고 사실상 부에노스아이레스로부터 자치를 선언했다.

일주일 뒤 동부 연안의 세력은 포위를 유지할 수 없게 되었고 몬테비데오에서 철군하기 시작했다. 아르티가스는 한때 이사벨 벨라스케스에게 구애한 적이 있는 농촌 소리아노를 지나 서쪽으로 이동했다. 그 길을 따라 목장주와 가우초 들은 가족들을 불러 모아 황소들이 끄는 대형 이륜마차에 태웠다. 아녀자들로 가득 찬 마차 수백 대가 주민들과 가축은 물론 말 탄 병사들의 호위를 받으면서 흙먼지를 뒤집어쓴 채 천천히 이동했다. 그 행렬은 몇 킬로미터에 달했다. 터벅터벅 걷는 이들 가운데 아메리카인 소유의 노예들이 상당수 있었다. 말을 탄 이들 가운데 아르티가스에게 합류하기 위해 유럽인 주인으로부터 도망쳐 나온 노예들도 많았다. 아르티가스의 부대는 오랜 동료인 차루아 원주민 출신의 지원병들을 포함해 변경지대의 집단을 아우르고 있었다. 부대와 동반 가족들은 몇 달이 걸려 우루과이 강까지 이동했다. 우루과이 강은 아르티가스가 여러 가지 법적인 이유로 수십 년간 배회한 바 있는 낯익은 곳이었다. 그들은 마침내 강 서안으로 건너가 아유이라는 곳에 반영구적인 진영을 설치했다. 그들은 키가 작은 나무들이 줄지어 있는 대초원 하상지대의 은신처로 모여들어 포르투갈 군이 동부 연안을 떠나가기를 기다렸다. 그들은 부에노스아이레스를 더는 믿지 않을 태세였다. 이 "동부 연안 주민들의 탈출" 사건은 장차 우루과이의 국민의식을 구현한 것으로 기억될 터였다.

모렐로스의 등장

한편 누에바에스파냐에서는 신임 부왕 베네가스가 두려움에 사로잡혀 있었다. 그럴 만한 이유가 있었다. 이달고의 반란 세력이 뿔뿔이 흩어지고 최고 지도자가 멀리 떨어진 북부 변방에서 처형되었지만 충격적인 사건들이 다시 폭풍 같은 불길을 일으킬 기세였다. 이번에는 호세 마리아 모렐로스 신부가 방화범(부왕이 보기에)이었다. 그는 이달고가 아카풀코에서 가까운 남태평양 연안의 "무더운 지역"에 반란 소식을 전파하라고 보낸 인물이었다. 모렐로스는 이를 성공적으로 수행한 뒤 누에바에스파냐의 주요 도시인 푸에블라 근처의 이수카르로 승리의 행진을 전개했다. 그는 1811년 12월 10일 대승을 거두고 4백 명을 포로로

잡았다. 포로 가운데 유럽인 지휘관도 있었는데 그는 끝내 처형당했다. 모렐로스 부대는 나무로 만든 길거리의 개선 아치 아래 음악과 폭죽이 동반된 대대적인 환영을 받은 뒤 과달루페 성모의 축일을 기념했다. 그뿐 아니라 유명한 독립투사가 될 무명의 성직자 마리아노 마타모로스가 이수카르에서 모렐로스 부대에 합류했다.

이 이야기에서 성직자들이 계속 등장하게 되는데 이를 설명할 필요가 있다. 이는 아메리카 가톨릭교회 내부에 혁명적 움직임이 있었다는 인상을 줄지 모르지만 사실 그런 움직임은 거의 없었다. 성직자들은 해당 사회에서 가장 유식한 자들이었고 프랑스의 자유를 다룬 금서들에 접근할 수 있는 특권적 지위를 누리고 있었다. 이달고와 같은 일부 성직자들은 이런 종류의 과외 독서를 많이 했지만 모렐로스를 포함한 대다수 성직자들은 종교 업무에 매여 있었다. 독립운동에 뛰어든 사제들이 급증한 까닭 가운데 가장 설득력 있는 주장은 그들이 내체로 식민사회의 주요 인사였다는 데 있다. 에스파냐나 포르투갈과 마찬가지로 아메리카 식민지에서도 교회는 몇백 년에 걸쳐 엄청난 권력을 행사했다. 불가피하게도 성직자들은 모든 주요 사건의 주역이 되었다. 따라서 그들은 내전에서도 양편 모두에서 자연스레 두드러진 역할을 맡았다. 사실 대다수 성직자들은 주교의 명령을 따랐고 에스파냐에 충성을 바쳤다. 하지만 의미있는 소수의 아메리카인 성직자들은 독립의 복음에 헌신했다. 그리고 성직자들이 독립운동에 뛰어들 경우에는 대개 지도자의 역할을 맡았다.

하지만 이달고와 모렐로스가 최고 지도자로 떠오른 것은 누에바에스파냐만의 독특한 사례였다. 다른 곳의 협의회에도 성직자들이 많이 참여했지만 몇백 년에 걸친 또 다른 전통에 따라 협의회의 최고 지도자는 대개 군인이나 문인, 곧 성직자가 아닌 군인이나 법률가가 맡았다. 누에바에스파냐는 이와 달랐다. 불안감에 휩싸인 유럽인들이 1808년 친(親)아메리카 성향의 부왕 이투리가라이의 복귀에 반대하는 선제공격을 가해 멕시코 시에서 부에노스아이레스나 보고타를 비롯해 주요 도시들에 설립한 것과 같은 협의회를 조직하려는 시도를 무산시켰다. 멕시코 시는 이달고가 누에바에스파냐의 아메리카인 엘리트를 따돌리고 회오리바람을 불러일으킨 뒤에도 여전히 에스파냐 식민권력의 요새로 남아 있었다. 이렇듯 수도에서 독립운동의 최고 지도자가 등장하지 않았기 때문에 국가의 지도력은 지방에서 군사적 방식으로 결정되었다. 반란군 협의회가 등장한 곳은 결국 바야돌리드 인근의 지방도시 시타콰로였다. 지도자는 이달고의 비서를 지낸 이냐시오 로페스 라욘이라는 법률가였다. 하지만 시타콰로 협의회는 자체 부대를 보유하지 않았다. 다른 한편 모렐로스 신부는 부대를 이끌고 있었다. 1811년 말에 접어들어 누에바에스파냐인 전체가 모렐로스를 이달고의 후계자로 여기기 시작했다.

호세 마리아 모렐로스는 바야돌리드의 서민 가정 출신이었다. 그는 아버지가 가족을 버리고 떠난 뒤 몇 년간 어머니와 누이동생을 부양해야 했다. 그는 노새가 끄는 짐수레를 몰고 바야돌리드 남부 발사스 강 유역의 무더운 지역을 돌아다니다 몇 년 뒤 성직에 입문했다. 그는 그곳에서 노새몰이꾼들이 하듯 땀을 훔치기 위해 머리에 손수건 두르는 법을 배웠다. 결국 이 차림새는 그의 특징이 되었다. 그는 산니콜라스 대학에서 이달고가 총장으로 재임하던 시기에 신학을 공부했다. 동급생들보다 나이가 훨씬 많았고 성적은 기껏해야 보통 수준이었다. 그의 야망은 어머니가 언제나 바란 대로 그저 마을의 사제가 되어 존경받는 삶을 사는 것이었다. 그는 사제 서품을 받고 남부에 위치한 교구들에 배치되었다. 바야돌리드 산악지대 주민들은 대부분 매우 더운 날씨 탓에 그 지역을 살기 어려운 곳으로 여겼다. 실제로 모렐로스가 어머니를 모시고 함께 산 지 얼마 안 되어 그의 어머니는 병사했다. 하지만 그는 무더운 카라쿠아로와 노쿠페타로 촌락에서 그리 행복하지 않은 12년의 세월을 보냈다. 그리고 바야돌리드의 집을 되찾기 위해 누이동생에게 정기적으로 돈을 보냈다.

모렐로스는 이달고의 반란 소식을 듣고 지체 없이 그에게 합류했다. 그는 금서를 읽어본 적이 없었다. 다만 프랑스 대혁명을 대강 알고 있을 뿐이었다. 하지만 이달고를 존경했고 변화를 일으킬 준비가 되어 있었다. 그는 즉각 새로운 임무에 전념했다. 그것은 그가 너무도 잘 아는 "무더운 지역"인 누에바에스파냐의 남태평양 연안을 따라 이달고의 혁명을 전파하는 임무였다. 자신의 예전 교구인 카라쿠아로에서 주어진 임무를 실행하기 시작했다. 그곳에서 그는 이달고를 파문하는 교서를 찢고 현지 연락망의 지원을 받아 추종자들을 모집했다. 그는 모든 자원자들을 다 받아들이지는 않았다. 그는 노새몰이꾼으로서 바람 부는 남부의 바위투성이 길을 따라 사람과 가축을 몰고 다닌 적이 있었다. 그리하여 이달고 부대에 비해 규모가 더 작고 훈련이 더 잘된, 그리고 더 단단히 무장한 부대가 필요하다는 점을 잘 알고 있었다. 노련한 민병대원들과 소수의 지방 세력이 그에게 합류했다. 그 가운데 아카풀코에서 그리 멀지 않은 태평양 연안에 위치한 텍판의 갈레아나 가문이 있었다. 이들은 영지에서 축제의 흥을 돋우기 위해 사용한 엘니뇨라고 부르는 소형 대포를 모렐로스에게 가져왔다. 또 브라보 가문은 모렐로스에게 장차 운동의 중심지가 될 시에라마드레델수르 산맥에 있는 칠판싱고에서 따뜻한 환대를 받게 해주겠노라고 장담했다.

칠판싱고는 아카풀코 배후의 내륙에 있었다. 아카풀코의 장악은 모렐로스의 원대한 목표였다. 이는 몬테데라스크루세스 전투에 앞서 이달고가 그에게 개인적으로 맡긴 사명이기도 했다. 하지만 아카풀코를 철저히 요새화한 에스파냐 군은 모렐로스를 가볍게 물리쳤다. 모렐로스는 하는 수 없이 내륙으로 방향을 틀었다. 몇 차례 작은 승리를 거둔 뒤 전투원이 천여 명에 달하는 작은 부대를 양성하고 그들에게 식량을 공급하면서 몇 달을 보냈다. 그 뒤 1811년 12월 부왕 베네가스가 보기에는 매우 갑작스레 멕시코 시에서 매우 가까운 이수카르에 출현했다.

성탄절 전야에 그의 부대는 멕시코 시에 더욱 가까운 콰우틀라의 주민들에게 환영을 받았다. 이에 베네가스는 모렐로스를 저지하기 위해 카예하 장군에게 긴급 지원을 요청했다. 당시 시타콰로 협의회를 공격하느라 여념이 없던 카예하는 서두르지 않았다. 그는 1812년 1월 내내 시타콰로의 남은 수비대원들을 사로잡거나 죽이고 도시를 잿더미로 만들었다. 하지만 협의회는 도주했다. 카예하가 전투로 다져진 불패의 군대를 이끌고 콰우틀라를 포위하기 위해 도착한 것은 1812년 2월 중순이었다. 그곳에선 모렐로스가 코웃음을 치며 기다리고 있었다.

카디스 의회가 헌법을 제정하다

한 달 뒤인 1812년 3월 19일 에스파냐의 저항 세력이 나폴레옹 군에 에워싸인 채 그리 넓지 않은 모래땅에 고립되어 있던 카디스에서는 흥분한 애국파가 새로운 헌법에 충성을 맹세했고 이를 알리는 종이 울려 퍼졌다. 에스파냐 최초의 헌법인 이 카디스 헌법은 의회가 한 해 전에 작성한 것이었다. 이는 매우 혁신적인 내용을 담고 있었다. 제대로만 시행되었더라면 왕권을 제한하고 영구적인 선거 제도를 창설해 아마 에스파냐의 식민체제에 큰 변화를 가져다주었을 것이다. 헌법에는 아메리카인, 원주민, 그들의 후손 — 아프리카 혈통이 아닌 모든 후손 — 을 유럽에서 출생한 이들과 법적으로 동등하게 에스파냐 국민으로 삼는다는 타협안이 들어 있었다. 하지만 아메리카인 대의원들은 이를 진심으로 환영할 수 없었다.

아프리카 혈통의 주민들을 제외하게 되면 의회에서 유럽인 대의원들은 아메리카인 대의원 수보다 언제나 우세할 것이기 때문이었다. 이는 실제로 아메리카인의 요구가 항상 거절당할 가능성이 있고 또 그렇게 될 것임을 시사했다. 유럽인 대의원들은 아메리카의 식민지 지위를 유지하는 데 혈안이 되었다. 그들은 정부 요직의 기회 균등과 경제적 자유의 확대를 원하는 아메리카인들의 요구를 끊임없이 방해하고 인종주의적 비방으로 아메리카인 동료들을 괴롭혔다. 상당수의 아메리카인들이 아메리카에서는 사회 계층상 백인이었지만 실제로는 에스파냐인들이 비웃는 아프리카인이나 아메리카 원주민의 혈통을 지니고 있었다. 의회가 아메리카인들의 요구를 거부하면서 가한 인종주의적 비방은 상처에 모욕을 더해주었다. 아메리카에서 파르도와 아프리카인과 원주민을 스스럼없이 폄하해온 아메리카인들은 카디스에서 그 인종주의의 쓴맛을 보게 되었다.

안토니오 데 라라사발 신부는 회기 중에 분노를 참지 못하고 "말도 안 되는 불평등"이라고 외쳤다.[4] 자주 회의를 주재하기도 한 이 아메리카 대의원들의 지도자는 원래 침착한 인물이었다. 카디스 의회에서는 라라사발과 같은 사제들이 다른 직업 대표들보다 더 많았다. 하지만 대다수는 혁명가가 아니었다. 라라사발이 주도해 만든 요구 사항들은 기본적으로 아메리카를 지배하는 소수 백인들의 자치에 관한 것이었다. 카디스의 아메리카인들은 에스파냐 군주제를 수용했지만 아메리카 대

---

4) Mario Rodríguez, *The Cádiz Experiment in Central America, 1808~1826* (Berkeley: University of California Press, 1978), p. 67.

의원단의 상대적 감축은 받아들일 수 없었다.

사실 카디스 헌법은 직접적인 영향을 미치지 않았다. 카디스 의회가 에스파냐를 실제 통치한 것도 아니었다. 1812년 3월 에스파냐는 여전히 프랑스의 점령 아래 있었다. 그리고 아메리카의 여러 지역들은 카디스 의회의 권위를 전면 거부했다. 이론상으로는 카디스를 따르던 누에바에스파냐와 페루의 부왕조차 언론의 자유같이 새로운 헌법에 담긴 자유주의적 조치들의 시행을 거부했다. 그들은 마지못해 선거를 실시했다. 한편 라라사발 신부의 과테말라 왕국은 다른 곳에 비해 카디스 헌법을 좀더 많이 실행했다.

이제 과테말라 왕국에 대해 이야기할 때가 되었다. 과테말라는 명칭으로는 왕국이지만 에스파냐의 낙후된 식민지에 불과했다. 멀리 파나마까지 중앙아메리카 전역을 포괄하는 이 식민지는 면적이 에스파냐보다 3분의 1쯤 더 컸지만 인구는 백만 명에 지나지 않았다. 어떤 면에서는 페루의 아바스칼에 견줄 유력한 에스파냐 관리의 지배를 받고 있던 과테말라 왕국은 페루와 마찬가지로 어떤 독립운동도 일으키지 못했고 협의회를 구성하지도 못했다. 과테말라 왕국의 주요 중심지는 지협 북단의 태평양 연안 ─ 카라카스와 부에노스아이레스를 매료시킨 영국 주도의 대서양 무역에서 고립된 ─ 에 위치해 있었다. 과테말라의 아메리카인들은 예속된 마야 원주민 다수를 지배했다. 따라서 과테말라의 엘리트층은 혹시 이달고의 반란과 같은 결과를 초래할까 봐 염려하면서 포퓰리스트의 호소들을 아메리카 협의회와 연결시켰다. 누에바에스파냐, 페루, 알토페루와 달리 과테말라 왕국에는 풍부한 은광이 없었다. 하지만 열대 과일과 염료는 어느 정도 주요 가문들의 돈벌이가 될 수 있었다. 라라사발 신부는 과테말라산 카카오와 인디고의 수송으로 카디스 정부에 3만 페소를 안겨주었다고 자랑스럽게 말했다. 당시 과테말라의 여러 도시들 — 레온, 그라나다, 산살바도르 — 에 소규모로 유럽에 저항하는 움직임이 발생하긴 했지만 그 이상은 아니었다.

1812년 헌법이 완성되기 전에 이미 카디스에 돌아와 있던 일부 아메리카인 의회 지지파는 유럽인들의 의사 진행 방해에 절망한 나머지 시위를 벌이는 방향으로 돌아섰다. 그 가운데 호세 데 산마르틴이 있었다. 산마르틴은 처음에 미란다가 설립한 독립지사들의 비밀 단체인 '합리적 신사회'의 카디스 지부에 가담했다. 그는 그곳에서 다른 합리적 신사, 곧 누에바에스파냐에서 탈주해 나온 세르반도 테레사 데 미에르 신부와 부에노스아이레스의 부유한 가문 출신인 젊은 장교 카를로스 데 알베아르 같은 아메리카인들을 알게 되었다. "아메리카 독립운동"에 헌신한 카디스 지부의 회원은 곧 63명으로 늘어났다. 에스파냐인 대의원들이 의회 회기 중에 아메리카인 대의원들의 발의를 조직적으로 방해하자 미에르, 알베아르, 산마르틴은 카디스를 떠나 런던으로 향하는 배에 올랐다.

신이 페르난도 7세를 후원하다

1812년 3월 26일 성목요일〔부활절을 앞둔 고난 주간의 목요일 — 옮긴이〕에 카라카스는 누가 봐도 분명히 천벌을 받은 듯 보였다. 베네수엘라인들이 에스파냐 관리를 몰아내고 협의회를 구성한 날을 기념하는 두 번째 경축일에 강력한 지진이 카라카스를 뒤흔들었다. 수천 명이 사망했다. 대부분이 대형 교회에서 미사를 드리는 도중에 참변을 당했다. 당시에는 이 사건을 신이 독립운동을 심판한 것으로 해석하기도 했다. 이는 분명 불길한 판결이었다. 무너진 교회의 잔해에 기둥 하나가 서 있었는데 그곳에 에스파냐 왕실의 문장이 새겨져 있었다는 이야기가 나돌았다. 시몬 볼리바르는 집 근처 카라카스 중앙 광장에 위치한 대성

당의 잔해 더미 속에 시신들이 널브러진 모습을 둘러보면서 베네수엘라의 독립투사들은 필요하다면 자연마저 정복해버릴 것이라고 노발대발했다. 하지만 카라카스의 주민들에게는 볼리바르 같은 혁명가들이 해석한 지진의 의미보다 보수적인 성직자들의 해석이 더 큰 호소력을 지니는 것처럼 보였다. 1812년 3월 성목요일의 지진은 아메리카 최초의 공화정 실험이 막을 내리기 시작했다는 것을 천명했다.

원주민, 메스티소, 파르도가 아메리카인으로 인정되다

불패의 에스파냐 장군 카예하에게 포위당한 지 70일이 지나자 식량이 떨어진 모렐로스와 콰우틀라의 수비대원들은 가축의 가죽뿐만 아니라 이구아나(대형 도마뱀), 쥐, 곤충 등을 잡아먹기 시작했다. 그들은 모든 것을 소화할 수 있었지만 항복만은 예외였다. 카예하의 평가에 따르면 "지능적으로 요새화한" 콰우틀라는 에스파냐에서 갓 도착한 유럽인 2개 대대를 비롯해 5천 명에 달하는 노련한 병사들의 초기 공격을 단호하게 물리쳤다.[5] 따라서 카예하는 촌락에 일제히 대포 사격을 가하고 수비대원들(공격자 수의 절반에 달하는)의 전투 의지를 꺾고자 시도했지만 아무런 소용이 없었다. 아이와 여자 가릴 것 없이 촌락 주민들은 방어에 전력을 다했다. 그들은 거듭되는 박격포 사격에 살아남아 생존을 기념해 춤을 추고 야간에는 잔해 더미에서 피어난 불꽃 주변에서 노래를 부르면서 포위 부대를 놀라게 했다. "부사관 한 명당 2페소씩 주겠네./대위 한 명당 6페소나 7페소를 주겠네./우리 모렐로스 장군을 위해서라면/천국 끝까지라도 가겠네. (내 마음을 다 주겠네.)"[6]

---

5) Rubén Hermesdorf, *Morelos: Hombre fundamental de México*(Mexico City: Editorial Grijalbo, 1958), p. 93.

콰우틀라 주민들은 대체로 원주민인 반면에 모렐로스 병사들의 상당 수는 남태평양 연안 출신의 파르도였기 때문에 두 진영이 긴밀한 동맹을 맺은 것은 놀라운 사건이었다. 콰우틀라 수비대 내에서는 다양한 식민 카스트의 주민들이 아메리카인으로 뭉쳤다. 모렐로스는 앞으로 아메리카계 에스파냐인이 아니라 아메리카에서 태어난 모든 사람들이 아메리카인이고 낡은 카스트 용어는 폐기되어야 한다고 역설했다. 문제는 아메리카인과 유럽인 간의 차이였다. 모렐로스는 앞으로 모든 관공서가 예전처럼 유럽인을 위해서가 아니라 아메리카인을 위해 존재할 것이라고 선언했다. 나아가 유럽인에게 진 아메리카인의 채무는 무효라고 선언했다. 모렐로스는 그들의 이해관계에 호소했을 뿐 아니라 그들의 언어로 소통하면서 추종자들을 끌어들였다. 돈키호테형의 미겔 이달고에 비해 모렐로스는 다부지고 소탈하며 해학이 넘치는 산초 판사와 같았다. 시타콰로 협의회로부터 "배가 불룩한" 한 사내가 모렐로스를 암살하기로 음모를 꾸몄다는 제보를 전해 듣고 당사자인 모렐로스는 웃느라 죽을 뻔했다. "우리 주위에 배가 불룩한 남자는 나밖에 없잖아!"[7] 모렐로스는 여러 가지 의미에서 배가 불룩 나와 있었다. 카예하가 콰우틀라를 공격하던 날, 모렐로스는 몸소 반격을 주도했다. 장군이 된 무모한 신부는 한 지점에서 부하들과 떨어진 채 오랫동안 적에 맞서 홀로 싸웠다. 부하들은 이 위업을 대대적으로 기념했다. 포위한 지 두 달이 지난 4월 말 즈음 카예하는 유감스럽게도 모렐로스와 그의 장교들이 곧 콰우틀라를 포기하게 될 것이라고 말했다. 우세한 전력에

---

6) *Ibid.*, p. 96. 가사는 다음과 같다. "Por un cabo doy dos reales, / Por un sargento, un doblón. / Por mi general Morelos / Doy todo el corazón."

7) Roberto Blanco Moheno, *Historia de dos curas revolucionarios: Hidalgo y Morelos*(Mexico City : Editorial Diana, 1973), p. 176.

압도당하고 있던 모렐로스는 이에 질세라 유감스럽지만 오히려 카예하와 그의 장교들이 항복하게 될 것이라고 대꾸했다.

그러고 나서 1812년 5월 2일 캄캄한 자정에 콰우틀라 수비대를 비롯한 병사들과 주민들은 살금살금 포위망을 뚫고 나아갔다. 탈출은 거의 완벽한 성공으로 끝났다. 이에 카예하는 콰우틀라를 파괴해 반란을 꾀하는 이들에게 교훈을 주고자 했다. 그리하여 모렐로스를 추격하는 대신 마을로 들어가 미처 대피하지 못한 수비대원들을 붙잡아 처형하고 남은 건물들을 불태웠다. 이들이 카예하의 손아귀에서 탈출한 것은 기념할 만한 위업이었다. 하지만 이로써 모렐로스의 반란은 또다시 그렇게 멕시코 시에 가까이 접근할 수 없게 되었다.

1812년 중반 무렵에는 에스파냐의 위기 상황에 대처한 아메리카 곳곳의 동시다발적인 초기 대응들이 차츰 사라졌다. 아메리카인들이 자치를 주장함에 따라 페르난도에 대한 충성만으로 전통적인 권위 체계를 유지하기에는 충분하지 않아 보였다. 베네수엘라, 누에바그라나다, 칠레, 리오데라플라타 부왕령에서는 아메리카 협의회들이 구성되면서 오랜 종속 관계에 혼란이 생겨났다. 누에바에스파냐에서는 짓밟힌 원주민 농민들이 대규모 유혈 봉기를 일으켰다. 내전이었다. 유럽계 에스파냐인들은 지도자로서 중요한 역할을 맡았지만 그 수는 인구의 1퍼센트에도 훨씬 못 미쳤다. 내전에서 맞선 양 진영에 동원된 대다수 주민들은 아메리카 원주민이었다. 페르난도 7세에 대한 충성은 전반적으로 여전히 탄탄했지만 갈등이 첨예해지자 일부 독립투사들은 페르난도의 가면을 벗기 시작했다. 하지만 공화주의 원칙을 천명하면서 그들의 운명은 곧 더욱 나쁜 방향으로 흐르고 말았다.

제4장

독립운동의 패배? 1812～15년

나폴레옹의 에스파냐 지배는 마침내 느슨해졌다. 1812년 말에 이르러 카디스를 중심으로 전개된 에스파냐 애국파의 저항은 프랑스 군의 모든 공세를 이겨내고 정부를 구성했으며 에스파냐 역사상 최초의 헌법을 기초했다. 나폴레옹이 결국 대실패로 끝난 러시아 원정을 돕기 위해 에스파냐로부터 군대를 빼내자 에스파냐의 게릴라 대원들은 프랑스의 지배체제를 끊임없이 괴롭혔다. 영국의 웰링턴 공(公)(당시까지 공작 칭호를 얻지는 않았지만)은 포르투갈에 있는 그의 기지에서 엄청난 공격을 퍼부었고 프랑스 군을 여러 차례 혼쭐냈다. 1813년에는 영국군과 에스파냐 저항 세력의 승리가 더욱 빈번해졌고 그해 말 페르난도 7세는 끝내 프랑스의 포로 신세를 벗어났다. 그리고 페르난도 7세는 곧이어 아메리카의 에스파냐 식민지에 대한 통제권의 회복을 선언했다. 그러는 사이 아메리카에서 독립운동의 대의는 추진력을 잃고 있었다.

베네수엘라 공화정이 무너지다
카리브 해의 푸른 물결 속으로 초록빛의 산들이 돌진하는 듯 보이는 푸에르토카베요(Puerto Cabello)의 요새는 신생 베네수엘라 공화정의 대표적인 군사 시설이었다. 항구, 창고, 성채, 무기고, 위험한 군주 지지파 포로를 가둔 감옥 등을 갖추고 있었다. 프란시스코 미란다는 푸에르토카베요의 지배권을 그의 후배인 시몬 볼리바르에게 넘겨주었다. 그러나 1812년 6월 30일 군주 지지파 포로들은 용케 폭동을 일으켰고 볼리바르가 요새 밖에 머무르는 사이 요새를 장악했다. 볼리바르는 그가 지휘하는 요새의 포대가 보호해야 할 촌락에 포격을 가하는 광경을 굴욕적으로 지켜볼 수밖에 없었다. 나흘 뒤 자긍심이 갈가리 찢긴 채 볼리바르는 동료 장교 여덟 명과 함께 작은 보트를 타고 볼품없이 푸에르토카베요를 탈출하고 말았다. 여덟 명의 장교들은 미란다가 그에게 위임한 지휘 아래 남아 있던 이들이었다. 푸에르토카베요에서 맛본 대실패는 앞서 베네수엘라 공화정이 겪은 일련의 악재에 또 다른 하나를 추가할 뿐이었다. 몇 달 전 카라카스에 지진이 강타했을 때, 몬테베르데라는 에스파냐의 지휘관은 이미 코로 주변에 군주 지지파를 집결시키고 도중에 지지자들을 모으면서 폐허가 된 수도(실은 수도가 되길 원했던 도시)를 향해 진격했다. 당시 독립운동 세력은 로마 시대의 제도에 의존했다. 위기 시에 공화정을 이끌도록 선발된 '독재관'의 비상 통치가 펼쳐졌다. 독재관의 권한은 애당초 볼리바르의 오랜 친구인 토로의 마르케스에게 주어졌다. 그가 조심스레 그 권한을 거절하자 그 권한은 미란다에게 넘겨졌고 결국 미란다는 이를 수락했다. 독재관으로서 미란다는 대중적 호소력을 급진적인 방향으로 이끌었다. "자유와 평등"은 당대의 명령이자 풍조였고 따라서 이는 유럽인들에 대한 강경 노선을 의미했다. 12명이 넘는 카나리아 제도 출신(아메리카인의 눈에는 유럽인과 마찬가지로 여겨진) 인사들이 그다지 위협적이지 않은 항의 시위 — 당시 그들은 돈키호테와 같이 양철 갑옷을 입고 "군주 폐하 만세!"라고 외치면서 카라카스를 누비며 행진을 벌였다 ― 를 벌인 뒤 처형당하기도 했다. 법률에 근거를 둔 신분 차별을 철폐한 베네수엘라 공화정은 예컨대 백인 여성들이 가톨릭 미사에 참석할 때 특정 좌석을 예약할 수 있는 특권을 비롯해 오랜 인종차별적 관습을 반대함으로써 파르도의 지지를 얻고자 애썼다. 미란다는 공화정에 대한 군역의 대가로 노예들에게 궁극적인 자유를 약속했으나 모든 노력이 수포로 돌아갔다.

몬테베르데가 서쪽으로부터 카라카스에 접근하고 동쪽에서 노예 반란의 움직임이 일어났을 때, 미란다의 공화정은 베네수엘라 전역에서 분명히 대중의 충분한 지지를 얻지 못하고 있었다. 그리고 자유주의적 성격의 카디스 헌법 ― 이는 페르난도 7세의 이름으로 제정되었기 때문에 그 전도가 유망해 보였지만 ― 은 공화정이 제공한 것과 동일한 정치적 자유 가운데 많은 부분을 명시했다. 그 뒤 푸에르토카베요에 있는 공화정의 거점과 무기고가 상실되었다. 미란다는 더 저항한들 별 효과를 발휘하지 못하고 다만 불필요한 인명의 손실을 가져올 것이라고 믿었다. 그리하여 미란다는 몬테베르데와 비밀리에 협상을 개시했다. 미란다는 비밀 협상을 통해 두려움을 차단하고 항복 조건을 유리하게 협상할 수 있으리라고 단언했다. 그러나 비밀 협상은 또한 미란다 자신이 영국 군함으로 적절히 피신하는 데 도움이 될 것이었다. 그렇지만 도망치듯 피신하려고 한 독재관은 그의 장교와 관리 들에게 자신의 탈출 계획을 제대로 알리지 않았다. 그 계획을 알게 된 볼리바르와 일부 분노한 장교들은 미란다를 아메리카의 대의에 대한 반역자로 선포하고 즉시 그를 몬테베르데에게 넘겨주었다. 푸에르토카베요에서 자신이 당한 모욕에 대해 여전히 분노를 삭이지 못한 볼리바르는 추락하고 만 자신의 우상에 대해 실망감을 분출하는 듯 보였다. 몬테베르데는 감사의 표시로 볼리바르가 베네수엘라로부터 안전하게 이동하고 통행할 수 있도록 허용했고 볼리바르의 재산을 징발하고 몰수하지 않았다.

미란다는 몇 년 뒤 카디스의 감옥에서 사망했다.

합리적 신사회가 부에노스아이레스를 접수하다

1812년 카를로스 데 알베아르는 늠름해 보였다. 나무랄 데 없는 푸른 제복과 귀족적인 몸가짐, 강인한 턱, 곱슬곱슬한 검은 머리털이 마치 왕관처럼 얹힌 높은 이마, 그리고 나폴레옹에 맞선 에스파냐 애국파의 저항 당시 젊지만 노련하고 용감한 투사라는 호평을 상상해보라. 부에노스아이레스에서 유복하고 잘 알려진 알베아르의 가문은 23살의 영웅을 자랑스러워하면서 알베아르보다 나이를 더 먹은 잘생긴 동료 호세 데 산마르틴을 공손하게 환영했다. 사회적 지명도와 체면에서 알베아르에 비길 수는 없었지만, 산마르틴의 계급과 군대 경력은 알베아르를 훨씬 앞섰다. 산마르틴은 군인, 가우초, 원주민 들이 거주하던 야페유라는 변경지대의 정착촌에서 태어났고 어릴 때 에스파냐로 떠난 뒤 그때에야 아메리카로 돌아온 것이었다. 다소 말수가 적은 이 직업군인이 부에노스아이레스에서 입을 열었을 때 그는 아메리카인이라기보다는 유럽인처럼 느껴졌다.

런던에서 부에노스아이레스로 돌아온 뒤 산마르틴과 알베아르는 예전에 그들이 카디스에서 가입한 바 있는 아메리카인만으로 구성된 합리적 신사회의 새로운 지부를 설립했다. 새로운 조직은 옛 조직의 가장 중요한 갈래로서 나중에 라우타로(Lautaro) 지부로 유명세를 떨치게 되었다. 프리메이슨 형태의 지부는 당시 아메리카에서 혁명적 조직 활동에 기여하는 매개체로서 급격하게 증대했다. 그 조직은 서면 규정, 선별적인 회원 자격 조건, 양초와 눈가리개를 사용하는 비밀 회합, 비밀 서약, 가명 또는 필명(筆名), 암호로 만든 상징, 은밀한 악수 등을 유지하고 있었다.

마리키타의 남편인 마르틴 톰슨도 라우타로 지부에 가입했다. 지부는 남성만 가입할 수 있는 '형제 친목회'였기 때문에 마리키타는 정식 회원이 될 수 없었다. 그러나 알베아르와 산마르틴은 혁명기 부에노스아이레스에서 독립파의 주요 사교 활동 무대가 된 마리키타의 유명한 살롱 모임에 정기적으로 참석하는 내빈이 되었다. 마리키타의 저택에 있는 기다란 방은 남녀 60쌍이 동시에 무도회를 즐길 수 있을 정도로 큰 규모였다. 그곳에서 부에노스아이레스의 독립파 엘리트들은 혁명의 승리를 자축하면서 춤을 추었다. 떠도는 애기에 따르면, 마리키타의 저택에서 열린 여러 차례의 모임 가운데 언젠가는 내빈들이 먼저 마리키타의 하프 반주에 맞춰 아르헨티나의 국가를 합창했다. 또한 마리키타는 합리적 신사회의 회원인 베르나르도 몬테아구도를 후원했다. 다혈질인 몬테아구도는 추키사카 출신의 급진파로서 알토페루에서 카스텔리를 수행한 바 있었고 어두운 피부색의 가난한 메스티소인 탓에 부에노스아이레스에서 비열한 눈짓을 여러 차례 당하기도 했다. 몬테구아도는 대담하고 감동적인 연설가일 뿐 아니라 매우 잘생긴 외모의 소유자였다. 이 점이 마리키타가 인정한 그의 또 다른 특성이었다.

그렇지만 부에노스아이레스의 혁명에서 점차 두드러지게 부상한 인물은 알베아르, 산마르틴과 피부가 더 희고 확실히 덜 급진적인 합리적 신사회의 회원들이었다. 그들의 영향력은 무엇보다 산마르틴이 부에노스아이레스에 도착한 지 몇 달 뒤에 모집하고 무장하며 훈련시킨 명마(名馬) 기병대로부터 비롯되었다. 그들의 정적은 임시협의회의 상임비서인 베르나르디노 리바다비아로서 그는 임시정부의 초대 비서를 역임한 마리아노 모레노의 노선을 따랐다. 임시협의회 구성원들은 흔히 명목상의 대표인 경우가 많았다. 반면 그들의 비서는 상근 요원으로서 임시협의회의 이데올로기적 원동력 이상의 역할을 맡았다. 이는 특히 모레노나 몬테아구도만큼이나 진지한 혁명가였던 리바다비아의 경우에 해당되는 것이었다. 리바다비아는 알베아르를 아마추어이자 기회주의자로 보았다. 리바다비아는 결국 민주주의자나 공화주의자가 아니었던 산마르틴을 혐오했다. 산마르틴은 인민주권의 원칙 ― 아메리카인을 위한 아메리카 ― 을 믿었지만 평범한 이들이 통치해야 한다고 생각하지 않았다. 오히려 그는 군주제를 선호했다. 군주제를 옹호하는 산마르틴의 주장 때문에 리바다비아는 격노한 채 방 한쪽 구석으로 물건을 집어던지기도 했다.

리바다비아의 험악하고 고압적인 성격은 그가 임시협의회의 비서를 역임한 몇 달 동안 많은 사람들을 화나고 불쾌하게 만들었다. 반면 도착한 지 얼마 되지 않은 합리적 신사회의 회원들은 대중의 마음을 잡아끌 정도로 매력적이고 신선한 인상을 풍겼다. 특히 카를로스 데 알베아르는 많은 지지자들을 끌어모았다. 착실하고 조용한 산마르틴 역시 자신감을 불어넣었다. 산마르틴의 노력 덕분에 합리적 신사회는 군사력까지 갖출 수 있었다. 1812년 10월 말 그들은 부에노스아이레스의 혁명을 주도하게 되었다.

모렐로스가 오아하카를 점령하다

수많은 마을 사제들이 누에바에스파냐의 반란에 가담하는 동안 교회 계서제(hierarchy)의 상층부는 유럽의 지배자들에게 충성을 다하고 있었다. 특히 누에바에스파냐의 남쪽에 위치한 주요 도시인 오아하카의 경우가 그러했다. 오아하카의 주교는 모렐로스를 혐오했다. 주교는 모렐로스를 맹렬히 비난하고 그를 악마처럼 "뿔과 꼬리"가 있는 존재로 묘사했다.[1] 반란을 주도한 사제들에 대한 오아하카 주교의 노골적인 비난 덕분에 카디스의 섭정위원들은 그를 멕시코 시 주교구의 책임자로 승진시켰다. 그러나 모렐로스와 더불어 작지만 노련한 부대가 오아하카로 직접 그를 방문했을 때, 오아하카의 주교는 새로운 고위직을 떠맡기 위해 멕시코 시로 떠날 수가 없었다.

쾨우틀라에 대한 포위 공격 이래 6개월 동안 모렐로스의 세력은 통신을 두절시키고 노새 짐수레의 행렬을 포획하며 때로는 마을을 점령하고 아메리카 독립의 대의가 지속된다는 것을 보여주면서 시에라마드레델수르 산맥을 누비고 다녔다. 베라크루스로 가는 길목에 있는 오리사바에서 모렐로스의 세력은 고수익을 올리는 왕립 담배 전매회사의 창고를 장악하고 불태운 뒤 오아하카를 향해 남쪽으로 급히 되돌아갔다. 오아하카는 효과적으로 강화되었고 군 병력이 주둔해 있었지만 모렐로스의 세력은 시에라마드레델수르 산맥의 깊은 협곡과 산등성이를 넘어 2주 동안 길고 고된 여정을 전개한 끝에 갑자기 그곳에 출현함으로써 뜻밖의 놀라움을 선사했다. 오아하카를 점령하는 데는 두 시간밖에 걸리지 않았다. 멕시코 독립운동 세력의 역사를 기록한 연대기는 모렐로스가 병사들에게 남긴 간결하고 핵심을 찌른 예언, 즉 "오늘 밤 우리는 오아하카에서 잠잘 것"이라는 예언과 더불어 과달루페 빅토리아라는 가명을 쓰던 한 청년의 극적인 행위로 오아하카의 점령을 요약한 바 있다.[2] 나중에 그 청년은 멕시코 공화정의 초대 대통령이 될 터였다. 오아하카를 공격한 날, 물이 가득 찬 해자(垓字)가 앞길을 가로막고 있다는 사실을 알게 되자 그 젊은 독립파 장교는 즉시 칼을 물 건너편으로

---

1) Wilbert H. Timmons, *Morelos: Priest Soldier Statesman of Mexico*(El Paso: Texas Western College Press, 1963), p. 77.

2) Rubén Hermesdorf, *Morelos: Hombre fundamental de México*(Mexico City: Editorial Grijalbo, 1958), p. 111.

집어 던지면서 병사들을 독려했다. 칼을 휴대한 채 헤엄치기란 여간 불편한 일이 아니기 때문이었다. 그러나 칼 없이 전쟁터에서 돌아오는 것은 불명예스러운 일이었다. 부하들의 목전에서 과달루페 빅토리아는 승리하기 위해 자신의 목숨을 걸었다. 그가 칼을 집어 던진 뒤 물속으로 뛰어들자 병사들은 그를 뒤따랐다. 모렐로스의 병사들은 그날 밤 실제 오아하카에서 잠잘 수 있었다. 그러나 그들은 오아하카를 철저하게 약탈하고 양질의 메스칼(용설란주)을 엄청나게 마신 뒤 잠자리에 들었다. 주교는 이미 달아났고 남아 있는 에스파냐 지휘관들은 즉시 처형되었다.

1812년 11월 25일 오아하카의 점령은 엄청난 충격을 던졌다. 이는 새로운 위엄과 물적 자원을 제공하면서 모렐로스가 이끈 독립운동의 절정을 이루었다. 사실 오아하카는 반란을 막으려는 식민 당국의 중심지였다. 모렐로스는 오아하카의 왕실 지하 감옥에서 수백 명에 이르는 독립파 포로들을 석방하고 가장 수척한 이들 가운데 일부를 말에 태워 그들이 얼마나 심하게 학대당했는지를 널리 알렸다. 또한 그는 두 가지 공개 의식을 거행했다. 첫째는 과달루페 성모에게 감사하는 미사였고 둘째는 로페스 라욘이 시타콰로에 세운 전국협의회에 대한 집단 충성 서약이었다. 라욘의 전국협의회는 실제 허상에 지나지 않았다. 시타콰로가 파괴된 뒤 전국협의회는 결국 말안장 주머니에 편지지 같은 문구류를 갖고 있는 소수의 도망자와 프록코트를 입은 변호사들만으로 축소되었다. 그러나 그때 전국협의회와 모렐로스의 세력은 누에바에스파냐에서 모든 아메리카인들의 대의를 대변하게 되었다.

볼리바르가 '결사항전'을 선언하다
1812년 말 볼리바르는 카르타헤나에 도착했다. 카라카스를 떠난 지

약 반년 만이었다. 그는 베네수엘라의 해안에서 얼마 떨어지지 않은 쿠라사오 섬에서 다른 망명객들과 함께 본토의 실망스러운 사건 전개에 대해 숙고하면서 시간을 보냈다. 카리브 해의 연안 가운데 단지 카르타헤나만이 여전히 에스파냐에 대항하고 있었다. 내륙 남쪽으로 누에바그라나다의 대부분에서 반란이 유지되었지만 내전 탓에 여럿으로 갈리고 찢긴 상태였다. 안토니오 나리뇨의 쿤디나마르카 협의회는 다른 지역의 독립을 승인하지 않으려고 했다. 나리뇨는 보고타의 통치 아래 다른 지역들을 다시 연합시키고자 했다. 주로 원주민으로 구성된 가파른 안데스의 파스토는 군주 세력의 거점이 되었다. 카르타헤나와 오랜 경쟁 상태에 있던 산타마르타 역시 견고한 군주 세력의 통제 아래 있었다. 이런 위협적인 상황 속에서 카르타헤나의 공화정은 경험 있는 병사들을 간절히 원했기 때문에 미란다가 이끈 공화정이 몰락할 때 탈출한 볼리바르와 동료 독립파 망명객들을 기꺼이 받아들였다.

1812년 12월 15일에 볼리바르는 "카라카스의 한 남자가 누에바그라나다인들에게"라는 제목의 선언문을 공표하면서 베네수엘라 공화정의 몰락 원인을 설명하고 에스파냐로 하여금 베네수엘라를 누에바그라나다의 재정복을 위한 발판으로 삼지 못하도록 막아야 할 필요성을 또다시 강조했다.[3] 베네수엘라 공화정이 겪은 불의의 파멸을 설명하기 위해 볼리바르는 우선 미란다의 공화주의적 이상주의와 유럽인들의 그릇된 과잉 보호를 비난했다. 그렇지만 진짜 문제는 초기에 공화정을 선언함으로써 베네수엘라의 내전을 공화주의자와 군주제 옹호 세력 간의 갈등으로 만들어버린 데 있었다. 게다가 프랑스의 최신 유행 사조에 물

---

3) Salvador de Madariaga, *Bolívar*(Mexico City: Editorial Hermes, 1951), 1: p. 375.

든 공화주의자들은 1812년 당시 아메리카에서 군주제 옹호 세력과 인기 경쟁을 벌인다면 분명히 패배할 듯이 보였다. 볼리바르는 승리의 가능성을 높이기 위해 베네수엘라의 투쟁이 반드시 그야말로 아메리카인과 유럽인 간의 대결로 다시 설정되어야 한다는 점을 납득하게 되었다.

카르타헤나는 볼리바르에게 마그달레나 강에 대한 군사적 지휘권을 위임했다. 훔볼트가 몇 년 전 마그달레나 강을 거슬러 올라가면서 악어를 연구한 바 있는 몸폭스에서 그 완고한 귀족은 작은 군사적 승리를 거두었다. 그 뒤 카르타헤나의 훈령을 무시하면서 볼리바르는 그의 시선을 베네수엘라를 향해 동쪽으로 돌렸다. 그곳은 그에게 매우 중요한 목표였지만 카르타헤나로부터 그에게 주어지지 않은 임무였다. 1813년 2월 말 볼리바르의 세력은 쿠쿠타라는 촌락을 장악하고 카라카스를 향해 진격하기 시작했다. 볼리바르는 때때로 카르타헤나의 (추정하건대) 상관에게 보고서를 보냈지만 계속 스스로 "결사항전"으로 이름 붙인 군사 작전을 주도했다.

토착주의의 분출은 대체로 인기를 끌어모았다. 이는 독립운동 세력에겐 더할 나위 없이 강력한 수단이었기 때문에 아메리카의 어느 곳에서도 무시할 수 없었다. 곳곳에서 약탈을 자행하고 즉결 처형을 수없이 실행함으로써 유럽인들을 희생양으로 삼는 방식은 이달고의 봉기 이래 모든 반란에서 흔히 발견할 수 있는 관행이었다. 볼리바르의 새로운 점은 무자비한 초토화 전략을 공식 지침으로 삼고 1813년 6월에 그랬듯이 대중의 마음을 사로잡는 구호를 통해 그것을 명료하게 드러냈다는 데 있었다. 페르난도 7세를 위해 무기를 든 모든 유럽인들을 즉결 처형하겠다고 위협한 볼리바르는 결사항전 선언을 통해 비록 공화정에 맞서 싸웠다고 하더라도 아메리카인들은 절대 처형당하지 않을 것이라고 강조했다. 실제 새로운 군사 작전은 공화파와 군주제 옹호 세력 간에 펼쳐진 베네수엘라의 내전을 아메리카인과 유럽인 간의 충돌로 재정립했다.

결사항전은 유혈이 낭자한 가운데 볼리바르의 군사 작전에 새로운 추진력을 선사했다. 1813년 8월 초 서른 살을 갓 넘긴 볼리바르는 2천 명에 육박하는 부대원들의 선두에 서서 말을 탄 채 카라카스로 진격했다. 지진에 흔들린 수많은 가옥들은 여전히 지붕이 없고 벽면이 건물 파편 더미에 둘러싸여 있었지만 볼리바르의 개선을 축하하기 위해 그의 진로를 따라 장식되었다. 카라카스는 공화정의 복귀에 환호하는 듯 보였고 의기양양한 영웅을 환영하려고 흰색 제복을 입은 젊은 여성들을 나란히 세웠으며 볼리바르를 "해방자"로 선언했다. 12명의 젊은 여성들은 볼리바르가 탄 말을 에워싸고 고대 로마에서 그랬던 것처럼 그에게 승리의 월계관을 씌웠다. 이런 이미지와 표현 방식은 아메리카의 다른 신생 공화정에서 실행된 대로 (군주제가 아닌 공화정의 모델로 간주되는) 그리스와 로마의 방식을 모방한 것이었다. 예컨대 비슷한 시기에 수도 워싱턴 곳곳에 세워지고 있던 그리스 신전풍의 건물들을 생각해보라.

그러나 베네수엘라의 제2공화정은 전혀 굳건히 다져지지 않았다. 사실 그것은 제1공화정보다도 더 불확실하고 위태로웠다. 볼리바르의 행군은 단지 코로 지방의 언저리를 지날 뿐이었다. 코로에서는 여전히 군주 세력의 기세가 견고한 편이었다. 내륙으로 향하는 주요 도로이자 광대한 오리노코 강 유역에서 군대가 안정적으로 주둔해 있는 두 도시, 즉 과야나와 앙고스투라와 더불어 푸에르토카베요 역시 군주 세력의 수중에 남아 있었다. 동쪽에 위치한 쿠마나는 자발적인 혁명운동의 중심지가 되었다. 사실 볼리바르의 공화정은 베네수엘라 전역에서 단지 카라카스 주변의 일부만 포함하고 있었다. 처음부터 그의 정부는 어쨌든 볼리바르의 특기인 전쟁을 수행하는 데 거의 모든 힘을 쏟았다. 결사항전은 여전히 지속되었다. 양측이 포로 가운데 일부를 주기적으로 처형하자, 예컨대 유럽인 열 명에 아메리카인 열 명, 그 뒤에는 반대로 처형함에 따라 치명적인 대응과 보복이 이어졌다. 공화정은 상승 탄력을 받을 수 없는 듯 보였다. 카라카스의 대중은 싸움이 지속되는 데 신물이 났고 그들을 군사적으로 동원하려는 볼리바르의 노력에 날이 갈수록 덜 적극적으로 반응하게 되었다. 그동안 어두운 소나기구름이 베네수엘라 오리노코 강 유역의 평원, 즉 야노에 높이 솟아올랐다. 그곳에서 가장 무섭고 소름 끼치는 대응이 준비되고 있었다.

비카리오가 재판을 받다

베네수엘라 제2공화정의 미덥지 못한 개막과 급속한 몰락은 멕시코 시에서 레오나 비카리오가 반역 혐의로 재판에 회부된 사건과 거의 동시에 발생했다. 레오나의 후견인이자 노골적인 군주 지지파인 삼촌의 충격과 슬픔, 그리고 분노를 상상해보라. 삼촌은 "아버지 폐하"에 대한 불복종이 신에 대한 불경죄와 같다고 공공연히 주장해온 인물이었다. 그러나 독립이라는 대의에 대한 레오나의 지지는 부인할 수 없이 명백했다. 이달고의 반란이 거의 진압된 뒤 모렐로스의 지휘 아래 반란의 불길이 다시 점화되자 레오나는 아메리카 독립의 대의를 공공연히 지지하는 매우 현명하지 못한 태도를 선보였다고 알려졌다. 레오나의 가담 또한 말보다 훨씬 큰 위력을 발휘했다. 레오나는 멕시코 시에 있는 자신의 집을 누에바에스파냐 독립운동 세력의 비공식적 연락 거점으로 만들었다. 실제 레오나와 스스로 과달루페라고 부른 비밀 협력자들의 소규모 연락망은 부왕령의 수도에서 반란 세력의 중추 기관으로 기능했다. 독립운동 세력의 밀사 체계를 통해 레오나는 이곳저곳에 흩어져 있는 반란 지도자들과 암호로 연락을 유지하곤 했다. 레오나는 그들에게 자신이 배정한 암호명을 사용했다. 레오나와 가장 지속적으로 연락을 취한 독립운동의 지도자 가운데 한 사람은 누에바에스파냐의 남부 지방 출신인 안드레스 킨타나 로오였다. 정열적인 언론인이었던 킨타나 로오는 로페스 라욘의 전국협의회에 협조한 바 있었다.

1813년 초 부왕령 당국이 밀사 한 명을 체포했을 때, 레오나의 반역행위가 발각되었다. 레오나에게는 다행스럽게도 독립운동 세력의 동조자 한 명이 시의적절하게 그녀에게 경고했다. 때마침 사육제(謝肉祭)가 펼쳐진 일요일이었기 때문에 레오나는 거리의 혼란을 틈타 탈출할 수 있었다. 추측건대 레오나는 외딴 촌락에서 열리는 연회에 참석하러 하인 몇 명과 함께 멕시코 시를 떠났을 것이다. 하지만 일단 멕시코 시를 벗어나자 그녀는 심신의 불편함을 느꼈고 결국 삼촌에게 항복했다. 레오나의 '간첩' 행위 발각과 그녀의 구금은 멕시코 시에서 화젯거리가 되었다. 그녀는 독립운동의 대의를 손상할지 모르는 어떤 내용도 밝히지 않고 자신을 심문하던 재판관을 압도했다. 심문 내용이 공개되지 않았기 때문에 심문 과정에서 레오나의 기지, 단호한 의지, 그리고 위엄이 어떻게 드러났는지는 그리 잘 알려지지 않았다. 그렇지만 레오나가 감금 상태에서 탈출한 뒤 넓고 인구가 조밀한 멕시코 시로 사라졌다는 이야기는 널리 알려졌고 많은 이들이 이 용감한 아메리카 여인에게 은밀하게 갈채를 보냈다. 검열 탓에 항상 마찰을 일으키던 선구적인 언론인이자 소설가 페르난데스 데 리사르디는 위험을 무릅쓴 채 레오나의 대담한 행동에 탄복하는 논평을 게재하기까지 했다. 구술 전승에 따르면 몇 주 뒤 여인 몇 명이 노새 행렬의 무거운 짐 위에 걸터앉은 채 멕시코 시를 떠났다. 당시 누에바에스파냐의 여느 노새몰이꾼처럼 노새 행렬을 이끈 이들은 모두 파르도였다. 그 행렬 속에 몰래 도시를 빠져나가고자 파르도 여인처럼 옷을 입고 거무스름한 피부로 변장한 레오나가 있었다. 레오나는 킨타나 로오와 재회할 순간을 기대하며 오아하카로 향했다.

아수르두이가 '충성 대대'를 창설하다

후아나 아수르두이는 안데스의 콘도르 둥지에서 네 자녀를 돌보고 칼 휘두르는 법을 배우면서 일 년 가까이 마누엘 아센시오 파디야를 기다렸다. 마누엘이 언제 돌아올지 말했다는 소식과 더불어 카스텔리가 이끈 원정대의 대실패 이후 코차밤바에서 전개된 독립파 여인들의 용감한 투쟁 이야기는 독립운동의 투사가 되겠다는 후아나의 결의를 더욱 단단하게 만들 뿐이었다. 부에노스아이레스가 아메리카 독립의 대의를 위해 알토페루를 확보하려고 두 번째 원정대를 파견했을 때, 후아나와 마누엘은 자녀들을 데리고 원정대에 합류했다. 그때 부에노스아이레스에서 온 장군은 카스텔리의 사촌이자 함께 부에노스아이레스 임시정부를 수립한 바 있는 마누엘 벨그라노였다. 벨그라노는 카스텔리보다 더 붙임성이 좋고 특히 지역 주민들의 가톨릭 보수주의에 더욱 민감하게 반응했다. 후아나와 마누엘 아센시오가 벨그라노를 좋아했듯이 벨그라노 역시 그들을 좋아했다. 알토페루에 도착하기 전에도 벨그라노는 투쿠만과 살타에서 두 차례에 걸쳐 기분 좋은 승리를 거둔 바 있었다.

하지만 알토페루에서 승리하기 위해 벨그라노는 케추아어와 아이마라어를 구사할 수 있는 지역 주민들의 도움이 절실했다. 후아나와 마누엘 아센시오는 농촌에서 자라난 덕분에 두 가지 언어를 구사할 수 있었다. 그들에겐 농촌에서 원주민 병사들을 모집하는 임무가 맡겨졌다. 후아나는 군복을 입고 칼을 지닌 채 말에 올라타 그 임무를 수행했다. 원주민들이 후아나를 파차마마, 즉 대지의 여신이라고 부르기 시작한 점, 그리고 후아나가 새로운 병사 1만 명을 벨그라노의 부대로 끌어들였다

180

는 사실에 비춰 볼 때, 그녀는 원주민들에게 깊은 인상을 남겼다고 볼 수 있다. 그러나 벨그라노는 원래 자신이 지휘하던 제복 차림의 소규모 병사들과 훈련받지 않고 경험이 부족한 대규모 원주민 지원병(마치 이달고의 추종자들을 연상시키는)들을 떼어놓았다. 후아나와 마누엘 아센시오의 지원병들이 원주민이었던 반면 벨그라노의 병사들은 백인과 메스티소로 구성되어 있었다. 원주민들은 곤봉과 아울러 성경 이야기 속에서 다윗이 골리앗을 상대할 때 사용한 것과 비슷한 종류의 투석기(投石器)를 들고 싸웠다. 벨그라노는 원주민들을 보조적인 지원부대로, 특히 산악지대를 돌파할 때 보급품을 운반하고 대포와 포탄을 힘겹게 끌고 가는 짐꾼으로 활용하고자 했다.

1813년 10월 1일 후아나와 마누엘 아센시오는 빌카푸히오라는 곳에서 그들이 충원한 원주민 수천 명이 벨그라노의 지시에 따라 전투에 가담하지 못한 채 벨그라노의 부대가 패배하는 광경을 지켜볼 수밖에 없었다. 소문에 따르면 빌카푸히오 전투가 끝난 뒤 후아나는 자신이 모집한 지원병들의 전장 규율 부족을 우려했던 벨그라노와 맞섰다. 칼데론 다리에서 미겔 이달고의 병사들에게 어떤 일이 벌어졌는지에 관한 소식은 그런 두려움의 확고한 근거를 제공했다. 그리하여 후아나는 벨그라노로부터 훈련 교범을 빌려 자신이 엄선한 "충성 대대"(후아나가 붙인 명칭)를 훈련시켰다. 이를 통해 후아나는 파차마마와 그녀의 병사들이 무슨 일을 할 수 있는지 보여주려고 했다. 불과 몇 주 뒤 벨그라노는 군주 지지파의 부대와 맞섰다가 다시 한 번 패배를 맛보았다. 더군다나 그것은 완패였다. 그러나 벨그라노가 지휘한 제복 차림의 부대원 대다수가 아요우마의 전장을 버리고 떠난 뒤에도 오랫동안 총탄이 지독하게 빗발치는 가운데 대담하게 투석기를 휘돌리면서 저항한 이들은 충성 대대에 속한 원주민들이었다. 전투가 끝난 뒤 벨그라노는 충성 대대의 용맹을 기리기 위해 후아나 아수르두이에게 그의 칼을 선사했다.

마누엘 벨그라노는 동정심 있는 인물이었다. 그는 아르헨티나의 국기를 고안하고 공립 교육을 옹호했으며 처형을 기다리던 포로들을 석방한 조치 때문에 유명해졌다. 또한 그는 불운하게도 아요우마 전투에서 패배한 뒤 알토페루에서 퇴각하면서 포토시의 멋진 조폐국 건물을 폭파하고자 했다. 주지하듯이 조폐국은 에스파냐 권력의 상징이자 적군이 활용할 수 있는 자원이었지만 마을 한복판에 위치해 있었기 때문에 이를 다이너마이트로 폭파하려는 벨그라노의 시도는 그 자신을 포토시의 어느 누구에게도 사랑받지 못하는 존재로 만들어버렸다. 요컨대 부에노스아이레스의 두 번째 알토페루 원정은 첫 원정에서 입증된 시나리오를 재연했다. 평지 주민들의 부대는 한바탕 소동 속에 도착했고 모든 이들을 흥분 속에 몰아넣었으며 두들겨 맞은 뒤 물러났다. 그리하여 알토페루의 독립운동 세력은 귀환하는 군주 세력의 박해를 받을 수밖에 없는 지경에 처했다.

칠판싱고가 하나의 국가를 탄생시키다

남쪽 거점인 칠판싱고에서 모렐로스의 주도 아래 소집된 소규모의 제헌의회는 아나왁(Anáhuac) 의회로 불렸다. 제헌의회의 목적은 새로운 국가의 수립이었다. 아나왁 의회가 1813년 11월 6일 독립을 선언했을 때, 새로운 국가는 여전히 이름을 얻지 못했다. 고대 아스테카를 시적 (詩的)으로 부르는 '아나왁'은 다른 무엇보다도 문학적 표현이었다. '누에바에스파냐'라는 명칭은 애당초 가능성이 없었다. '멕시코'(메히코)라는 명칭이 옛 수도에서 전국 각지로 퍼져나가려면 오랜 시간이 걸릴 수밖에 없었다. 그리하여 멕시코인들은 제헌의회 대표들이 모인 울퉁불퉁한 시에라마드레델수르 산맥의 먼지투성이 작은 촌락의 이름을 따서 이를 칠판싱고 의회로 기억하는 편을 더 선호한다.

이 회합의 주된 목적은 헌법의 작성이었다. 모렐로스는 대표들에게 그가 염두에 둔 바를 간략하게 이야기했다. 이제 왕은 존재하지 않는다고. 왕은 이미 충분히 있었노라고. 폐쇄적인 신분제도 없으며 이미 충분히 오랫동안 존재해왔노라고. 노예제 역시 마찬가지라고. 이제부터 모든 이들은 가톨릭교도이듯 그저 아메리카인이 될 것이며 과달루페 성모 축일과 1810년 이달고의 돌로레스 봉기 기념일은 국경일이 될 것이다. 이런 견해를 밝힌 뒤 모렐로스는 대표들을 각자의 자리로 돌아가도록 했다. 그는 자신을 시골의 가난한 사제일 뿐이라고 설명했다. 아나왁에 관한 화려한 문헌 작업은 그의 몫이 아니었다. 차라리 그것은 칠판싱고에서 레오나와 함께 머물면서 제헌의회의 부의장으로 활약한 안드레스 킨타나 로오 같은 문필가가 해야 할 일이었다.

그동안 모렐로스는 주요 전투에서 여전히 패배하지 않고 있었다. 그는 바로 전해 오아하카를 장악한 뒤 아카풀코마저 점령했다. 그러나 시간이 많이 소요된 포위 공격에서 아카풀코의 항복을 강요함으로써 실제로 즉각적인 이득을 거의 얻지 못한 채 1813년 한 해를 흘려보내고 말았다. 게다가 더 나쁜 소식은 펠릭스 마리아 카예하 장군이 카디스의 명령에 따라 누에바에스파냐의 부왕으로 임명되어 베네가스를 대체한다는 사실이었다. 카예하는 모렐로스의 체포를 맹세했다. 당시 그는 그런 일을 할 수 있는 유일한 인물이었다. 그렇지만 모렐로스는 두려워하지 않는 듯 보였다. 아나왁 의회가 독립을 선언한 뒤 진정한 독립을 성취하기 위해선 더 깊이 숙고할 수 있는 적절한 장소가 필요하다고 생각한 모렐로스는 또 다른 원정에 착수했다. 전국 의회가 모렐로스의 고향으로, 바히오의 비옥한 땅과 과나후아토의 은광지대에 접근하기 쉬운 서늘하고 우아한 바야돌리드에서 소집되면 안 되는 이유라도 있었을까?

페르난도 7세가 시곗바늘을 되돌리다

6년간 프랑스 군의 포로 생활을 마치고 옛 군주가 복귀했다. 마드리드 주민들은 '기대주'의 존재(적어도 그들이 여전히 군주라고 상상하는 특성을 지닌 존재)뿐 아니라 카디스 의회의 모든 결정을 노골적으로 뒤집으려는 군주의 시도마저 칭송하면서 1814년 5월 13일에 페르난도 7세를 성대하게 환영했다. 페르난도는 에스파냐의 모든 공직자들을 그가 처음 왕위에 오른 1808년 당시 그들이 보유하고 있던 관직에 복귀시킴으로써 정치적 변화의 시곗바늘을 되돌렸다. 페르난도는 입헌군주이기를 거부했다. 그는 자유주의 세력의 지도자들을 체포하고 카디스 헌법을 폐기했으며 나중에 새로운 의회를 소집할 것이라고 말하면서 당시 의회를 해산시켰다. 그 약속은 지켜지지 않았다.

페르난도가 절대 권력을 원한 까닭보다는 왜 에스파냐인들이 겉으로는 페르난도가 절대 권력을 지니도록 원했는지가 훨씬 더 불가사의하다. 아마 실제로 에스파냐인들은 여전히 그를 잘 알지 못했을 것이다. 페르난도는 에스파냐인들의 총애를 받는 인물이었고 너무도 일찍 프랑스의 포로로 붙잡혀 갔으며 그때부터 그는 계속 '기대주', 즉 대망(待望)의 대상이 되었다. 전반적인 상황을 고려할 때, 1814년 5월 에스파냐인들은 헌법을 작성한 자유주의자들이 전적으로 프랑스의 영향을 강하게 받았기 때문에 그저 잊어버리는 것이 상책이라는 생각을 받아들이는 듯했다. 물론 에스파냐의 자유주의가 프랑스로부터 상당히 큰 영감을 받은 것이 사실이었고 카디스 의회도 에스파냐 전체에 비해 훨씬 더 자유주의적 색채를 띠었다고 볼 수 있다. 아나왁 의회나 다른 유사한 종류의 전시(戰時) 의회와 마찬가지로 카디스 의회는 실제 선거가 이루어지지 않은 가운데, 즉 엄밀히 말해 대중의 집단적 의지를 온전하게 담았다고 볼 수 없는 상태에서 인민주권을 대표했다. 그러므로 에스파냐인들은 페르난도가 절대 권력을 되찾고 봉건 귀족의 특권을 회복시키며 심지어 종교재판소를 재건하자 이런 움직임을 프랑스 대혁명 전 좋았던 옛날로의 복귀로 상상하면서 그럴듯하다고 환호했을지도 모른다.

식민지의 시간 또한 되돌려졌다. 카디스 의회에 파견된 아메리카인 대의원들의 정중한 청원들은 의제에서 완전히 밀려났다. 페르난도 7세는 그때 수감된 카디스의 자유주의자 가운데 한 명인 과테말라의 신부 안토니오 데 라라사발이나 군주의 대권(大權)을 침해한 반역자 같은 말썽꾼들과 논의할 게 전혀 없다고 보았다. 오히려 페르난도는 아메리카의 문제를 군사적 해법을 통해 처리하고자 했다. 그는 에스파냐가 아메리카로 파견한 부대 가운데 최대 병력으로 꾸려진 재정복 원정대를 가능한 한 신속히 준비하도록 지시했다. 카디스 의회가 선언한 유럽인과 아메리카인의 평등은 아마 입에 발린 말에 지나지 않았을 테지만 그 선언마저도 곧 사라지고 말았다.

나리뇨가 다시 투옥되다

그다음 날 누에바그라나다에서 연로한 혁명가 안토니오 나리뇨가 파스토에 맞서 쿤디나마르카 부대를 지휘하는 동안 페르난도 7세의 지지자들에게 붙잡혔다. 나리뇨는 끝내 생포당하고 말았다.

파스토의 주민들은 페르난도의 아메리카 신민 가운데 가장 강인하고 군주에 충성을 바치며 가장 결심이 단호한 이들이라는 점을 입증했다. 파스토는 주로 안데스 고지대의 특색을 간직한 원주민들로 구성되었다. 파스토의 메스티소와 원주민 농민들은 지역의 사제, 그리고 아메리카 태생 에스파냐인 엘리트들과 더불어 확고부동하게 군주의 편에 섰고 페르난도 7세에 대한 복종을 거부하는 새로운 공화정에 가담할 의사를 전혀 보이지 않았다. 파스토 주민들의 충성은 의심할 바 없이 토착민들의 보수주의에 상응하는 것이었지만 한편 파스토와 키토 간의 오랜 경쟁 관계에 따른 것이기도 했다. 최초의 키토 협의회가 구상한 전략 가운데 하나는 파스토에 대한 공격이었다. 또 두 번째 키토 협의회 역시 잠시나마 파스토를 공격하고 점령했을 때, 파스토 주민들을 아메리카 독립의 대의로 이끄는 데 실패하고 말았다. 나리뇨는 파스토의 주민들이 원하든 원하지 않든 그들에게 자유의 혜택을 전파하겠다고 서약했지만 1814년 중반에 파스토는 누에바그라나다 남부에서 군주 지지파의 단단한 거점으로 우뚝 섰다.

누에바그라나다 남부의 주요 도시로서 파스토에서 그리 멀리 떨어져 있지 않은 포파얀은 1814년 초 나리뇨의 부대에게 함락되었다. 부대가 포파얀에 머물러 있는 동안 나리뇨는 파스토 주민들에게 편지를 보내 아메리카인들이 아메리카인들과 싸워서는 안 된다는 점과 보고타는 파스토가 최선의 이익을 누릴 수 있길 진심으로 바란다는 점을 역설했다. 그러나 원주민들은 투석기에 쓸 자몽만 한 크기의 둥근 돌들을 끌어모으고 나리뇨의 부대가 통과해야 하는 길목 위의 절벽 끝에 커다란 호박돌들을 늘어놓았다. 파스토 주민들 역시 나리뇨의 부대가 파스토로 진격해 오자 몇 가지 지연 전술을 쓰면서 도시를 방어하는 데 적극성을 발휘했다. 마침내 파스토 근처에서 파스토의 결연한 주민들은 나리뇨의 부대를 쫓아버렸고 1814년 5월 14일에는 신원을 확인하지 못한 채 나리뇨를 체포하는 데 성공했다. 나리뇨는 파스토 주민들이 자신에 대해 어떻게 느끼고 있는지 알게 되었고 그리하여 자신은 나리뇨가 아니며 다만 나리뇨의 행방을 알고 있을 뿐이라고 말했다. 이런 식으로 시미치를 떼면서 그는 잘 대우해준다면 나리뇨의 행방을 말해주겠다고 약속했다. 파스토 주민들은 원하는 정보를 캐내기 위해 그를 파스토로

끌고 갔다. 일단 어떤 에스파냐 장군의 보호 아래 위험하지 않게 되자 그 포로는 발코니에 나와 나리뇨의 행방을 알고자 하는 군중을 향해 다음과 같이 조롱했다. "파스토의 주민들아! 너희가 나리뇨 장군을 찾고 있느냐? 그는 바로 여기에 있다."[4]

뜻밖의 일을 당한 파스토의 주민들은 나리뇨의 즉결 처형을 원했지만 그를 구금한 에스파냐 장군은 반항적인 포로를 보호했다. 그 장군은 나리뇨가 포파얀에서 약탈을 방지한 데 대해 감사했다. 게다가 나리뇨는 매우 쓸모 있는 포로였다. 곧 나리뇨는 리마로 보내졌고 그 뒤 한 번 더 쇠사슬에 묶여 카디스로 이송되었다. 그가 에스파냐의 구금에서 벗어나 있던 기간은 4년 정도에 지나지 않았다.

볼리바르가 야네로와 부딪치다

그 사이 볼리바르의 운명도 더욱 나빠졌다. 나리뇨가 체포당한 지 한 달 뒤 볼리바르는 중요한 라푸에르타 전투에서 패배했고 곧이어 베네수엘라의 제2공화정은 급속히 와해되었다. 몬테베르데는 불운한 해방자의 파멸에 전혀 가담하지 않았다. 그때 볼리바르의 호적수로 떠오른 이들은 야노(Llanos)라고 알려진 베네수엘라의 한 지역 전체였다.

야노는 베네수엘라 내륙을 관통하는 오리노코 강 옆에 펼쳐진 평원으로서 1814년 당시 야네로라고 알려진 거친 목부들이 주로 거주하고 인구 밀도가 희박한 소 방목용 변경지대였다. 이때 요긴한 군사적 자산으로서 야네로의 중요성이 부각되기 시작했다. 야네로의 이점은 옛 방식을 고수한다는 데 있었다. 세계사에서 말은 다른 어떤 것보다 중요한

---

4) Rebecca Earle, *Spain and the Independence of Colombia, 1810~1825* (Exeter: University of Exeter Press, 2000), p. 53.

전쟁 수단이었다. 야노에서 확인된 승용마의 유용성과 더불어 야네로의 능숙한 승마술은 엄청난 군사적 역량을 선사했다. 능숙한 승마술 덕분에 그들은 창(槍)을 즉흥적으로 활용할 수 있었다. 식민시대의 건축물에서 공통적으로 나타나는 창문 하나 크기의 격자무늬 쇠창살은 날카롭게 갈려 창끝으로 재탄생한 뒤 대나무 장대 10여 개를 매우 치명적인 무기들로 변모시키곤 했다. 당시 총기가 드물었기 때문에 그런 임시 응변적인 무기들은 한층 더 유용했다. 변경지대의 창기병은 흔히 파르도였고 이들은 아메리카 곳곳에서 무력 충돌이 지속되는 동안 두각을 나타냈다. 그들은 대개 독립운동 세력을 도왔지만 항상 그렇지는 않았다. 파스토 근처에 있는 파티아 계곡의 아프리카계 혈통의 말 사육사들은 군주에 충성을 바치는 파스토 주민들의 효과적인 동맹 세력이었다. 베네수엘라의 야네로들도 적어도 이 무렵에는 토마스 보베스라는 "원주민이 되어버린" 유럽인이 지휘하는 군주 지지파에 속해 있었다. 보베스는 원래 야노의 언저리에 살면서 말, 노새, 쇠가죽 등을 거래하기 위해 베네수엘라에 머물던 선장으로서 다재다능한 인물이었다. 베네수엘라에서 머무르는 동안 보베스는 야네로 가운데서도 탁월한 승마술 덕분에 기수이자 말 사육사로 칭송을 받았으나 포악한 행위를 용인하고 심지어 고무했다는 이유 탓에 악명을 떨치게 되었다. 볼리바르가 결사항전을 원했다면 보베스는 그에게 수많은 죽음을 선사했다.

한편 볼리바르는 또 다른 해방자인 산티아고 마리뇨와 합세했다. 마리뇨는 볼리바르가 이끄는 카라카스 중심의 공화정과는 별도로 쿠마나 근처에서 등장한 동부 베네수엘라의 공화주의 운동을 지휘했다. 1814년 6월 15일 동부와 서부의 해방자들은 라푸에르타에서 물밀듯이 돌진하는 야네로 창기병들과 맞서 크게 패배한 뒤 카라카스로 황급히 떠났다. 카라카스 주민들은 대피하기 시작했고 주민 수천 명은 보베스로부터 벗어나고자 동쪽의 쿠마나를 향해 힘든 여정에 나섰다. 그들의 두려움은 터무니없는 것이 아니었다. 보베스의 소름 끼치는 유머 감각에 관한 한 가지 일화만으로도 두려움의 근거들을 설명하기에 충분할 것이다. 라푸에르타 전투가 끝난 지 몇 주 뒤 웃음을 머금은 보베스는 자신에게 항복한 발렌시아에서 도시의 상류층 여인들을 승리 축하 무도회로 초대했다. 감히 거절하지 못한 여인들은 보베스의 부하들과 춤을 추는 동안 그들의 남편과 아들, 오빠와 남동생 들이 바깥에서 살육당하면서 질러대는 외마디 소리를 들었다. 물론 춤추는 동안 여인들은 그 소리의 정체가 무엇인지 정확히 알 수 없었지만 나중에 그것이 남자들이 죽어가면서 내지른 소리라는 사실을 알게 되었다. 볼리바르가 주도한 공화정의 광장 역시 어떤 재판도 없이 유럽인들을 척살하는 총살형 집행 부대의 총성으로 가득했다. 베네수엘라의 내전은 아메리카의 다른 어떤 곳에서보다 붉은 피로 얼룩지게 되었다.

쿠마나에서 도주한 볼리바르와 마리뇨는 보베스의 창기병들이 모든 반대 세력을 카리브 해로 휩쓸어버림에 따라 다시 한 번 작은 배에 올라탄 뒤 망명길에 오르지 않을 수 없었다. 보베스는 남아 있는 마지막 공화주의 세력을 소탕하는 도중에 사망했지만 그가 지휘한 야네로들은 베네수엘라에서 군사력의 균형을 바꿔놓았다. 다음 두 세대 동안 야네로들의 충성을 얻은 자는 누구든 지배자가 되었고 그렇지 못한 이들은 베네수엘라를 지배할 수 없었다.

산마르틴이 한 가지 계획을 꾸미다

호세 데 산마르틴의 폐병은 에스파냐에 체류할 때부터 시작되었지만 아메리카에서 그것은 덜 심각하기는 해도 만성 결핵으로 진행되었다. 1814년 9월 7일 산마르틴은 아르헨티나의 서쪽 끝 안데스 산맥 기슭의 구릉에 자리 잡은 쾌적한 소도시 멘도사에서 길고 특히 육체적으로 고통스러운 기마 여행을 끝마쳤다. 아마 그는 쾌적한 기후가 건강을 회복하는 데 도움을 주리라고 기대했을 것이다. 그렇지만 더 중요한 고려 사항은 그곳이 그의 전략 계획을 진척시키는 데 기여할 수 있으리라는 점이었다. 계획을 진척시키기 위해 가능하면 무슨 일이라도 하려는 산마르틴의 바람은 그가 멘도사에 도착한 날, 그곳의 카빌도가 기꺼이 거처를 제공했을 때 시험에 직면하게 되었다. 사적인 감사 표시에 대한 산마르틴의 전형적인 반응은 서투른 거절이었다. 멘도사의 유력 인사들을 만족시키고자 끝내 그 호의를 받아들이게 되었지만 그에 앞서 산마르틴은 평소 버릇대로 카빌도의 제안을 일축했다. 산마르틴으로선 계획을 실현하는 데 그들의 협조가 절실히 필요한 참이었다.

산마르틴은 한 해 전에 전략을 검토하면서 얼마간 투쿠만에 머물렀다. 그곳에서 산마르틴은 당시 알토페루에서 패배한 마누엘 벨그라노의 후임자가 되었다. 벨그라노는 산마르틴과 비슷한 성품을 지닌 인물로서 지조가 굳고 사리 분별이 있으며 자신을 잘 드러내지 않았다. 그리하여 두 사람은 만나기 전부터 수차례 편지를 주고받으면서 친밀해졌다. 산마르틴은 지휘권을 차지했으나 벨그라노를 곁에 가까이 두었고 패배한 벨그라노의 부대를 재건하면서 패장의 명예를 지켜주었다. 전장의 영웅적 행위라기보다는 언제든지 끈기 있는 준비, 훈련, 보급 작전이 산마르틴의 장기(長技)였다. 투쿠만에서 산마르틴은 누더기를 걸친 병사들의 제복을 구하고자 애썼고 장교들을 훈련시킬 군사학교를 세웠다. 산마르틴은 북부의 살타 출신인 마르틴 구에메스에게 그곳의 가우초들을 훈련시키고 배치하는 책임을 맡겼는데, 이는 훌륭한 선택이었다. 부에노스아이레스 세력이 알토페루에서 퇴각할 때면 언제나 군주 지지 세력은 뒤이어 남쪽으로 진격했다. 구에메스와 가우초들은 군주 지지 세력의 진격을 성공적으로 막아냈으나 그들의 기능은 방어적이었다.

앞을 가로막고 있는 알토페루는 부에노스아이레스 세력에게 과거 그 어느 때보다 넘어설 수 없는 장벽처럼 보였다. 산마르틴은 두 차례 알토페루 원정에서 실패를 맛본 벨그라노와 다른 역전(歷戰)의 용사들과 대화를 나누면서 고지 점령이 궁극적인 전략 목표, 즉 남아메리카 대륙에서 에스파냐 식민 당국의 최고 전투 사령부였던 리마에 집중하지 못하도록 만드는 치명적인 방해 요인이었다고 결론 내렸다. 산마르틴은 리마를 점령하면 안데스의 고지는 머잖아 반드시 뒤따라오게 될 것이라고 생각했다. 알토페루는 — 현기증이 날 것 같은 고도, 엄청나게 먼 거리, 데사과데로 강 부근의 지리적 병목 때문에 — 병참(兵站) 지원상 넘기 어려운 난관을 지니고 있었다. 산마르틴의 계획은 훨씬 더 남쪽으로 내려가 칠레 산티아고 근처의 좁은 지역에서 안데스 산맥을 넘어 이런 난관을 우회하려는 것이었다. 그곳에서 해상 원정을 통해 실제 리마 부왕청의 현관 앞에 병사들을 상륙시킬 수 있으리라고 기대했다. 산마르틴의 전략은 산티아고로 가는 길목에 가까운 멘도사, 달리 말해 안데스 산맥의 동쪽 사면에서 안데스의 새로운 부대 창설을 요구한 셈이었다. 산마르틴은 부에노스아이레스에 멘도사의 군사적 지휘권을 부여해달라고 요청했다.

그러는 사이 산마르틴의 옛 친구이자 동료인 카를로스 데 알베아르는 부에노스아이레스에서 얼마간 정치적 실권을 쥐게 되었다. 그러나 산마르틴은 관심사의 우선순위가 완전히 다른 알베아르로부터 어떤 도움도 기대하지 않았다. 알베아르는 무엇보다 여전히 부에노스아이레스에 대한 복종을 거부하던 아르티가스의 동부 해안 세력을 무너뜨리려고 했다. 또한 알베아르는 세 번째 알토페루 원정대를 파견하고자 했다.

그리고 알베아르는 가능한 한 자신에게 큰 영예를 돌리기 위해 두 차례의 원정을 스스로 지휘하려고 했다. 그리하여 알베아르는 산마르틴이 멀리 떨어져 있는 멘도사에 배치된 것을 알고 마음을 놓았으며 벨그라노가 외교 사절로서 런던으로 떠나게 되었다는 데 만족스러워했다.

그리하여 1814년 9월 산마르틴은 거의 승산이 없어 보이는 장기적인 계획의 실행을 위해 멘도사에 정착하게 되었다. 그의 건강은 회복되었다. 더 좋은 소식은 그곳에서 부인 레메디오스와 합류하게 되었다는 점이다. 그 뒤 2년 동안 부부는 혼인 생활 가운데 가장 길고 아마 가장 행복한 시간을 함께 보냈다. 그렇지만 바로 옆에서 까다로운 칠레의 독립파 정부가 붕괴되었을 때, 멘도사의 정세는 훨씬 더 복잡해지고 말았다.

랑카과를 기억하라!

1814년 10월 2일 베르나르도 오히긴스는 칠레 중부의 랑카과에 있는 종탑 위에서 당초 약속한 지원군이 도착할 기미가 있는지 정탐하면서 동트는 장면을 지켜보고 있었다. 오히긴스와 그의 부하들은 페루의 부왕 아바스칼에게 충성을 바치려는 군주 지지파 부대의 공세 탓에 궁지에 몰렸고 사방을 방어하고자 바리케이드와 대포로 무장한 채 도시의 중앙 광장에 집결할 수밖에 없었다. 오히긴스 휘하의 병사들은 탄약을 비롯한 무기와 군수품, 그리고 물이 부족했기 때문에 그리 오래 저항할 수 없었다. 알토페루와 키토에서 승리를 거둔 부왕 아바스칼은 상습범과 같은 절대 군주 페르난도 7세를 위해 칠레를 다시 정복할 참이었다.

오히긴스는 협력의 범위를 넓히고자 면밀히 검토했지만, 필요한 도움은 자신의 숙적인 호세 미겔 카레라의 수중에 달려 있다는 사실을 알고 틀림없이 고민에 빠졌을 것이다. 오히긴스와 카레라는 산티아고의 독립파와 콘셉시온의 독립파 사이에 존재하던 칠레의 지역적 분할 구도 속에서 경쟁자로 혁명을 시작했다. 그런 차이와 불화는 유혈 사태 없이 해결되었으나 불편한 감정은 좀처럼 사라지지 않았다.

페루에서 파견된 아바스칼의 첫 원정대가 콘셉시온 부근에 상륙했을 때, 오히긴스와 카레라는 군주 지지파의 침략에 맞서 공동으로 대처하고자 노력했다. 그렇지만 두 인물 사이의 상호 불신은 효과적인 협력을 방해했고 곧이어 페루에서 파견된 두 번째 원정대는 첫 번째 원정대를 강화했다. 오히긴스는 초창기에 페루 원정대와의 소규모 접전에서 몇

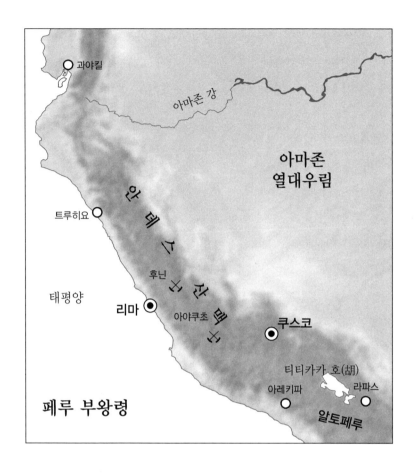

과야킬

아마존 강

아마존
열대우림

트루히요

안데스산맥

후닌

태평양

리마

아야쿠초

쿠스코

티티카카 호(胡)

아레키파

라파스

페루 부왕령

알토페루

차례 성공을 거두면서 독립운동 세력의 군사적 영웅이 되었으나 카레
라는 더 강력한 정치적 연줄을 갖고 있었다. 거만한 카레라는 오히긴스
를 부왕의 사생아이자 원래 혈통과 지능이 열등하지만 갑자기 사회적
으로 출세한 인물로 간주했다. 아바스칼의 세 번째 원정대가 남쪽에 상
륙해 신속하게 산티아고로 진격했을 때, 그 원정대는 오히긴스의 병사
들이 카레라 측에 맞서 작전을 펼치고 있다는 사실을 알게 되었다. 그
리하여 원정대는 경계가 소홀한 틈을 타 그들을 모두 사로잡고 랑카과

194

에서 오히긴스를 함정에 빠뜨렸다.

오히긴스가 카레라의 지원부대를 신뢰하지 못한 것은 일종의 선견지명이었다. 나중에 카레라는 이미 랑카과가 항복했다고 생각했기 때문에 되돌아갔다고 말했다. 카레라가 되돌아가는 모습을 보고 오히긴스는 마지막 공세를 펼치고자 종탑에서 내려왔고 곧이어 공격이 시작되었다. 군수 물자가 바닥을 드러내자 오히긴스는 남은 모든 병력을 포위망을 돌파하려는 마지막 시도에 투입했다. 오히긴스 자신이 용케 해냈듯이 기마병들은 다른 병사 몇백 명과 함께 탈출할 수 있는 최상의 기회를 얻었다. 그럼에도 랑카과를 지키던 병력 1,700명 가운데 약 1,000명이 그날 전사하거나 부상당했고 400명이 포로로 붙잡혔다. 패전 후며칠 동안 피난길에 오른 주민들은 산티아고로부터 안데스를 향해 도주했다. 오히긴스와 카레라는 1810년 이래 칠레에서 다양한 지역 자치기획에 참여한 이들과 함께 대탈출 행렬에 섞여 있었다. 아바스칼이 파견한 페루의 원정대는 콘셉시온의 군사 기지에서 칠레 전역으로 점차부왕의 권력을 회복시켰다. 오히긴스와 카레라 같은 망명객들은 멘도사로 가기 위해 안데스를 넘어야 했다. 칠레인들의 유입은 산마르틴에게 노련한 병사들의 보강뿐만 아니라 골칫거리도 선사했다. 칠레인 사이의 반목이 지속되었기 때문이다.

랑카과 전투는 누군가에 따르면, 칠레의 자치라는 첫 번째 실험이 실패로 돌아가는 순간에, 그리고 장기적으로는 칠레의 독립을 피할 수 없게 되었을 때 벌어졌다. 아무튼 희망의 마력은 패배를 일종의 영감으로바꾸었다. 콰우틀라의 독립운동 세력처럼 랑카과의 독립운동 세력 역시 피투성이가 되었으나 당당하게 저항한 영웅으로 부각되었다. 칠레의 독립운동 세력은 마치 샘 휴스턴이 지휘한 텍사스인들이 알라모를기억하듯이 랑카과를 기억하게 될 터였다. 독립운동의 대의는 전몰 영웅으로부터 새로운 예리함을 얻었고 재정복을 노리는 군주 지지파의 가혹한 처리 방식에서 새로운 설득력을 얻었다. 1814년 말 군주 지지파가 군주의 지배를 다시 강요했을 때, 아메리카 전역에서 그런 일이 발생하게 되었다.

아바스칼이 푸마카와의 반란을 제압하다

1815년 초 페루의 시콰니 근처에서 67살의 마테오 푸마카와는 즉결 처형에 앞서 약식 심문을 받았다. 바로 그날 분명히 끝나게 될 푸마카와의 반란은 에스파냐의 지배에 맞서 페루에서 발생한 도전 가운데 특정 지방 차원의 저항으로는 규모가 매우 컸다. 의심할 바 없이 푸마카와는 아메리카 독립운동에 가담한 것을 후회하고 있었다. 푸마카와는 남부 안데스 지방에서 존경받는 원주민 지도자로 에스파냐의 지배를 충실하게 옹호하면서 인생의 대부분을 지냈다. 그러나 그 인생은 불과 몇 달 전 안데스 산지에 있는 잉카의 옛 수도 쿠스코에서 바뀌고 말았다.

16세기 에스파냐 정복자들은 쿠스코를 대신해 해안가에 새로운 수도를 건설했다. 그러나 잉카의 옛 수도는 식민시대 페루에서 새로운 수도와 경쟁하는 권력과 권위의 또 다른 중심으로 남아 있었다. 쿠스코는 예컨대 아우디엔시아의 소재지였고 에스파냐의 지배 아래 위세를 유지해온 잉카 귀족의 자취를 자랑거리로 삼았다. 푸마카와는 스스로 잉카의 왕족이라고 주장했다. 왕족 혈통을 자랑스럽게 주장한 또 다른 인물은 1780년대 대규모 봉기를 주도한 투팍 아마루였다. 에스파냐의 지배를 옹호한 마테오 푸마카와는 당시 전성기를 누리면서 투팍 아마루와 맞서 싸웠고 심지어 패퇴한 반란 세력에 대한 에스파냐 식민 당국의 보복에 합세하기까지 했다. 에스파냐 군주에 대한 봉사 덕분에 푸마카와는 특별 대우와 더불어 의용대의 고위직을 누릴 수 있었다. 라파스의 독립운동 세력이 1809년 혁명협의회를 수립했을 때 푸마카와의 부하들은 이를 파괴하는 데 협력했고 쿠스코 역시 카스텔리와 벨그라노의 알토페루 침입에 맞서 부왕 아바스칼이 성공적으로 반격을 전개하는 부대의 집결지였다.

아바스칼이 페루에서 마지못해 카디스 헌법을 공포했을 때, 쿠스코와 리마 사이의 숙적 관계는 새로운 단계에 접어들었다. 쿠스코의 아메리카인들은 헌법의 승인에 따라 독자적인 카빌도를 구성하는 데 열의를 보였고 불꽃놀이와 투우를 통해 이를 자축했다. 농촌의 원주민들 또한 축하할 만한 이유가 있었다. 그들은 헌법에 의거한 연례 공납(貢納) 또는 인두세의 폐지를 환영했다. 쿠스코에서 주로 유럽인들로 구성된 아우디엔시아가 아메리카인들이 주도하는 카빌도와 충돌을 빚고 도시 주민들이 카빌도를 지지하자 익숙한 양태가 되풀이되었다. 에스파냐 식민 당국이 (아우디엔시아에서 푸마카와가 유지해온 지위를 무례하게 박탈함으로써, 달리 말해 무감각하게 큰 실수를 저질러서) 푸마카와에게 심각한 무례를 범할 때까지 대학 졸업자들(특히 호세 앙굴로라는 아메리카인)과 사제들이 쿠스코에서 독립운동 세력을 이끌었다. 당시 쿠스코의 아메리카인 지도자들은 군주의 오랜 충신을 현혹하기 위해 노골적으로 페르난도의 가면을 쓰고 푸마카와의 환심을 사려고 했다. 그들은 오랫동안 의용군 지휘관으로 활약하면서 많은 추종자들에게 '잉카'로 추앙받은 푸마카와가 원주민 수천 명을 아메리카 독립이라는 대의로 끌어들일 수 있으리라고 믿었다.

그리고 곧 그런 일이 벌어졌다. 오래 지속되지 못한 푸마카와의 반란은 정점에 도달했을 때 안데스 지역의 주요 도시인 라파스와 아레키파를 장악하기도 했다. 그러나 푸마카와의 반란은 누에바에스파냐에서 이달고의 반란이 보여준 것과 동일한 약점을 드러냈다. 두 가지 사례

모두에서 도시의 백인과 메스티소는 그들이 무장시키거나 적절하게 훈련시킬 수 없었던 원주민 대중을 끌어모았다. 푸마카와가 지휘한 1만 2천 명에서 1만 4천 명 정도의 전사들은 일부를 제외하곤 거의 총기가 아니라 투석기와 곤봉을 지녔을 뿐이었다. 그들은 도시 출신 지도자들의 자유주의적 프로그램과는 동떨어진 전통적 이미지에 감응했다. 푸마카와의 부하들은 이달고의 무리처럼 곳곳에서 약탈을 자행했다. 에스파냐인들의 재산이 주요 약탈 대상이었고 부유한 아메리카인들의 재산도 그 뒤를 바짝 쫓았다. 그 결과 반란에 대한 아메리카인들의 지지세는 급격히 가라앉았다. 푸마카와의 부대가 규모는 훨씬 작지만 잘 무장되고 더욱 규율 잡힌 군주 지지파에게 무너졌을 때, 아메리카인들의 지지는 사실상 소멸되었다. 이는 칼데론 다리에서 카예하가 이달고의 무리를 격퇴했을 때와 흡사한 장면이었다.

패배 직후 체포된 마테오 푸마카와는 1815년 3월 17일 자신의 답변을 줄곧 조롱하던 위압적인 심문관에게 위엄 있게 대응했다. 푸마카와는 호세 앙굴로에게서 페르난도 7세가 프랑스 군에게 포로로 잡힌 상태에서 사망했으며 에스파냐 왕국이 찬탈자들의 손아귀로부터 보호되어야 한다고 들었기 때문에 쿠스코 주변에서 원주민들을 모으는 데 동의했을 뿐이라고 이의를 제기했다. 왜 새로운 정부를 구성하는 문서에 서명했는지 추궁당하자 푸마카와는 그것은 자신도 이해하기 어려운 일이라고 대답했다. 그는 단지 반란에 가담한 민간인 지도자들이 제시하는 대로 승인했을 뿐이라고 말했다. 왜 잉카 황제 와이나 카팍(Huayna Capac)의 혈통임을 드러내는 의복을 착용했는지 추궁당했을 때, 푸마카와는 군복을 제외하곤 다른 어떤 의복도 입지 않았노라고 강변했다. 군주에 대한 반역 행위에는 어떤 형벌이 가해지는지 알고 있느냐는 질문을 받자 연로한 푸마카와는 그 형벌이 죽음일 뿐이라는 것을 알고 있다고 대답했다. 그의 증언 내용이 그에게 다시 낭독된 뒤 그는 서명을 마쳤다. 푸마카와는 관대한 처분을 바라면서 자신이 맡은 역할을 축소했을지도 모른다. 그러나 푸마카와는 증언에 서명하자마자 교수형을 당했고 그의 시신은 목이 잘린 채 이리저리 끌려 다녔으며 사지는 찢겨 나갔다. 그의 잘린 머리는 쿠스코로 보내져 중앙 광장에서 창에 꽂힌 채 전시되었다. 한쪽 팔은 푸마카와가 한때 큰 승리를 거둔 아레키파로 보내져 똑같은 방식으로 전시되었다.

칠레와 마찬가지로 페루에서도 에스파냐 군주의 지배가 확실하게 회복되었다.

이투르비데의 등장

1815년 5월 페르난도 7세의 지배는 누에바에스파냐에서도 다시 확립되었다. 모렐로스가 지휘한 독립투쟁은 칠판싱고 의회의 소집 이후 몇 차례에 걸쳐 패배를 맛보았다. 전국 의회의 소집 장소로 유력시된 바야돌리드를 장악하려는 모렐로스의 시도는 특히 끔찍한 실패로 끝났다. 반란에 가담한 사제의 추종자들이 오랫동안 기록한 연승 행진은 끝내 되돌릴 수 없는 종말에 이르렀다. 누에바에스파냐에선 다양한 소규모 반란 세력들이 잔존했지만 대개 완전히 분열되었고 서로 간의 충돌이 점점 더 많아졌다. 모렐로스의 명운이 쇠하자 또 다른 바야돌리드 출신의 인물이 떠오르기 시작했다.

떠오르는 별은 아구스틴 데 이투르비데였다. 그는 젊고 부유한 지주이자 반란에 가담할 것을 권유하는 모렐로스의 제안을 거부하는 대신 몬테데라스크루세스에서 이달고에 맞서 싸운 민병대의 장교였다. 이투르비데는 바야돌리드에서 모렐로스를 패배의 굴욕 속에 몰아넣는 데크게 기여했고 전투가 끝난 뒤 패잔병에 대한 잔인한 소탕 작전을 주도

했다. 점차 감소하는 모렐로스의 세력과 자리를 잡지 못한 전국 의회가 추적자들을 단지 간발의 차로 앞서며 이리저리 빈번히 이동하는 동안 군주 지지파를 이끈 이투르비데는 독립파 포로들을 무자비하게 다룬다는 평판을 얻게 되었다. 기억할 만한 한 가지 사례는 외딴 산간 마을 아파트싱간(Apatzingán)에서 벌어졌다. 그곳에서 소규모 의회는 끝내 실행될 수 없었던 공화주의 헌법을 작성했다. 당시 부부의 연을 맺은 레오나 비카리오와 안드레스 킨타나 로오는 이 소규모 이동(移動) 정부에서 중요한 역할을 맡고 있었고 아메리카의 독립에 그들의 생명을 걸기로 다짐했다. 1815년 5월 1일 이투르비데는 모렐로스와 전국 의회를 추적하기 위해 새로운 원정대를 이끌었다. 그동안 부왕 카예하는 멕시코시의 중앙 광장에서 아파트싱간 헌법을 불살랐고 교회 당국은 그것을 읽는 자들을 파문에 처할 것이라고 선언했다.

아르티가스가 연방 동맹을 형성하다

아메리카에서 페르난도 7세의 권위가 성공리에 회복되지 않은 유일한 곳은 옛 리오데라플라타 부왕령의 일부 지역이었다. 1815년 중반에 부왕 엘리오는 마침내 부에노스아이레스의 포위군에게 몬테비데오를 넘겨주고 에스파냐로 돌아갔다. 그리하여 카를로스 데 알베아르는 득의양양하게 승리감을 만끽했다. 그렇지만 몬테비데오의 주민들로선 단지 점령자를 교체했을 뿐이었다. 부에노스아이레스의 군대가 엄격한 통제를 유지했고 절실하게 필요한 총기 약 8천 정, 대포 수백 문, 그리고 카를로타 호아키나가 부왕 엘리오에게 보낸 인쇄기를 포함해 상당한 양의 전리품을 빼앗았기 때문이다. 그러나 알베아르는 자신의 정치적 자산을 몬테비데오의 포위 공격에 쏟아부었고 그 과정에서 적대자들을 양산했다. 인생의 놀라운 반전 속에서 알베아르의 주도권은 자신의 부대가 그에 맞서 반란을 일으켰을 때, 갑자기 내파하고 말았다. 그 결과 부에노스아이레스는 몬테비데오에서 군대를 철수시켰고 이로써 호세 아르티가스의 거칠고 촌스러운 추종자들은 몇 년 만에 처음으로 고향의 요새에 진입할 수 있었다.

아르티가스는 부에노스아이레스를 중심으로 중앙집권적 지배를 확립하는 데 전념하고 있던 라우타로 지부에게 최악의 악몽을 선사했다. 부에노스아이레스의 철천지원수로서 아르티가스는 바로 전해인 1814년 내내 연방 동맹을 구축하고자 애썼다. 이 동맹은 옛 리오데라플라타 부왕령에서 자치권을 요구하는 다른 네 지역과 동부 해안을 연결하는 느슨한 연합체였다. 연방 동맹은 규모뿐 아니라 물이 풍부한 목초지, 독자적인 대서양 교역의 가능성을 높여준 우루과이 강과 파라나 강에 가까운 위치 때문에 군사적 차원뿐 아니라 경제적 차원에서 부에노스아이레스에 심각한 위협을 가했다. 곧이어 연방 동맹에 가담한 지역들은 부에노스아이레스를 우회해 각 지역의 하항(河港)에서 쇠가죽과 육포를 수출하기 시작했다. 연방 동맹은 "자유민들의 보호자"라는 직함을 맡고 있던 아르티가스를 명목상의 최고 군사 지도자로 받아들였다. 장차 연방 수도에 가장 적합한 곳이 있다면 그것은 푸리피카시온 (Purificación)에 있는 아르티가스 부대의 진지였다.

변경지대의 개척지이자 군사 기지인 푸리피카시온은 우루과이 강이 내려다보이는 고원 위에 초가지붕을 얹은 움막들이 한 줄로 쭉 늘어선 곳이었다. 그곳은 일부 방문객들에게 선교지처럼 보였고 실제 많은 이들이 푸리피카시온에 거주하는 원주민들의 규모에 깜짝 놀라기도 했다. 그곳에선 물론 과라니어가 에스파냐어만큼이나 흔하게 사용되었다. 또한 푸리피카시온은 포로 수용소로 활용되었다. 아르티가스는 그곳으로 이송된 에스파냐인 포로들에게 소박한 전원생활을 통해 재교육을 받고 아메리카의 농촌과 접하면서 공화주의의 의의와 가치를 배우도록 권고했다. 아르티가스 자신은 가구 한 점 없는 방에서 지냈고 보통 제복 대신에 평범한 농민의 옷차림으로 간소하고 엄격한 생활 태도를 유지했다. 그는 항상 변경의 평원에 사는 보통 사람, 즉 가우초나 원주민과 어울렸다. 아르티가스는 과라니 부족 출신의 청년 안드레스를 양자로 받아들였고 그에게 보낸 편지에서 장차 다가올 "에스파냐인들의 전염병"[5)]에 맞서 부에노스아이레스와 방어 동맹을 이루고자 대표자 회의를 소집하려는 자신의 계획에 대해 설명했다. 아르티가스는 남아 있는 아메리카의 저항 세력을 전멸시키기 위해 페르난도의 대규모 원정대가 카디스에 집결해 있다는 점을 언급했다. 선박 60척과 1만 명이 넘는 병력을 갖춘 원정대에는 나폴레옹의 군대와 맞서 싸우는 동안 잘 단련된 노련한 병사들이 포함되어 있었다. 원정대의 사령관인 파블로 모리요는 나폴레옹에 맞서 싸운 전쟁 영웅이었다. 리오데라플라타는 모리요 원정대의 예상 목표 지점이었고 부에노스아이레스와 연방 동맹이 연합 전선을 형성하지 않을 경우 자칫 손쉬운 먹잇감이 될 공산이 커 보였다.

1815년 6월 29일 우루과이 강 서쪽 기슭에 있는 아로요데라치나 또는 "여인의 개울"이라고 부르는 곳에서 아르티가스가 소집한 소규모 회의가 열렸다. 그곳에서 참가자들은 방어 동맹의 구축을 협의하기 위해 강 하류의 부에노스아이레스로 대표단을 파견하는 데 합의했다. 그렇지만 그들은 부에노스아이레스가 협상할 의향이 없다는 사실을 알게 되었다. 얼마 전 유럽으로부터 도착한 소식에 따르면 모리요의 원정대

---

5) Walter Rela, *Artigas: Cronología histórica anotada, 1811~1820* (Montevideo: Alfar, 2000), p. 126.

는 베네수엘라로 향하고 있었다.

볼리바르가 자메이카 편지를 쓰다

보베스에게 패배한 뒤 자메이카에서 지낸 망명(그 뒤 여기서 설명하기엔 너무나도 복잡해서 모두 기술할 수 없는 여러 가지 모험을 포함해) 기간 동안 시몬 볼리바르는 자신을 실망시키는 아메리카의 변화에 대해 곰곰이 생각할 시간을 얻게 되었다. 한때 부유했던 볼리바르는 1815년 5월 이후 거의 빈털터리 신세가 되었고 셋방에서 생활하며 해먹(그물 침대)에서 자고 친구인 영국 상인에게 음식과 용돈을 지원받고 있었다. 워털루 전투에서 결국 나폴레옹이 웰링턴 공작에게 패배했다는 소식이 자메이카에 전해졌을 때, 볼리바르는 1815년 9월 6일 킹스턴에서 훗날 널리 알려질 "자메이카 편지"를 작성하려고 의자에 앉아 있었다.

볼리바르의 자메이카 편지는 부분적으로는 자메이카에 사는 한 영국인 신사가 그에게 던진 질문에 답하는 형식이었지만 볼리바르는 그 편지가 더 많은 독자들에게 전해지길 바라며 신문에 기고할 참이었다. 그의 자메이카 편지는 본질적으로 영국의 원조를 호소하는 글이었다. 다른 아메리카 출신 지도자들처럼 볼리바르는 친영파(親英派)였고 영국에 대한 원조 요청은 시의적절한 노력으로 인식되었다. 약 10년 동안 나폴레옹 군대에 맞서 싸운 전쟁이 끝난 뒤 영국의 육군과 해군은 평시에 유지하기에는 지나치게 규모가 컸을 것이다. 그리고 세계 최강국의 팽창 욕구는 혹시 아메리카인들에 의해 활용될 수 있을지도 몰랐다. 만일 영국이 아메리카에서 영향력을 강화하고자 한다면 볼리바르는 그 점에 관해 기꺼이 조언하려고 했을 것이다. 실제 볼리바르는 영국을 곧 그렇게 될 존재, 즉 남아메리카의 새로운 헤게모니 세력으로 간주했다.

그러나 볼리바르는 이해관계의 충돌을 원하지 않았다. 영국 상인과 아메리카인 가운데 과연 누가 더 영국과의 교역을 진지하게 원했는지를 말하긴 어렵다. 볼리바르의 자메이카 편지는 어수선해진 아메리카 독립의 대의와 경제적 기회에 대한 낙관적인 전망을 제공했다.

볼리바르는 모리요의 원정대가 확실하게 베네수엘라를 점령할지라도 카르타헤나를 획득하는 데는 실패할 것이라고 주장했다. 그는 독자들에게 칠레와 페루는 언제라도 다시 봉기를 일으킬 수 있다고 장담했다. 그는 누에바에스파냐의 상황이 변화무쌍하고 혼란스럽다고 단언했는데 이는 사실이었다. 그러나 논란의 여지 없이 분명하게 에스파냐의 지배를 용케 벗어난 리오데라플라타 지역만이 실제로 볼리바르의 낙관적인 서술에 부합했다. 하지만 그때조차 리오데라플라타의 모든 지역이 낙관적인 상황은 아니었다. 왜냐하면 볼리바르가 부에노스아이레스와 아르티가스 사이에 벌어지고 있던 동족 간의 대립을 언급하지 않았기 때문이다. 또한 볼리바르는 부에노스아이레스에서 어떤 일이 벌어졌는지 언급하지 않고 부에노스아이레스의 "의기양양한 군대"가 알토페루까지 진격했다고 단언했다.

아메리카의 경제적 잠재력에 관해 볼리바르는 경탄을 금치 못하며 두 손을 들어 올렸다. 아직 개발되지 않은 풍성한 부(富)여! 물론 볼리바르는 신비의 장막에 싸여 있는 게 여전히 많다고 주장했다. 백과사전에 견줄 만한 학식을 지닌 훔볼트조차 남아메리카가 장차 어떻게 발전할지에 대해 적절히 답할 수 없었다. 또한 볼리바르는 새로운 제도와 조치 들이 남아메리카 대륙의 독특한 사회구조에 맞게 조정되어야 한다고 모호하게 말하면서 독립 이후 아메리카가 어떻게 통치되어야 할지 숙고했다. 그리고 그는 영국을 직접 거론하지 않은 채 아메리카를 날개 아래 끌어들여 정치적으로 지도하고 보호할 수 있는 강력하고 자유로운 국가의 필요성을 여러 차례 언급했다. 그런 국가를 과연 어디서 찾을 수 있을까? (나중에 볼리바르는 예컨대 영국이 파나마와 니카라과를 직접 통제하고 그 지역의 한 곳에 두 대양을 잇는 운하를 건설해 그 지협을 국제 교역의 중심지로 만들 수 있을 것이라고 설명했다.)

볼리바르는 포위당한 카르타헤나로부터 지도자로서 도시를 이끌어줄 것을 요청받게 되자 자메이카를 떠나 싸움이 한창인 카르타헤나로 돌아가기로 결심했다. 카르타헤나의 요새는 거의 난공불락이었지만 그곳을 지키는 주민들은 먹을거리를 확보해야만 했다. 볼리바르가 자메이카 편지의 초안을 작성하고 있을 즈음에 모리요는 카르타헤나에 말과 개까지 포함해 단지 40일 치 정도의 식량밖에 남지 않았음을 알리면서 필사적으로 도움을 요청하는 카르타헤나 주민들의 편지를 도중에 가로챘다. 볼리바르는 포위된 도시를 지휘하기 위해 출항했으나 도시를 방어하던 주민들은 그가 항해하는 동안 항복하고 말았다. 볼리바르는 주변을 지나가는 선박으로부터 카르타헤나의 항복 소식을 전해 듣고 진로를 바꿔 아이티에 상륙했다.

주앙 6세가 연합 왕국을 세우다

리우데자네이루에 있는 주앙 6세의 궁정 역시 영국의 영향력에 관심을 보였는데 1815년 무렵에는 그것이 도를 넘어 지나친 듯 보였다. 주앙이 아메리카에선 처음으로 국제 교역을 위해 브라질의 항구를 개방했을 때 입항한 선박의 대다수는 단연 영국 선적이었다. 더욱이 주앙은 영국에 급이 다른 특권을 부여했다. 따라서 영국 상인들은 특별한 법적 지위를 누리게 되었고 비위에 거슬릴 정도로 초법적 행동을 서슴지 않았다. 영국의 개신교 신자들은 제한 없이 신앙생활의 자유를 누릴 수 있었다. 이는 포르투갈의 군주로선 대단한 양보였다. 또한 영국의 외무성은 외교적 압력을 행사하는 데 주저하지 않았다. 영국과 포르투갈은 오랫동안 가까운 관계를 유지했다. 몇 해 전 영국 함대가 나폴레옹의 약탈을 피해 탈출하고자 대서양을 건너는 주앙을 호위한 일은 양국의 친선 관계를 반증하는 가장 두드러진 사례였다.

그러나 이제 영국의 외교관들은 주앙에게 리스본으로 돌아가도록 압력을 행사하고 있었다. 나폴레옹의 패배는 유럽에서 새로운 시대를 열었다. 나폴레옹의 군사적 모험은 구체제의 왕정을 무너뜨리고 대륙 곳곳에서 자유주의 혁명의 발발을 자극했다. 공화정이 성공을 거두지 못한 곳에서조차 입헌군주정이 절대주의 체제를 대체했다. 워털루 전투가 끝난 뒤 오스트리아의 메테르니히 공작이 빈을 중심으로 유럽의 전통적인 군주정 체제를 회복하고자 시도했을 때 이에 대한 반격이 전개되었다. 유럽의 군주들, 즉 인민주권을 행사하기 위해 선출된 대표들의 의회가 승인했기 때문이 아니라 말하자면 신의 은총으로 다스리는 자들은 전통적인 권력과 위엄을 회복하려고 이른바 신성동맹을 맺었다. 에스파냐의 페르난도 7세는 신성동맹이 표방한 절대주의를 채택했다. 그렇다면 포르투갈의 군주 주앙의 선택은 어떠했는가? 포르투갈에는 선출된 대표들의 의회나 헌법이 없었다. 그리고 유럽의 군주에게 아메리카 식민지로 궁정을 옮겨 가도록 승인하는 것은 매우 이례적이었다. 영국인을 비롯한 대다수 유럽인들은 주앙이 리스본의 왕좌로 복귀하는 것을 최상의 방안이라고 생각했다. 영국인들은 주앙이 본국으로 귀환할 때 호위하고자 심지어 해군 함대를 파견하기까지 했다.

주앙은 본국으로 돌아가기를 거부하면서 그런 압력에 분개했다. 프랑스 군이 포르투갈을 떠나자마자 주앙의 포르투갈 신민들은 군주의 귀환을 요청했다. 주앙은 1815년 12월 12일 브라질을 포르투갈과 동등한 지위를 지닌 왕국의 일부로 격상시키는 내용의 헌장을 발표하면서 브라질이 더는 식민지가 아님을 공식적으로 천명했다. 이는 깜짝 놀랄 만한 조치였다. 더욱이 헌장은 브라질과 포르투갈을 단일한 연합 왕국으로 결합시켰다. 자신의 깃펜을 단지 몇 차례 긁어버림으로써 주앙은 공식적으로 브라질과 포르투갈을 자신이 다스리는 왕국의 두 기둥으로 삼았고 에스파냐령 아메리카인들이 몇 년 동안 노력했으나 끝내 성취하지 못하고 만 법적 평등을 브라질인들에게 부여했다. 더욱이 연합 왕국의 궁정은 리스본이 아니라 리우데자네이루에 자리 잡게 될 예정이었다. 브라질인들은 크게 기뻐한 반면 포르투갈의 신민들은 거의 모두, 아마 조제 보니파시우 지 안드라다와 그곳에 거주하는 다른 브라질인들을 제외하곤 달가워하지 않았다. (조제 보니파시우는 당시까지 주앙의 신민으로서 고향인 브라질로 돌아갈 수 있는 승인을 얻지 못했다. 그는 당시 50대였지만 독일에서 광물학을 공부할 때 10년 동안 장학금을 지원받았기 때문에 군주에게 봉사해야만 했고 여전히 학자금 대출을 갚아나가고 있었다.)

또한 주앙은 오스트리아와 동맹을 체결함으로써 영국의 압도적인 영향력에 대처하고 이를 상쇄하고자 노력했다. 군주제 국가가 취할 수 있는 최상의 동맹은 동맹국 왕자와 공주의 혼인이었다. 그러므로 주앙과 카를로타 호아키나는 아들인 페드루 왕자와 오스트리아 공주 레오폴디나의 혼인을 준비하기 위해 빈으로 비밀 사절단을 파견했다. 주앙은 자신의 왕좌를 아예 아메리카로 옮기려는 조치에 틀림없이 찬성하지 않았던 메테르니히를 달래고자 특사를 통해 자신은 리스본으로 돌아갈 의향이 있음을 전달했다. 주앙은 브라질이 에스파냐의 식민지를 여전히 위협하고 있던 혁명적 열기의 감염으로부터 안전해지면 자신은 본국으로 돌아갈 것이라고 약속했다. 레오폴디나 공주는 나름대로 영리하고 활달한 젊은 여성으로서 브라질의 지독한 열대 기후에 대해 우려를 표명하는 속삭임을 대수롭지 않게 여겼고 자신은 항상 아메리카로 가길 원했노라고 분명히 말했다. 또한 레오폴디나는 페드루의 초상화를 좋아했다. 매력 없다고 소문난 양친과는 달리 페드루는 요행히 용모가 출중했다.

자메이카 망명 시절에 시몬 볼리바르가 지나치게 낙관적으로 조망한 바 있는 아메리카인들의 독립혁명이 막을 내리고 있을 때, 브라질에서는 구식의 군주정이 그 어느 때보다 더 강력한 듯 보였다. 친절하지만 나태한 주앙은 청원자들에게 밤마다 공식 접견의 기회를 허용했다. 청원자들은 요구 사항을 설명하기 전에 무릎을 꿇고 주앙의 손에 입을 맞추었다. 카를로타 호아키나는 특히 백성들이 무릎 꿇는 모습을 보면서 기뻐했다. 호위병들은 카를로타를 태운 왕실 마차가 거리를 지날 때 무릎을 꿇지 않은 누구에게라도 상습적으로 칼을 휘둘러댔다. 하지만 거만하고 잘난 체하는 외국인들의 존재는 이와 관련해 몇 가지 문제를 일으켰다. 미국 대사는 무릎 꿇는 것을 거부하면서 만일 카를로타 호아키나의 호위병들이 습관대로 계속 칼을 휘두른다면 그들을 쏘아버리겠다고 위협했다. 또 미국의 한 외교관은 공화주의자가 길거리에서 무릎을 꿇는 일은 없다고 강력히 항의했다. 그리하여 주앙은 배우자에겐 매우 불쾌한 일이었지만 리우에 거주하는 모든 외교 사절에게 특별 면제권을 부여했다.

모렐로스가 반역자로 처형당하다

신을 제외한 어느 누구 앞에서도 무릎을 꿇길 거부한 모렐로스는 1815년 12월 22일에 국가와 군주에 대한 반역자로서 처형당했다. 그 때 리우의 주민들은 주앙이 창설한 연합 왕국의 수도로서 그들이 새롭게 획득한 지위를 축하하고 있었다. 모렐로스는 여러 차례 영국의 지원을 호소했고 미국에는 더욱 집요하게 호소했지만 결코 행운을 누리지 못했다. 불운하게도 모렐로스는 누에바에스파냐 남부의 태평양 연안에 본거지를 마련하고 있었다. 따라서 그는 런던이나 워싱턴으로 직행할 수 있는 대서양 연안의 항구로부터 멀리 떨어지고 말았다. 모렐로스는 뉴올리언스나 필라델피아와 연줄이 닿는다고 주장하던 신뢰하기 어려운 여러 중재자들을 통해 간접적으로라도 미국의 지원을 얻고자 노력했으나 결코 성공하지 못했다. 결국 모렐로스와 그가 이끈 전국 의회는 활동 무대를 누에바에스파냐의 동쪽 해안, 즉 멕시코 만 연안으로 옮기기로 결정했다. 이는 도움이 꼭 필요한 공화파 형제들을 지원해줄 수 있는 미국인들 — 바라기는 진정한 공화파 — 과 더 나은 연락망을 확보하려는 시도였다. 군주 지지파가 결국 모렐로스를 생포한 것은 바로 그가 누에바에스파냐를 가로질러 동쪽으로 향하는 이동(移動) 의회를 호위하고 있을 때였다.

부왕 카예하는 모렐로스를 즉시 멕시코 시로 압송해 관리와 성직자 양측의 철저한 심문을 받게 했다. 반역 혐의로 이 급진적인 사제에게 사형 판결이 내려진 것은 누구나 알 수 있을 정도로 뻔한 결론이었다. 모렐로스는 종교재판소가 자신을 이단으로 판결했다는 사실 때문에 더욱 평정심을 잃은 듯이 보였다. 영혼에 대한 저주와 천벌을 두려워하면서 그는 회개했고 교회 당국이 호의를 베풀어 자신의 사체가 토막 나고 절단되어 공개적으로 전시되지 않도록 선처를 호소했다. 모렐로스의 처형이 위협적인 대중의 저항을 불러일으키지 않을까 염려한 식민 당국은 그를 꽉 막힌 마차에 태워 멕시코 시의 바로 북쪽에 있는 작은 마을 에카테펙으로 이송했다. 그곳에서 모렐로스는 사형 집행대원들이 발사한 총탄에 등을 맞고 사망했으며 그의 사체는 신원 확인 없이 조심스럽게 땅에 묻혔다.

1816년 모리요의 원정대는 누에바그라나다의 재정복을 마쳤고 보고타에 부왕을 복위시켰다. 그때까지 아메리카 출신의 반란 세력은 옛 리오데라플라타 부왕령에서만 지배권을 유지했다. 그곳에서조차 아르티가스와 부에노스아이레스 간의 갈등은 독립파의 약점을 부각했다. 곧이어 주앙의 포르투갈 세력은 이런 약점을 십분 활용했다. 다른 곳에서는 에스파냐 군이 저항 세력을 확실히 궤멸했다. 그러나 드러난 모습은 실상을 속이고 있었다. 에스파냐의 재정복이 보여준 잔혹성은 심지어 독립운동의 반대파에게도 아메리카 독립에 대한 새로운 관심과 호소력을 제공했다. 야만적이기 짝이 없는 내전의 시대는 끝나가고 있었다. 수천 명에 이르는 에스파냐 군인들이 재정복을 마무리하기 위해 아메리카에 도착하자 그 충돌은 예전보다 훨씬 더 아메리카인과 유럽인 간의 대립으로 변모했다. 장기적인 안목으로 볼 때 아메리카 독립이라는 대의가 결코 패배할 수 없는 충돌로 변한 것이었다. 볼리바르는 자메이카 편지에서 "에스파냐와 아메리카의 정신을 화해시키기보다는 두 대륙을 만나게 하는 편이 더 용이할 것"[6]이라고 썼다. 그는 옳았다.

6) *Selected Writings of Bolívar*, ed. Vicente Lecuna and Harold Bierck Jr., trans. Lewis Bertrand(New York: Colonial Press, 1951), 1: p. 105.

1816년에는 인구 밀도가 희박한 리오데라플라타의 일부 지역만 여전히 반란 상태에 있었다. 아메리카 식민지들에 대한 재정복을 완료하고자 페르난도 7세는 카디스에서 두 번째 원정대를 꾸리겠노라고 공언했다. 이 원정의 목표는 의심할 바 없이 부에노스아이레스였다. 누에바에스파냐, 페루, 알토페루의 상황은 당시까지 확고하게 안정적이었기 때문에 매우 충직한 부왕 카예하와 아바스칼은 에스파냐 제국의 구원자로서 명성과 신망을 누리면서 은퇴할 수 있었다. 포르투갈의 군주 주앙 6세(얼마 전 모친인 '광녀 왕후' 마리아 1세의 사망으로 마침내 섭정 황태자의 지위에서 벗어난)는 브라질의 왕위를 완벽하게 장악한 것처럼 보였다. 그러나 몇 년 사이에 에스파냐와 포르투갈의 지배는 최소한의 저항만으로도 약화될 운명이었다. 도대체 무슨 일이 벌어졌을까?

산마르틴이 전세를 뒤집기 시작하다

산마르틴의 부대가 1817년 2월 군주 지지 세력을 격파하기 위해 안데스 산맥을 넘어 장군의 조직적이고 질서 정연한 첫 번째 전략을 실행했을 때, 아메리카인들의 부활이 시작되었다. 야심에 찬 안데스 횡단 공격은 2년에 걸쳐 마련된 복잡한 계획으로서 산마르틴에겐 집요한 준비 과정의 정점이었다. 본래 그는 아무런 기반이 없는 상태에서 자신의 안데스 부대를 조직하고 훈련시켰다. 유럽인들과 교회가 운영하는 농지로부터 몰수한 노예들이 초창기 안데스 부대의 핵심 전력을 이루었다. 산마르틴은 그들에게 제복을 입히고 적절하게 훈련시키려고 무진 애를 썼다. 랑카과 전투가 끝난 뒤 안데스 산맥을 가로질러 달아난 칠레인들은 노련한 병사들을 보강하는 데 큰 도움을 주었다. 베르나르도 오히긴스는 산마르틴과 긴밀하게 협력했다. (그 결과 카레라 가문은 그와 대립하게 되었다.) 그렇지만 산마르틴의 가장 큰 협력자는 멘도사 그 자체였다.

멘도사의 시의회와 일반 시민 모두 산마르틴의 계획에 협조했다. 산마르틴이 군수품과 식량을 준비할 요량으로 세금을 징수하고 대출을 무리하게 요구할 수밖에 없었다는 점을 감안하면 이는 매우 놀랄 만한 일이었다. 산마르틴은 정기적인 훈련, 역량, 장비를 갖춘 직업 장교로서 그의 착상에 따라 오합지졸이 아닌 진정한 군대를 지휘하길 원했다. 멘도사의 여인, 즉 긍지를 지닌 아메리카의 여인들은 독립운동의 대의를 위해 갖고 있는 보석을 기꺼이 내놓았고 군복 수백 벌을 만들기 위해 재봉사로서 노고를 아끼지 않았다. 장인들은 천연 질산염으로 화약을 제조했고 교회의 종을 녹여 대포를 만들었다.

이런 준비 태세는 옛 리오데라플라타 부왕령에 불확실성이 깊어지고 있는 상황 속에서 이루어졌다. 아르티가스가 이끄는 연방 동맹의 힘이 커지면서 부에노스아이레스의 지배에 심각한 도전장을 내밀고 있었다. 부에노스아이레스가 투쿠만에서 전국 의회를 개최하려고 준비했을 때, 연방 동맹은 대표단을 파견하지 않았다. 물론 파라과이나 알토페루 또한 대표단을 보내지 않았다. 그 결과 '잔류파 의회'는 1816년 7월 9일 에스파냐뿐만 아니라 페르난도 7세의 지배로부터 공식적으로 독립을 선언했다. 새로운 국가의 이름은 리오데라플라타 연방으로 알려지게 되었다.

투쿠만 의회에서 산마르틴의 대표단은 독립을 지지했으나 산마르틴 이 진정 원한 것은 아메리카인들의 군주정이었다. 산마르틴은 군주정 이 공화정 — 또는 특히 느슨한 공화국 연합 — 보다 통일성과 안정을 제공하는 데 적합하다고 믿었다. 산마르틴은 카디스 헌법의 요구 사항 과 유사한 형태라기보다는 영국식 입헌군주제, 즉 의회가 제정한 법률 에 군주가 종속되는 제도에 찬사를 보냈다. 따라서 산마르틴은 결코 에 스파냐에 우호적이지 않았다. 그는 무엇보다 자신을 아메리카인이라고 선언했고 인민주권의 원칙을 신뢰했다. 말하자면 그는 통치권이란 신 으로부터 아래로 내려오는 것이 아니라 주권을 지닌 인민, 즉 그들이 이룬 국가와 국민으로부터 상향되는 것이라고 여겼다. 아메리카인들은 군주를 포함해 나름대로 정부 형태를 선택할 독자적인 권리가 있었다.

산마르틴의 판단으로는 에스파냐의 억압적인 칠레 재정복 탓에 독립 운동 세력의 봉기를 실행에 옮길 수 있는 기회가 무르익었다. 산마르틴 은 준비를 서둘렀다. 멘도사에서 안데스 산맥을 횡단해 칠레로 가는 여 정은 높은 산악지대의 통로가 눈과 얼음에서 풀려나는 남반구의 여름 에만 가능하기 때문이었다. 그리하여 산마르틴의 안데스 부대는 1817 년 1월 첫 주에 역사를 바꾸는 임무에 착수했다. 병사들의 제복과 규율 을 과시하고 그들에게 고된 등반에 앞장서도록 독려하기 위해 산마르 틴은 먼저 병사들에게 야영지로부터 멘도사의 중앙 광장으로 행진할 것을 명령했다. 그곳에서 병사들은 공개 의식을 통해 전투 깃발에 충성 을 서약한 뒤 사흘 동안 원형 경기장에서 산마르틴 부대의 장교들이 주로 즐기던 활력 넘치는 투우를 비롯해 다양한 축하 행사를 치렀다. 이어서 부대원들은 적을 혼란시키고자 여러 곳의 대체 경로를 따라가다가 시차를 두고 거대한 안데스의 동쪽 사면을 오르기 시작했다. 이때 칠레의 군주 지지 세력은 습격이 감행되리라는 것을 예상하고 있었지만 산마르틴은 여러 통로를 통해 동시에 칠레에 진입하는 기습 작전을 유지하기로 결심했다. 부대의 진격 속도를 높이기 위해 보급품은 이동 경로 곳곳에 있는 거점에 은닉해놓았다. 이런 사전 작업만 해도 족히 며칠이 소요될 예정이었다. 산마르틴의 부대는 몹시 가파른 비탈 옆의 협소한 길을 따라 아무도 없는 공간으로 열을 지어 행군했다. 산마르틴은 발걸음이 흔들리지 않는 노새의 고삐를 놓아 노새가 목표 없이 그를 지고 가게 했다. 결국 이 지점에선 단지 한 가지 방향만 가능했다. 오직 전진뿐이었다.

칠레를 향해 안데스 산맥의 서쪽 사면을 따라 내려가면서 산마르틴의 두 주력 부대는 계획대로 다시 만났고 1817년 2월 15일 차카부코에서 적군 6백 명을 섬멸하는 큰 승리를 거두었다. 산마르틴의 전략은 주효했다. 바로 다음 날 침투 부대의 선봉대는 칠레의 수도 산티아고에 진입했다. 칠레의 남부, 특히 베르나르도 오히긴스의 고향인 콘셉시온에서는 여전히 페르난도 7세의 지지 세력이 강력했다. 에스파냐 제국의 남쪽 변경에 전통적으로 군주의 군대가 주둔했다는 사실을 감안한다면, 이는 충분히 예상할 만한 상황이었다. 그럼에도 최초의 승리라는 점에서 크게 기뻐할 만했고 산티아고의 주민들은 해방자들을 따뜻하게 맞이했다. 산티아고의 주민들은 부왕 아바스칼이 페르난도 7세의 이름으로 칠레를 재정복하고자 페루에서 파견한 군대에게 토벌당했기 때문에 독립의 의지를 더 분명하게 드러냈다. 차카부코 전투가 끝난 지 며칠 뒤 산티아고의 주민들은 프랑스식 "자유의 모자"〔프리지아 모자]1)를 쓴 채 경축 무도회에 참석했고 당당하게 건배를 제의했다. 모든 참석자들은 포도주 잔을 말끔히 비운 뒤 각자가 든 잔을 산산조각 냈다. 이는 그 잔이 결코 다시 모욕당하고 더럽혀지지 않게 하겠다는 의지를 표현하는 행위였다. 기쁨에 취한 참석자들은 리오데라플라타 연방의 새로운 국가를 끝까지 두 차례나 제창했다.

그날 밤 산마르틴은 소리 높여 노래를 불렀지만 그의 지도력은 새로운 상황 속에서 전반적으로 약해졌다. 세부적인 사안과 활동에 몰두한 산마르틴은 대중의 숭배에 아랑곳하지 않았고 칠레에서 그의 대외 활동 — 이는 그의 전략 계획과 관련해 미묘하고 중요한 문제였는데 — 은 한마디로 대재앙에 가까웠다. 3월에 그는 자신의 경비를 보전하는 차원에서 산티아고가 제공한 1만 페소의 성금을 거부하고 대신 그 성금을 공공 도서관의 건립에 기부했다. 그는 대주교의 공관을 임시 거처로 받아들였으나 그것에 딸린 호화로운 은제 식기로 차리는 음식 접대를 거절했다. 산마르틴은 6천 페소의 연봉 또한 거부했다. 누군가는 이런 엄격하고 욕심 없는 스파르타식 행동이 열렬하게 환영받았을 것이라고 생각하지만 산마르틴은 선물에 대해 고마워할 줄 모르고 열성적인 지지자들에게 둔감한 것처럼 보였다. 항상 개인적 친분 관계에 서투른 편이었던 산마르틴은 칠레에서 지병인 결핵이 더욱 심각해지자 세상에 모습을 드러내지 않으려고 했다. 전염의 위험성 탓에 결핵 환자는 보통 회피의 대상이 되었다. 그뿐 아니라 산마르틴은 가장 선호하던 진통제인 아편에 의존함으로써 사회적 체면을 구기고 말았다.

안데스 산맥을 횡단해 칠레를 공격한 산마르틴의 작전은 원대한 전략의 첫 단계에 지나지 않았다. 그의 궁극적인 목표는 리마였다. 산티아

---

1) 프랑스 대혁명 시기 자유의 상징으로 떠오른 원뿔형 모자. (옮긴이 주)

고와 리마 사이에는 약 1천 6백 킬로미터에 이르는 지구 상에서 가장 건조한 사막이 놓여 있었다. 산마르틴의 계획은 해로를 통해 이 거리를 이동하고 육지와 해상에서 공동 작전을 전개하는 것이었다. 따라서 그에겐 해군이 필요했지만 해군의 창설은 항해의 전통과 재정이 충분하지 않은 신생 공화국에 실로 무리한 주문이 아닐 수 없었다.

브라질이 공화주의에 감염되다

산마르틴의 승리에 이어 주앙 6세를 근심에 빠뜨린 혁명이라는 전염병이 브라질에서도 발생했다. 그렇지만 전염병은 가까운 곳에서 생겨나진 않았다. 브라질인들은 칠레인이나 베네수엘라 주민들과 마찬가지로 유럽으로부터 직접 영향을 받았다. 창설된 지 얼마 지나지 않은 정치 조직의 지부들이 전염의 주요 매개체가 되었다. 1808년 주앙이 브라질의 항구를 개방하자 헤시피 같은 도시에는 다양한 외국의 문물이 유입되었고 급속히 감염되기 시작했다. 당시 페르남부쿠 카피타니아의 면화 호황 덕분에 헤시피는 수많은 유럽 상인들을 끌어들였다. 헤시피에서 1817년 3월에 발생한 반란의 지도자는 한때 런던에 거주한 바 있고 프란시스코 데 미란다와 친분을 쌓은 그 지방의 상인이었다. 지부 모임을 통해 헤시피의 지식인(성직자, 군 장교, 상인, 대농장주를 포함한)들은 인민주권을 비롯한 혁명적 사상의 개념에 대해 토론을 벌였다. 주앙이 파견한 지역의 관리 책임자는 이런 자유주의적 성향의 토론 모임을 알고 있었고 참가자들을 체포하기로 결정했지만 그의 단속은 역효과를 가져왔다. 1817년 3월 6일에 발생한 극적인 사건에서 자유주의적 성향을 지닌 군 장교 하나는 체포에 저항하면서 부대 앞에서 그를 감금하려고 한 군주의 관리를 살해한 뒤 혁명의 함성을 불러일으켰다.

그의 부대는 정식 절차로서 반란을 선언한 장교를 뒤따랐다. 그렇지만 더욱 놀랄 만한 일은 헤시피의 지배층 역시 지체 없이 반란을 승인했다는 점이다. 다음 날 자유주의로 개종한 지식인, 성직자, 군 장교, 상인, 대농장주 들은 페르남부쿠를 공화국으로 선포하고 임시정부를 수립했다. 교회의 고위 성직자들조차 이 공화국을 공식 승인했다. 당시 페르남부쿠의 최고위 판사는 공교롭게도 조제 보니파시우 지 안드라다의 동생인 안토니우 카를루스였다. 1817년 4월 여전히 포르투갈에 있던 그의 형에게 보낸 편지에서 안토니우 카를루스는 자신이 어떻게 페르남부쿠의 새로운 공화국 정부에 가담했는지 설명했다. 그 뒤 페르남부쿠 주민들은 혁명 정신을 고양하려는 의도에서 서로를 "애국자"로 부르기로 결의했다. 노예제를 폐지하려는 시도는 없었지만 폐쇄적인 신분제나 배타적인 계급 구분을 없애고자 했다. 어쨌든 노예제에 바탕을 둔 면화 플랜테이션은 페르남부쿠가 새롭게 번영할 수 있는 토대를 제공했다. 공화주의는 빠르게 확산되었다. 페르남부쿠 가까이에 위치한 두 카피타니아의 항구도시들도 독립을 선포했다.

하지만 새로운 공화국에 대한 대중의 지지는 신뢰할 수 없었다. 대중은 새로운 공화국 정부가 제공하는 두 가지 혜택, 즉 육류에 부과하는 세금의 삭감을 환영하고 병사의 급료 인상에 찬성했다. 또한 그들은 새로운 정부의 단호한 친(親)아메리카인 성향을 지지했다. 이들의 식탁에서는 잠시 동안이나마 브라질의 사탕수수 증류주가 포르투갈의 포도주를 대체했다. 포르투갈 상인들은 대중이 터뜨리는 분노를 도맡아 감수해야 하는 일종의 '피뢰침'이 되었다. 다른 곳과 마찬가지로 브라질에서 빈부귀천을 가릴 것 없이 모든 브라질 태생의 주민들을 쉽게 단결시킬 수 있었던 구호는 바로 "아메리카인을 위한 아메리카! 유럽인 타도!"였다. 상인 집단의 지지를 유지하고자 노력한 헤시피의 임시정부는 다루기 힘든 대중으로부터 상인들의 이익을 보호하기 위해 여러 가지 조치들을 취했다.

독립운동 세력으로선 불운하게도 그들의 적인 주앙 6세는 페르난도 7세와 달리 무기력하게 감옥에 갇혀 있지 않았다. 주앙 6세는 대서양 건너편에 멀리 떨어져 있지 않았을 뿐 아니라 왕권에 대한 노골적인 도전에 신속하게 대처했다. 불과 몇 주 뒤 군주의 군대가 페르남부쿠의 반란을 진압했고 안토니우 카를루스를 비롯한 반란의 주역 수백 명을 투옥했다는 소식이 포르투갈에 있는 조제 보니파시우에게 전해졌을 때, 그의 머릿속에는 여전히 동생이 보낸 편지의 내용이 맴돌고 있었다. 안토니우 카를루스는 그 뒤 4년 동안 바이아의 지하 감옥에서 고생하며 쇠약해질 운명에 처해 있었다. 그 기간 동안 많은 수감자들이 군주에 맞선 반역 혐의로 재판받고 처형당했다.

1817년 반란은 주앙이 자유주의 사상의 전염에 맞서 브라질을 보호하면서 브라질에 머물겠노라고 내린 결정의 정당성을 입증하는 것처럼 보였다. 또한 그것은 고향으로 돌아가려는 조제 보니파시우의 결의를 더욱 단단히 다졌다. 마침내 그는 귀국을 승인받았다.

볼리바르의 중요한 재기

시몬 볼리바르는 "재기(再起)의 화신"이라는 별명을 즐겨 쓰진 않았지만 그 범주에 딱 들어맞는 인물이었다. 1817년 7월 18일 볼리바르의 소규모 부대가 오리노코 강 연안에 있는 중요한 전략적 거점인 앙고스투라를 점령했을 때 그는 1817년 초 남아메리카 남부에서 산마르틴이 그랬던 것처럼 남아메리카 북부에서 에스파냐 세력의 측면을 효과적으로 공략하기 시작했다.

볼리바르는 사실 자메이카 망명 생활 이래 단 한 번이 아니라 몇 차례나 재기에 성공했다. 그는 베네수엘라에서 노예 해방을 실행하겠다는 약속의 답례로 알렉상드르 페티옹 아이티 대통령으로부터 무기를 지원받은 바 있었다. 볼리바르는 옛 동맹자인 산티아고 마리뇨와 베네수엘라에서 실패한 제2공화정 당시 함께 손잡았던 동부의 다른 지도자들을 다시 규합했다. 이들은 아이티에서 볼리바르와 공동 전선을 편 바 있었다. 이들은 볼리바르가 갖고 있지 않았던 것 — 군대 또는 최소한 군대를 조직할 만한 부하 병사 — 을 지니고 있었고 오리노코 강 어귀 부근의 구이리아(Güiria)에 남아메리카 대륙 독립의 발판을 마련했다. 지휘권을 얻은 볼리바르는 중부 베네수엘라를 대상으로 무리한 수륙 양용 작전을 시도하기 위해 병력과 무기를 투입했고 결국 예측과 다르지 않게 좋지 않은 결과를 감수해야 했다. 몇 년 전 푸에르토카베요 근처에서 그랬던 것처럼 다시 한 번 수치심에 얼굴을 붉히게 된 해방자는 병력과 무기를 각자의 운명에 내맡겨버린 채 작은 배를 타고 피난길에 올랐다. 볼리바르는 더 이상 환영받지 못한 구이리아로 끝내 되돌아오기 전까지 카리브 해에서 이리저리 항해하느라 몇 주를 허비했다. 그의 옛 동맹자 가운데 한 사람이 부두까지 따라와 칼끝을 들이대는 바람에 볼리바르는 보트에 올라 다시 한 번 아이티로 향할 수밖에 없었는데 해방자로선 바로 그때가 틀림없이 가장 굴욕적인 순간이었을 것이다. 그럼에도 볼리바르는 몇 달 뒤 그를 성미가 까다로운 독립투사들을 단합시킬 수 있는 유일한 인물이라고 여긴 베네수엘라로부터 돌아와달라는 요청을 받았다.

볼리바르를 다시 불러들인 동부의 지도자 마누엘 피아르는 나중에 그 결정을 후회했다. 피아르는 혁명가로서 뛰어난 자질을 갖추고 있었다. 그의 모친인 이사벨 고메스는 파르도 출신의 산파로서 1797년 "프랑스인들"의 모의에 가담한 바 있었다. 이 모의를 통해 볼리바르의 가정교사였던 시몬 로드리게스는 새뮤얼 로빈슨이라는 가명으로 베네수엘라에서 탈출할 수 있었다. 피아르는 어머니로부터 아이티 혁명의 발발에 고무된 파르도 급진주의의 전통을 물려받았다. 피아르는 제1공화정 당시 미란다의 부하로, 제2공화정 당시에는 마리뇨의 부하로서 활약했고 1817년 초에는 베네수엘라에서 가장 승전을 많이 거둔 독립파 지도자로 떠올랐다. 피아르의 뛰어난 업적은 야네로로 구성된 독립운동 부대의 창설이었다. 보베스의 사망 이후 그가 이끌던 다루기 힘든 부하들은 뿔뿔이 흩어졌으나 피아르는 그중 일부를 독립운동 세력으로 끌어들였다. 그 뒤 피아르는 오리노코 강 동쪽의 평원에서 작전을 전개했다. 1817년 4월 피아르의 부대는 오리노코 강의 남쪽에서 증강된 에스파냐 군을 상대로 중요한 승리 — 이는 당시 몇 년 동안 거둔 승전 가운데 가장 중요한 승리였다 — 를 거두었다. 그리하여 아메리카 독립의 대의를 위해 값진 자원을 끌어모을 수 있었다. 더욱이 피아르의 승리는 과야나와 앙고스투라에 있는 에스파냐 군의 거점을 크게 약화시켰고 결국 그들의 퇴진을 이끌어냈다.

볼리바르는 피아르의 승리를 축하한 뒤 그를 보직에서 해임했다. 낙담한 피아르는 볼리바르의 부대를 이탈한 뒤 볼리바르가 자신을 파르도라는 이유로 차별했다고 비난했다. 이런 비난은 파르도가 다수를 차지하던 야노에서 매우 미묘한 문제였다. 그리하여 볼리바르는 급히 서둘러 피아르의 체포를 지시했고 1817년 10월 약식 군사법원의 판결을 거쳐 가장 승전을 많이 거둔 자신의 부하 장군을 앙고스투라의 광장에서 총살형에 처했다. 아무리 좋게 해석해도 이는 매우 드문 사례였다. 이튿날 볼리바르는 파르도 부대 앞에서 장광설을 늘어놓으며 인종차별은 과거지사일 뿐이라고 역설한 뒤 상여금의 분배를 약속했다.

마누엘 피아르가 처형된 지 몇 주가 지나지 않아 마침내 볼리바르가 바라던 영국의 원조가 이루어졌다. 영국인 의용대원 8백 명을 태운 선박 다섯 척이 베네수엘라를 향해 닻을 올렸다. 이들은 공식적인 영국군이라기보다는 런던에 있는 볼리바르의 대리인이 나폴레옹 전쟁이 끝난 뒤 제대 군인 약 3만 명 가운데 선발한 용병이었다. 볼리바르는 유럽인들이 주로 창을 갖고 싸우는 거칠고 남루한 자신의 야네로 병사들에게 신식 훈련을 제공하리라고 기대했다. 잉여 장비와 다양한 색상의 제복을 갖춘 영국인 부대는 나름대로 명예를 얻고 돈을 벌며 이국적 정취를 지닌 장소에 체류하고 한두 곳에서 공화국을 수립하기를 기대했다. 그렇지만 다섯 척 가운데 한 척은 승선한 병력 전원과 함께 대서양에서 침몰하고 말았다. 그리고 나머지 부대원 역시 앙고스투라에 상륙하기 훨씬 전부터 급료를 받지 못한 채 열대의 태양뿐만 아니라 유럽의 참새만 한 크기의 모기에 시달렸다. 그들의 환상은 사라지기 시작했고 탈주가 이어졌다. 실망한 대다수 용병들은 전투를 벌이기도 전에 떠나버렸다. 남아 있던 영국인 부대원들은 점차 장교로서 다른 부대에 통합되었다. 에스파냐어를 빨리 습득한 아일랜드 출신의 청년 대니얼 올리어리는 볼리바르의 개인 비서가 되었다.

영국인 부대의 도착은 볼리바르에게 큰 도움이 되지 못했다. 오히려 야네로를 끌어들이려던 피아르의 생각이 정확한 것으로 판명되었다. 이런 상황에서 볼리바르는 서쪽으로 수백 킬로미터 떨어진 오리노코강 상류의 평원 지대에 있는 아라우카와 아푸레에서 활동 중인 다른 독립운동 세력과 접촉했다. 이들은 호세 안토니오 파에스라는 인상적인 야네로의 지휘를 받고 있었다. 파에스와 야네로 부하들의 관계는 아르티가스와 가우초들의 관계만큼이나 친밀했다. 파에스는 거대한 창을 들고 다니는 전사이자 기마술의 명수로서 직접 전속력으로 돌격하거나 가끔 바이킹식의 격렬한 전투에 참여했다. 격렬한 전투는 파에스를 간질 발작과 같은 상태로 몰아넣었고 결국 의식을 잃은 채 벌판에 드러눕게 했다. 파에스는 베네수엘라에서 사회적으로는 백인이었지만 쉴 새 없이 주위에서 지껄여대는 중상모략에 시달렸다. 그의 아버지는 한때 식민 법정에서 "혈통의 순수성"을 변호해야만 했다. 볼리바르가 파에스를 어떻게 생각했든지 간에, 특히 피아르가 없는 상태에서 오리노코 평원의 대부분을 장악하는 데 성공한 파에스는 볼리바르에게 더할 나위 없이 필요한 존재였다. 볼리바르는 파에스와의 회동을 위해 편지를 띄웠고 1818년 1월에 서쪽으로 향했다. 카라카스의 귀족과 무례한 야네로는 잠시 동안 서로를 신중하게 살핀 뒤 크게 웃으며 포옹했다. 남아메리카 대륙의 독립이 좀더 가까워지는 순간이었다.

폴리카르파와 헤르트루디스

그 무렵 새로운 부왕의 주도로 "평화를 되찾은" 보고타에서 공개적인 잔혹 행위가 펼쳐졌다. 이는 아메리카의 다른 지역에서 그랬던 것처럼 에스파냐 군주의 지배에 대한 신뢰를 떨어뜨렸다. 가장 유명한 사건은 아메리카 독립운동을 지지한 혐의로 기소된 여인 폴리카르파 살라바리에타(Policarpa Salavarrieta)의 공개 처형이었다. 폴리카르파는 기소 내용대로 유죄 판결을 받았다. 혁명 발발 첫해에 보고타에서 친척들과 살고 있던 젊은 재봉사 폴리카르파는 평소 나리뇨를 존경했기 때문에 자신에게 구혼한 청년 알레호 사바라인을 파스토를 진압하려는 나리뇨의 군사 작전에 참여하도록 부추겼다. 하지만 그 작전은 실패로 끝났고 알레호는 모리요가 누에바그라나다를 재정복한 뒤 전쟁 포로로 잡혀 보고타에 돌아왔다. 이때 폴리카르파는 감옥 주변에서 활동하는 한 독립파 저항 세력에 가담했다. 그 감옥에선 수감자들에게 음식을 제공하지 않았기 때문에 폴리카르파는 연락망을 숨긴 채 알레호를 면회하고 음식을 넣어주곤 했다. 결국 풀려난 알레호와 다른 수감자들은 볼리바르의 세력에 합류하고자 즉시 야노로 향했다. 그들은 폴리카르파 같은 이들이 유지하고 있던 연락망 덕분에 볼리바르의 행방을 알게 되었다. 불행히도 편지 한 통이 식민 당국에게 적발되는 바람에 알레호는 다시 체포되었고 폴리카르파는 당국의 추적을 받기 시작했다. 폴리카르파는 보고타 밖으로 탈주해 체포를 면할 수 있었지만 보고타에서 또다시 투옥된 알레호를 내버려둘 수 없었다. 당국은 끝내 폴리카르파가 숨어 지내는 집을 찾아내 그녀를 투옥했다. 그들은 페르난도 7세에 맞서 반역 행위에 가담한 혐의로 곧 폴리카르파에게 유죄를 선고했다. 폴리카르파의 위풍당당한 저항은 어떤 주저함도 없었다. 건방지게 보이기까지 한 폴리카르파의 당당한 태도 때문에 아마 부왕은 폴리카르파의 공개처형이라는 이례적인 결정을 내렸을지도 모른다. 불멸의 영혼이 위험에 빠질 것을 각오하고 폴리카르파는 유럽 출신의 사제가 베푸는 가톨릭교회의 종부성사를 거부했다. 폴리카르파와 알레호는 마누엘 피아르가 앙고스투라에서 처형된 지 몇 주 뒤에 보고타의 중앙 광장에서 함께 총살당했다.

거의 비슷한 시기에 또 다른 아메리카의 여성 독립투사인 헤르트루디스 보카네그라는 누에바에스파냐에서 유사한 죄목으로 처형당했다. 헤르트루디스는 후아나 아수르두이처럼 원주민들과 매우 친밀한 관계를 맺으며 자라났고 남편과 함께 아메리카 독립운동에 가담하게 되었다. 사실 헤르트루디스는 혼인의 조건으로 남편에게 에스파냐 군주를 위한 공무 수행을 그만두도록 요청하고 남편을 독립운동에 끌어들였다고 알려졌다. 헤르트루디스의 아들 역시 어머니의 영향을 받아 독립운동에 가담했다. 남편과 아들이 살해당하자 헤르트루디스는 생명의 위협을 무릅쓰고 직접 투쟁에 뛰어들었다. 폴리카르파 살라바리에타처럼 헤르트루디스는 비밀리에 보급과 연락 활동을 통해 독립운동 세력을 도왔다. 결국 비밀 연락 활동 때문에 헤르트루디스는 체포되었다. 헤르트루디스는 폴리카르파처럼 독립운동에 가담한 동료들이 누구인지 발설하기를 거부했다. 헤르트루디스는 폴리카르파처럼 처형에 앞서 잠시 눈가리개를 떼어내고 군중을 향해 "자유의 날이 도래하리라"고 외치면서 완강한 저항을 극적으로 표현했다.[2]

게레로의 등장

헤르트루디스는 재정복에 의해 누에바에스파냐가 또다시 식민지로 전락하는 것이 확실해 보였을 때 처형당했다. 모렐로스의 체포와 처형 이후 누에바에스파냐의 독립운동은 차츰 와해되었다. 중앙 집중적 지휘 체계는 흔들렸고 곧이어 작동을 멈췄다. 누에바에스파냐의 서부 고지대에 있었던 반란 세력의 거점들은 하나씩 굴복당했다. 로페스 라욘이 창설한 전국협의회는 모렐로스의 의회와 마찬가지로 끝내 사라졌다. 새로운 부왕이 군림했고 물자들이 이동했으며 식민 당국은 누에바에스파냐의 모든 도시들을 지배했다. 레오나 비카리오와 안드레스 킨타나 로오는 한 번에 몇 개월씩 도시에서 멀찍이 떨어진 남부 산악의 농촌으로 숨어들었다. 레오나는 동굴에서 첫아이를 출산했다. 결국 군주의 부대가 그들을 따라잡아 레오나를 체포하고 말았다. 레오나와 다시 만나기 위해 안드레스는 자신의 항복 문제를 놓고 협상했다. 누에바에스파냐의 여러 곳에서 다른 게릴라 대원들이 계속 저항을 벌였지만 대다수는 그저 살아남으려고 산적 떼로 변모하거나 이미 항복한 상태였다.

---

2) Matilde Gómez, *La epopeya de la independencia mexicana a través de sus mujeres*(Mexico City: ANHG, 1947), p. 22.

그런 점에서 1818년 3월 6일 비센테 게레로가 이끈 하우힐라(Jaujilla)의 함락은 비록 일시적이긴 했지만 주목할 만한 성과였다. 오래지 않아 게레로는 맹렬히 추격해온 군주 지지파를 피해 다른 방향으로 덤불이 덮여 있는 산 중턱을 기어 내려갔지만 끝내 잘 견뎌냈고 1818년 9월에 잇달아 작은 승리를 거두면서 아파트싱간 헌법에 의거해 상징적인 독립정부를 재건할 수 있었다. 마누엘 피아르나 모렐로스와 마찬가지로 게레로는 밝은 색 피부를 지닌 파르도로서 백인으로 받아들여질 수 있었지만 그리 선택하지 않았다. 게레로는 노새몰이꾼이었고 누에바에스파냐의 노새몰이꾼들이 대개 그러하듯이 몇 가지 원주민 언어를 구사할 줄 알았다. 반면 게레로의 부하들은 거의 모두 검은색 피부였다. 그들은 발사스 강 유역과 태평양 연안의 더운 지역 출신의 파르도, 그리고 멀리 남부의 산악지대, 즉 모렐로스와 동향 출신인 원주민들이었다. 더욱이 모렐로스가 직접 게레로를 남부의 지휘관으로 지명했다는 사실을 감안할 때 파르도 장군 게레로는 모렐로스 운동의 계승자로서 손색이 없었다.

　　그동안 백인과 밝은 색 피부의 메스티소로 이루어지고 에스파냐의 자유주의자인 하비에르 미나가 지휘한 일부 독립운동 세력은 뉴올리언스에서 조직된 뒤 탐피코 근처의 멕시코 만 연안에 잠시 모습을 드러냈지만 성과를 거두지 못했을뿐더러 게레로의 세력에 합류하지도 못했다. 두 독립운동 세력 간의 연계 실패는 누에바에스파냐에서 아메리카 독립을 염원한 세력 내에 전통적으로 분열이 존재해왔다는 사실을 뚜렷이 예증했다. 모렐로스의 후계자들은 볼리바르 같은 귀족 출신이나 미나 같은 외국인 자유주의자에게 의존하기보다는 아래로부터 성장한 인재를 지속적으로 신뢰했다. 예컨대 게레로가 틀라위틀란이라는 마을 출신의 페드로 아센시오 알키시라스를 장군에 임명했을 때 알키시라스는 원주민 출신으로 유일하게 독립운동 세력의 장군이 되었다.

그러나 게레로의 게릴라 전쟁이 척박한 남부의 산악지대와 발사스 강 유역에서 오랫동안 연기를 피워 올릴 수 있었을지라도 아마 그 정도쯤이 게레로의 게릴라 부대가 할 수 있는 전부였을 것이다. 게릴라 부대에게는 더욱 광범위한 연계망, 말하자면 미나의 원정대가 제공할 수 있었을지도 모를 폭넓은 시야라는 산들바람이 필요했다.

볼리바르가 보야카 다리에서 승리를 거두다

그러는 사이 야노에서 볼리바르는 파에스에게 부족했던 바로 그 연계망과 시야를 확보하고 있었다. 파에스는 볼리바르의 지도력을 매우 잘 인식하고 받아들였다. 1819년 초 볼리바르는 영국인 의용대의 도착을 환영하면서 몇 년 동안 베네수엘라에 존재하지 않았던 독립정부를 구성하는 데 진력하고자 그의 기병대를 아푸레에 있는 파에스의 지휘 아래 맡겨두었다. 그때 볼리바르가 구상한 독립정부는 이미 그가 한 차례 이상 봉사한 대로 누에바그라나다를 포함할 예정이었다. 앙고스투라에서 제헌의회를 소집한 볼리바르는 누에바그라나다와 베네수엘라에서 대표들을 초청했다. 물론 누에바그라나다와 베네수엘라의 대부분이 에스파냐의 지배 아래 놓여 있었기 때문에 1819년 2월 15일에는 단지 26명의 대표들이 지루하게 긴 볼리바르의 연설을 듣기 위해 앙고스투라에 모였다. 볼리바르는 이 연설을 통해 새로운 공화국 헌법의 원칙을 제시했다. 이 원칙에는 군주에 준(準)하는 권력을 지닌 대통령제와 영국과 유사한 상원의 세습이 포함되었다. "일치단결, 일치단결, 일치단결"이 볼리바르의 신조였다. 그는 에스파냐의 전제 정치 탓에 오랫동안 자치의 경험을 빼앗긴 베네수엘라와 누에바그라나다의 여러 주민들에게는 강력하고 안정적인 권력이 필요하다고 주장하면서 미국에서 시행

중인 연방제에 대해 경고했다. 볼리바르는 인민주권을 신뢰했고 모든 피부색의 인민이 법 앞에 평등해야 한다고 역설했지만 민주주의를 열렬히 지지하진 않았다. 그에 따르면 아메리카는 아직 민주주의의 실행을 위한 준비를 갖추지 못했다. 볼리바르는 연설을 마친 뒤 권력의 상징인 최고 사령관의 지휘봉을 제헌의회 의장에게 넘겨주었다. 그렇지만 바로 다음 날 앙고스투라 의회가 새로운 공화국의 초대 대통령을 지명했을 때, 그 지위는 (누가 봐도 놀랄 만한 일이 아니었지만) 시몬 볼리바르에게 돌아갔다. 며칠 뒤 볼리바르 대통령은 군 지휘권을 되찾기 위해 아푸레로 향했다.

볼리바르와 파에스는 1819년 3월과 4월 에스파냐 군을 완파하고 야노를 장악했지만, 그들은 협력을 도모했을 때조차 베네수엘라의 고지대에서 에스파냐의 재정복 과정을 주도하면서 그들을 궁지에 몰아넣은 모리요의 부대에 도전할 만큼 충분히 강력하진 못했다. 5월에 접어들어 우기(雨期)가 다가오자 볼리바르는 여러 달 동안 불가피하게 군사 작전이 중단되거나 병사들의 탈주가 걷잡을 수 없이 이어질 가능성을 염두에 두면서 위험하지만 기막힌 계획을 추진하려 했다. 이는 두 해 전에 산마르틴이 안데스 산맥을 횡단해 칠레를 공격한 전략에 필적할 뿐 아니라 그것을 보완할 만한 작전이었다. 볼리바르가 세운 작전 계획의 의외성을 이해하려면 세 가지 사항을 알아야만 한다. 첫째, 야노 평원은 아푸레를 넘어 누에바그라나다의 카사나레까지 펼쳐져 있는데, 그곳에서 볼리바르는 물론 파에스도 군사 작전을 전개한 경험이 없었다. 둘째, 우기에는 강이 강둑을 넘어 범람하면서 홍수가 나기 때문에 드넓은 평원은 몇 주 또는 몇 달 동안 물바다를 이루곤 했다. 셋째, 볼리바르가 작전을 실행하기 전 3년 동안 에스파냐의 부왕이 확고히 지배하고 있던 누에바그라나다의 수도 보고타는 야노 평원보다 높긴 하지만 그 가장 자리에 자리 잡고 있었다. 바다에서 꽤 멀리 떨어진 누에바그라나다 내륙의 평원은 가장 외딴 지역이었다. 바꿔 말하면 배후에서 보고타로 접근하는 길은 거의 무방비 상태였다. 그리하여 볼리바르는 우기에 그 경로를 통해 부대를 침투시킬 수 있다면 기습 공격의 유리한 효과를 톡톡히 누리게 될 것이라고 판단했다.

볼리바르는 1819년 5월 회의를 통해 이런 구상을 제시한 뒤 즉시 작전을 개시했다. 볼리바르의 비서인 올리어리의 기록에 따르면 볼리바르의 부대는 일주일 내내 허리춤까지 차오른 강물을 헤쳐나가기도 했다. 그런 상태에서 잠자는 것은 물론 무엇보다 귀중한 화약을 건조한 상태로 보관하기란 거의 불가능한 일이었다. 그럼에도 다행스럽게 야네로로 구성된 부대가 이 기막힌 상황을 견뎌냈다. 게다가 그 가운데 대다수는 단지 허리춤에 두르는 간단한 옷과 식물 섬유로 만든 샌들만을 착용하고 있었다. 카사나레에서 누에바그라나다 출신의 청년 프란시스코 데 파울라 산탄데르가 그들을 만나 서쪽으로 경로를 안내했다. 6월 22일 그들은 안데스 산맥의 고지를 향해 오르고 또 오르기 시작했다. 그 고지는 베네수엘라에서처럼 안데스 산맥의 맨 끝자락이 아니라 마치 산마르틴의 부대가 횡단해 칠레로 침투한 경로와 유사하게 우뚝 솟아오르고 화산이 있는 주맥(主脈)이었다. 하지만 산마르틴의 부대와 달리 볼리바르의 부대는 강물에 잠긴 평원을 가로지르느라 이미 기진맥진한 상태에서 등반을 시작하게 되었다. 또한 체계적이고 꼼꼼한 준비가 없었을뿐더러 경로를 따라 보급품을 세심하게 은닉해놓은 사전 준비도 없었다. 날이 갈수록 오르막길은 더욱 가팔라지고 기온이 떨어졌다. 야네로들의 부실한 의복과 엉성한 샌들은 바위투성이의 산비탈에서 별 소용이 없었다. 평원을 떠나본 적이 없던 말들은 매끄러운 돌 탓에 미끄러지고 넘어졌다. 말 수백 필이 이동로를 따라 주저앉았고 꼼

짝하지도 않으려 했다. 많은 부대원들이 기진맥진한 채 뒤처졌고 체온 저하 탓에 거의 죽어갔으며 일부는 탈주하기 시작했다. 그러나 끝내 볼리바르의 부대는 마지막 산등성이를 넘었고 안데스 고원에 모습을 드러냈다.

그 지역 주민들은 즉시 그들을 도왔다. 추위와 배고픔에 떨고 있던 볼리바르의 병사들은 적과 맞부딪치기 전에 기력을 회복하고자 며칠 동안 지체했다. 그러고 나서 그들은 두 차례 전투를 벌여 모두 승리했다. 결정적인 승리를 거둔 두 번째 전투는 1819년 8월 7일 보야카 다리에서 벌어졌다. 이 전투에서 에스파냐 군은 완전히 무너졌고 1천 6백 명이나 포로로 붙잡혔다. 볼리바르는 말을 타고 보고타로 진입했고 사흘 뒤에 부왕의 관저 앞에 도착해 말에서 내렸다. 그러나 이미 부왕은 왕립 아우디엔시아의 판사 전원과 함께 카르타헤나 방면으로 달아났고 다시는 복귀하지 못했다. 칠레와 마찬가지로 가혹한 에스파냐의 재정복은 독립운동 세력의 재기와 귀환을 예비했다. 모리요가 지휘한 재정복 부대는 유럽인들로 구성되었고 페르난도에게 충성을 바치는 아메리카인들과는 달랐다. 모두 2만 7천 명에 달하는 에스파냐 병사들은 나폴레옹의 패배 이후 아메리카로 파견된 이들로서 그들의 상대편인 아메리카인들을 모두 독립운동 세력으로 규정했다. 그러므로 보고타의 주민들은 볼리바르의 병사들을 영웅으로 환대했고 누에바그라나다의 내륙 곳곳에서 자발적으로 봉기를 일으킨 독립운동 세력은 부왕의 갑작스러운 탈주 소식에 환호했다.

포르투갈인들이 또다시 동부 해안을 침략하다

그동안 호세 아르티가스는 역사상 매우 중대한 주사위 굴리기에서 패배하고 말았다. 종국에 그를 잡은 것은 부에노스아이레스가 아니라 오랜 숙적인 포르투갈인들이었다. 나폴레옹의 패배 직후 주앙 6세는 아르티가스와 연방 동맹이 일으킨 혼란을 리오데라플라타의 동부 해안에 대한 자신의 지배권을 다시 한 번 주장할 수 있는 기회로 활용하기로 결심했다. 이로써 그는 포르투갈인들이 오랫동안 노려온 지정학적 목표 지점을 장악하는 동시에 나폴레옹 전쟁 이후 포르투갈 내부에서 동원 해제와 관련해 발생한 문제들을 처리할 수 있는 묘책을 찾았다. 영국과 에스파냐처럼 포르투갈에서도 병사들이 남아돌았기 때문에 포르투갈의 노련한 병사 약 5천 명이 지체 없이 브라질로 배치되었고 그곳에서 몬테비데오를 향해 출발했다.

아르티가스는 부에노스아이레스에 맞서 지속적으로 힘을 키웠으나 그에게 충성을 바친 원주민과 가우초 창기병 부대는 무기와 보급품이 충분한 포르투갈 군의 집요한 전진을 막을 수 없었다. 주앙의 군대는 동부 해안으로부터 아르티가스를 밀어붙여 결국 그로 하여금 엔트레리오스, 코리엔테스, 미시오네스같이 연방 동맹에 속한 서쪽 지역으로 피신하게 했다. 아르티가스는 과라니어를 사용하는 농촌에서도 큰 어려움을 느끼지 않았지만 자신의 정치적 역정이 종말을 향해 치닫고 있다는 것을 직감했다. 1819년 10월 19일 아르티가스는 만디소비 막사에서 아들 후안 마누엘에게 편지를 썼다. 아르티가스는 아들에게 가족의 재산, 가난한 친척, 노예와 더불어 남아 있는 가족을 잘 맡아줄 것을 당부했다. 처음 신병을 모집했을 때부터 해방된 노예들을 정식으로 받아들인 지도자가 노예제를 전혀 폐지하지 않았다거나 심지어 진지하게 비판하지 않았다는 사실은 무척 흥미롭다.

영토가 점령당하고 병사들이 격감하자 활력을 잃어버린 '자유민들의 보호자'는 망명길에 올랐다. 아르티가스는 다른 독립투사들이 선택한 유럽이 아니라 1811년부터 종신 대통령 가스파르 로드리게스 데 프란시아의 지배 아래 독립을 유지하고 있던 파라과이로 망명했다. 프란시아는 파라과이를 다른 지역으로부터 고립시킴으로써 부에노스아이레스의 궤도에서 이탈시키는 데 성공했다. 프란시아는 아르티가스 같은 명망 있는 지도자를 망명객으로 받아들이려고 특별히 애쓰진 않았지만 (파라과이의 모든 것을 그리했던 것처럼) 아르티가스를 자신의 주시 아래 묶어두는 편이 근처에서 활보하도록 내버려두는 것보다 더 낫겠다고 판단했다.

에스파냐와 포르투갈에서 입헌파의 혁명이 발발하다

페르난도 7세는 나폴레옹 전쟁이 끝난 뒤 제대 군인 문제를 처리할 때, 포르투갈의 군주 주앙 6세가 브라질에서 선택한 것과 동일한 접근 방식을 취했다. 에스파냐에서 자신의 왕위를 지켜준 군인 15만 명 가운데 옥석을 가려내기 위해 페르난도는 반란을 일으킨 아메리카의 신민들을 징벌하는 데 1만 4천 명이 넘는 병사를 파견하기로 결정했다. 페르난도가 아메리카인들의 반란을 처리하는 주된 방식은 언제나 군사적 보복이었다. 모리요가 예전에 지휘한 재정복 부대의 노련한 병사들처럼 페르난도에겐 경험이 많은 장군이 있었다. 다름 아닌 백전백승의 용장이자 누에바에스파냐의 부왕을 역임한 펠릭스 마리아 카예하였다. 카예하는 병사들에게 일단 아메리카에 도착하면 그들이 곧 코르테스와 피사로 같은 전설적인 정복자들의 영화를 능가하게 될 것이라고 단언했다. 그러나 준비 과정이 지루하게 길어지자 카디스에서 수송 선단에 오르기를 기다리던 병사 수천 명은 박봉과 형편없는 처우에 불만을 품게 되었다. 과거 '기대주'였던 군주는 복수심에 불타 프랑스 군에 저항한 자유주의적 애국파에게 점차 박해를 가했고 이는 에스파냐 군 장교 가운데 입헌주의 정신을 소생시키는 계기가 되었다.

1820년 1월 1일 입헌주의 정신은 되살아났고 급기야 아메리카 원정을 떠나기 위해 집결한 카예하의 병사들은 반란을 일으켰다. 반란은 곧 확산되었고 1820년 3월 7일 페르난도 7세는 어쩔 수 없이 마드리드의 왕궁 발코니에서 절대 권력을 포기하고 자유주의적 성격의 카디스 헌법을 회복시킬 것이라고 선언할 수밖에 없었다. 포르투갈에서도 유사한 상황 — 포르투갈에서는 영국군의 장기 주둔이 포르투갈인들의 굴욕감을 불러일으켜 상황이 더 복잡해지고 악화되었다 — 이 펼쳐져 일부 군 장교들이 일종의 모방 봉기를 일으켰다. 포르투갈의 노련한 병사들은 또 다른 이유, 즉 군주가 리우데자네이루에 계속 머물러 있었기 때문에 불편한 감정을 드러냈다. 그리하여 1820년 8월 25일 포르투갈 제2의 도시인 포르투의 수비대가 반란을 일으켰을 때 수비대원들은 중앙에게 즉시 리스본으로 귀환할 것을 요구했다. 또한 그들은 제헌의회의 소집을 요구했다.

에스파냐가 재채기하자 포르투갈이 감기에 걸렸다. 아메리카에서 이런 상황은 장차 어떤 의미를 지니게 될까?

산마르틴이 페루를 향해 출항하다

당시 산마르틴은 칠레에서 막 해답을 얻어낼 참이었다. 몇 년에 걸친 계획과 준비 끝에 그가 지휘하는 함대는 수륙 양용 침투 부대를 태운 뒤 1820년 8월 20일에 닻을 올렸고 페루를 향해 떠났다. 출항하기 직전 산마르틴은 발파라이소 항구에서 작은 보트에 올라 부대를 사열했다. 선원들의 갈채 속에 병사(말 8백 필, 대포 35문, 머스켓 총 1만 5천 자루로 무장한 병사 4천 1백 명)들은 이미 승선했고 해안을 따라 인파가 운집했다.

산티아고의 해방 이후 3년 6개월 동안 산마르틴은 힘든 시기를 보냈다. 여전히 칠레 남부를 장악하고 있던 에스파냐 세력은 독립파의 재기에 맞서 치열한 교전을 벌였다. 페루로부터 병력을 보강한 군주 지지파는 북쪽으로 진격했고 한 전투에서 독립운동 세력을 패퇴시켰으나 끝내 두 번째 전투에서 산마르틴과 오히긴스의 부대에게 굴복했다. 산마르틴은 자신의 전략 계획이 순조롭게 진척되도록 안데스 산맥을 가로질러 멘도사와 부에노스아이레스까지 여러 차례 왕복하곤 했다. 그러나 상황을 복잡하게 만드는 문제들이 더욱 많아졌다. 부에노스아이레스에서는 산마르틴의 계획에 동조하는 라우타로 지부 회원들이 여전히 패권을 쥐고 있었지만 부에노스아이레스는 카디스에 집결한 새로운 재정복 원정대뿐 아니라 (부에노스아이레스가 계속 지배권을 주장해온) 동부 해안에 대한 포르투갈의 침략을 포함해 긴급히 처리해야 할 여러 가지 문제들을 안고 있었다. 훨씬 더 긴급한 사안은 연방 동맹의 일원으로서 부에노스아이레스에 인접한 두 지역 — 산타페와 엔트레리오스 — 이 부에노스아이레스를 위협할 정도로 강력해졌다는 점이었다. 그러므로 산마르틴은 그의 태평양 침투 함대를 유지하는 데 필요한 비용을 부에노스아이레스에서 조달하기가 무척 어려울 것이라고 생각했다. 동시에 오히긴스가 통치하게 된 칠레에서 자금을 조달하는 방안도 그리 용이하지 않은 것으로 판명되었다. 세금과 강제적인 대부(貸付)의 확대는 오히긴스와 산마르틴의 인기를 떨어뜨렸다. 그럼에도 산마르틴은 에스파냐인들로부터 나포하거나 영국과 미국으로부터 구입함으로써 필요한 선박들을 하나하나 획득했다.

전함의 지휘와 통솔은 칠레에서 사실상 존재하지 않았던 전술이었기 때문에 산마르틴의 해군은 해외 시장에서 경험 많은 해군 장교들을 구할 수밖에 없었다. 제대한 영국의 해군 장교들이 얼마간 고용되었다. 그 가운데 스코틀랜드 귀족 출신의 '변절자' 토머스 알렉산더 코크런이 있었다. 제독으로 임명된 코크런은 거만하고 탐욕스러웠으나 다른 한편으론 용맹스럽고 재능이 풍부한 인물이었다. 그는 곧 자신의 가치를 보여주었다. 코크런은 원정을 준비하는 마지막 몇 개월 동안 리마에 대해 몇 차례 예비 침공을 감행했다. 삼엄한 경비가 펼쳐진 리마의 항구에 막혀 묘책을 발휘할 수 없었지만 코크런은 칠레 남부의 탈카와노에 있는 에스파냐의 해군 시설을 급습해 인상적인 승리를 거둠으로써 남부의 에스파냐 세력을 영구적으로 무력화했고 그리하여 산마르틴의 원정대는 배후에서 공격받을지도 모른다는 두려움 없이 북쪽을 향해 출항할 수 있었다.

그렇지만 에스파냐에서 입헌파가 혁명을 일으켰다는 소식이 대서양을 건너 전해지고 산마르틴이 항해를 준비할 때, 리오데라플라타 연방은 완전히 흐트러지기 시작했다. 산타페와 엔트레리오스의 연합 세력, 즉 아르티가스가 예전에 지휘한 부대와 흡사한 가우초 세력은 부에노스아이레스의 부대를 대파했고 끝내 부에노스아이레스의 혁명정부와 투쿠만 의회를 해산시켰다. 그다음 두 세대 동안 부에노스아이레스 시는 단지 부에노스아이레스 지방만을 지배할 따름이었다. 포르투갈인들이 아르티가스의 정치 생명을 끝장냈듯이 연방 동맹은 역설적이게도 부에노스아이레스와 대결해 큰 승리를 거두었다. 산마르틴은 그의 전략 계획을 포기하고 부에노스아이레스를 여러 가지 위험 속에서 구출해내기 위해 안데스 부대를 되돌리라는 요구에 적절히 대응하는 데 거듭 실패했다. 산마르틴은 아르티가스와 다른 연방 동맹의 지도자들에게 편지를 보내 연방주의를 승인하지 말도록 간청했고 발파라이소에서 출항하기 전에 고향 주민들에게 연방주의에 반대하는 성명서를 발송했다. 하지만 산마르틴은 어렵사리 개시된 페루 공격을 포기하라는 요구를 일축했다.

발파라이소를 떠난 지 3주 뒤에 산마르틴의 함대는 페루 남부에 상륙했고 부왕의 대표들은 다양한 토론거리를 갖고 나타났다. 입헌군주로 새롭게 주조된 페르난도 7세는 반란을 일으킨 신민들에게 자유주의적 법안의 혜택을 약속했다. 유럽에서 당시 발생한 사건 때문에 리마 인근의 미라플로레스라는 해안 마을에서 열린 협상은 주저와 동요 속에서 진행되었다. 페루의 에스파냐 관리들은 자유주의적 입헌파뿐 아니라 여전히 절대주의를 지지하는 강경파를 포함하고 있었다. 이들은 서로를 의혹의 시선으로 대했다. 아메리카인들은 다른 문제들의 선결조건으로 에스파냐로부터의 독립 승인을 줄기차게 요구했다. 산마르틴은 군주정을 옹호하는 자신의 신념을 드러내면서도 입헌파와 공통점이 존재할 수 있다는 가능성을 넌지시 비쳤다. 아마 페루는 유럽 명문가 출신의 왕자가 통치하는 독립 군주정이 될 수도 있었다. 그러나 그런 논의들은 아무런 성과를 거두지 못했다.

그리하여 몇 주에 걸쳐 해안가에 식량과 물자를 공급하고 상대방의 주의를 다른 데로 돌리게 하고자 고지대로 원정대를 파견한 뒤 산마르틴의 부대는 노를 저어 작은 수송 선단으로 되돌아갔다. 그들은 리마를 지나쳤고 리마에 공포감을 조성하기 위해 리마의 북쪽 외곽에 허위로 상륙 작전을 벌이는 시늉을 했다. 그 뒤 멀찍이 떨어진 지점으로 물러났다가 1820년 11월 9일 마침내 상륙을 감행했다. 산마르틴은 자신이 지휘하는 4천 1백 명의 병사들이 리마를 장악하더라도 리마 바로 뒤편에서 구름을 뚫고 솟아오른 육중한 안데스의 고지대를 정복하기란 거의 불가능할 것이라고 생각했다. 페루는 단지 진심 어린 지지를 얻을 때에만 장악할 수 있으리라고 판단했다. 당시 에스파냐에서 벌어지고 있던 상황을 감안할 때, 그 순간에는 그럴 가능성도 있는 듯 보였다. 배후지를 급습해 보고타를 공략한 볼리바르의 필사적인 맹렬함과 달리 전략과 신중한 준비는 산마르틴의 보증 수표였다. 따라서 산마르틴의 페루 출정은 시간이 오래 소요되는 군사 작전일 터였다.

이투르비데와 게레로가 세 가지 보증에 합의하다

그동안 누에바에스파냐에서 모렐로스의 망토를 자랑스럽게 걸쳐 입은 파르도 장군 비센테 게레로와 유력한 군주 지지파인 아구스틴 데 이투르비데는 한 가지 중요한 합의에 도달했다. 발사스 강 유역에 있는 무더운 지방의 중심지인 이괄라를 근거지로 삼은 이투르비데는 원래 게레로의 세력을 물리치고자 새로운 부왕이 파견한 인물이었지만 에스파냐에서 입헌파 혁명이 발생한 뒤 다른 마음을 품게 되었다. 에스파냐의 정치적 혼란은 누에바에스파냐에서 페르난도의 충성스러운 부하로 살아온 이들에게 또다시 골칫거리를 안겼다. 이제 더는 존엄한 존재가 아닌 페르난도는 군주로서의 신비감을 상실했다. 누에바에스파냐에 머물러 있던 유럽인들의 거만한 태도는 그 어느 때보다 아메리카인들을 괴롭혔다. 만일 끝내 자유주의적 입헌파가 이기게 된다면 누가 페르난도와 그의 가추핀 총신들을 필요로 하겠는가? 누에바에스파냐는 그 나름의 입헌군주를 갖게 될 가능성이 컸다. 최소한 이투르비데는 그렇게 생각했다.

1810년 이래 누에바에스파냐에서 밝은 색 피부를 지닌 지배층은 맨 처음 이달고, 뒤이어 모렐로스, 마지막으로 게레로를 따랐던 갈색 피부 대중의 독립투쟁과는 거리를 유지했다. 다른 조건이 동등하다면 누에바에스파냐의 크리오요들은 다른 지역의 아메리카인들과 마찬가지로 아메리카 독립운동을 지지하게 될 공산이 컸다. 그들 또한 자유주의적 입헌주의를 받아들일 용의가 있었다. 누에바에스파냐의 크리오요들이 게레로의 세력과 거리를 유지한 까닭은 갈색 피부 대중, 달리 말해 앞서 누에바에스파냐에서 독립운동을 옹호한 바 있는 이달고의 난폭한 추종자들의 망령 때문이었다. 그렇지만 밝은 피부색의 지도자들이 갈색 피부의 대중을 이끌 수 있다면 갈색 피부의 대중은 그리 두렵지 않은 존재였다. 그런 상황이 바로 이투르비데가 노린 기회였다. 게레로의 병사들은 강력한 세력, 말하자면 눈여겨봐야 할 만한 세력이었으나 군사적 관점에서 볼 때 그들은 시에라마드레델수르 산맥의 본거지에 국한되어 있었다. 다른 한편 그들은 사실상 누에바에스파냐 전역을 위해 아메리카 독립의 깃발을 치켜들었다. 이투르비데로서는 게레로의 병사들이 갖지 못한 것, 즉 멕시코 시와 누에바에스파냐 전역의 군사적 · 정치적 연고(緣故)를 유지하고 있었다. 힘을 합친다면 그들은 승리의 동반자가 될 가능성이 컸다.

에스파냐에서 발생한 사건들은 게레로에게 새로운 협상의 가능성을 제시해주었다. 1821년 초에 이투르비데가 접촉을 시도했을 때 게레로는 이를 기꺼이 수용하겠다고 응답했다. 이투르비테는 카디스 헌법의 기본 조항에 따라 누에바에스파냐를 독립 군주정으로 만들 것을 제안했다. 만일 좀더 자세히 카디스 헌법을 검토했더라면 이투르비데는 카디스 헌법이 파르도에게 참정권을 부여하지 않았다는 점과 게레로를 비롯해 남부에서 활약하고 있는 대다수 독립투사들이 파르도였다는 사실에 틀림없이 주목했을 것이다. 이투르비데는 게레로가 단지 백인으로 받아들여지는 데 만족하고 훈장을 수여받을 뿐 그의 부하들을 걱정하진 않을 것이라고 여겼다. 하지만 게레로는 파르도의 참정권 획득을 핵심 쟁점으로 삼았다. 이투르비데는 게레로의 요구에 따랐고 1821년 2월 24일 자신이 작성한 이괄라 강령을 제시했다. 이는 "보증"[3]으로 알

---

3) Theodore G. Vincent, *The Legacy of Vicente Guerrero, Mexico's First Black*

려진 세 가지 기본 합의 사항을 중심으로 다양한 지지자들을 다시 결집함으로써 독립을 성취하려는 의지를 표명한 협정이었다. 첫째 보증은 에스파냐 군주정과의 분리였다. 둘째 보증은 가톨릭교를 공식 신앙으로 삼고 이에 헌신하는 것이었다. 셋째 보증은 새로운 국가를 구성하는 주민들의 평등이었다. 셋째 보증은 사실상 모든 주민에게 중요한 의미를 지닌 조항이었다. 이로써 아메리카 출신의 백인들은 오랫동안 염원해온 목표, 즉 유럽인과 완전히 동등한 지위를 보장받았다. 유럽 출신 에스파냐인들은 독립국가의 정부로부터 생명과 재산의 보호를 다짐받았다. 그리고 원주민들과 아프리카계 주민들은 시민권을 보장받았다.

이괄라 강령이 흡족하게 정리되자 게레로는 이투르비데의 지휘에 따르기로 결정했다.

주앙 6세가 포르투갈로 되돌아가다

그 뒤 누에바에스파냐와 마찬가지로 브라질 또한 심상치 않은 사건에 휘말렸다. 리우데자네이루에서 반란을 일으킨 포르투갈 군 장교들은 주앙 6세에게 그때까지 제정되지도 않은 포르투갈 헌법에 헌신할 것을 선서하도록 강요했다. 그날 22살의 왕자 페드루는 정치적 사건에서 처음으로 주역을 맡게 되었다. 자유주의라는 병균이 왕위 계승자마저 전염시킨 것처럼 보였다.

포르투에서 입헌파가 일으킨 혁명의 잔물결은 몇 개월이 지나 브라질의 해변까지 밀려왔다. 포르투에 관한 소식은 포르투갈에 주둔한 영국 군 사령관 베레스퍼드 장군을 통해 더욱 명확하게 리우데자네이루에

Indian President(Gainesville : University Press of Florida, 2001), p. 125.

알려졌다. 베레스퍼드 장군은 1806년 리오데라플라타에 대한 영국의 난폭한 침입을 주도한 바 있었다. 베레스퍼드는 영국이 포르투갈에 개입한 뒤 몇 년 동안 그곳에서 머물렀으나 입헌파 정부는 베레스퍼드가 이끄는 병사들의 철수를 원했다. 주앙은 특유의 우유부단한 태도 때문에 베레스퍼드를 실망시켰다. 아마 몇 가지 개혁 조치가 필요했을지 모른다. 주앙은 자기 대신 아들 페드루를 포르투갈로 보낼 수 있었을 것이다. 그러는 사이 포르투갈의 입헌파는 브라질 해안의 항구들을 여기저기 방문해 직접 지원을 호소했다. 아마존 강 유역의 입구에 있는 파라와 브라질 제2의 도시인 바이아 주(州)의 사우바도르는 10년 전 에스파냐인들이 그랬던 것과 똑같은 기백으로 자치협의회를 설립했다. 다시 한 번 유럽에서 일어난 사건들이 상위의 권력 당국에 이의를 제기했다. 포르투갈령 아메리카의 여러 카피타니아는 주앙에게 복종해야 하는가 아니면 혁명가들을 따라야 하는가? 달리 말해 리우인가 아니면 리스본인가? 결국 각 카피타니아는 임시협의회를 구성했다.

바이아에서 임시협의회가 구성되었다는 소식이 리우데자네이루에 도착하자마자(누에바에스파냐에서 이괄라 강령이 공포된 지 이틀 뒤) 병사들은 동트기 전 리우데자네이루 주민들의 왕래가 잦은 서민 구역인 호시우에 집결했다. 군 장교들은 포르투갈에서 발생한 입헌파 혁명에 관한 소식을 알리면서 새롭게 소집된 포르투갈의 의회가 어떤 내용의 헌법을 제정하든지 그 헌법을 받아들이고 준수할 것을 주앙에게 요구했다. 겁먹은 군주 주앙은 자신의 부대가 제기한 이런 요구에 점잖게 굴복했다. 주앙은 반란 세력의 요구 사항을 받아들이겠노라고 서면으로 맹세하면서 열성적인 왕자 페드루로 하여금 서약서를 가지고 서민 구역에 다녀오도록 명령했다. 그때까지 주앙이 아들에게 국사(國事)를 맡겨본 적이 없었기 때문에 페드루는 기뻐서 어쩔 줄 몰랐다. 왕자는

자신의 선진적 정치사상에 자부심을 느꼈는데, 1820년대 브라질에서
젊고 국제적인 시야를 지닌 인물이라면 자유주의자일 수밖에 없었다.

페드루는 즉시 말을 몰아 두려워하는 기색 없이 반란 세력이 집결한
호시우에 도착했다. 페드루는 스스로 반란 세력의 대의와 다소나마 관
련이 있다고 느꼈을 뿐 아니라 평범한 병사들과 말에 관해 편안히 이야
기를 나눌 정도로 붙임성이 좋은 왕족이었다. 하지만 그가 주앙의 서약
서를 군중 앞에서 낭독하려고 인근 한 극장의 계단에 올라섰을 때, 반
란을 주도한 장교들은 그것이 대리인을 통한 간접 선언이기 때문에 문
서의 공식성을 수용할 수 없다고 주장했다. 그들은 페드루에게 그의 아
버지를 호시우로 직접 모셔 오도록 요구했다. 그들은 군주가 친히 방문
해 "짐은 헌법의 준수를 엄숙히 맹세하노라"고 선언하는 광경을 지켜보
길 원했다. 그리하여 페드루는 급히 왕궁으로 내달려 아버지를 육중하
고 화려하게 장식된 마차에 모신 뒤 호시우로 돌아왔다. 매우 골치 아
픈 상태에서 체면이 깎인 군주는 절대주의적 방식을 맹세코 포기하겠
다고 공언했다. 이 발언은 거의 모든 이들에게 큰 기쁨을 선사했다. 흥
에 겨운 이들은 말들을 풀어놓았고 길거리에서 환호하며 군주의 마차
(그리고 그 속에 무기력하게 앉아 있는 승객까지)를 잡아당기기까지
했다.

주앙은 며칠 뒤 포고령을 통해 출판의 자유를 승인하고 곧이어 의회
를 구성하기 위해 브라질 대표들의 선거를 공고했다. 또한 분명하게 말
하진 않았지만 주앙은 리스본의 입헌파 정부가 바라는 대로 리스본으
로 향할 것임을 시사했다. 1821년 4월 21일 권력의 이양을 공식화하기
위해 리우데자네이루의 여러 구역에서 선출된 대표들이 소집되었다.
주앙이 떠난 뒤에는 페드루가 리우에서 섭정 황태자의 역할을 맡을 예
정이었다.

이 회합은 리우의 상업거래소에서 개최되었고 자유주의자들이 즉시 입헌 통치를 요구하면서 신속하게 분위기를 장악했다. 리스본 의회가 포르투갈 헌법을 제정할 때까지 그들은 임시로 에스파냐의 카디스 헌법을 자유주의적 입법의 본보기로 채택할 것을 요청했다. 회합을 이끈 지도자들은 요구 사항을 한밤중에 왕궁에 전달했다. 또한 그들은 추후 통지가 있을 때까지 어떤 선박도 리우에서 출항해서는 안 된다고 명령을 내렸다. 젊은 급진파가 주도하는 가운데 이 회합에는 리우의 유명 인사들이 빠짐없이 참여했다. 대다수는 포르투갈인이었다. 그들이 주앙의 출발을 막은 까닭은 군주를 브라질에 머물게 하려는 의도 때문이 아니라 주앙과 궁정의 수행원들이 국고에서 금 보유량의 절반을 빼낸 뒤 종적을 감추려고 모의했다는 풍문이 나돌았기 때문이었다. 압박감을 느낀 주앙은 에스파냐의 헌법에 따라 페드루를 섭정 황태자로 삼는 데 동의했으나 항상 실제보다 이론상으로 더 자유주의적인 페드루는 회합 장소에서 대표들을 쫓아내기 위해 군 부대를 투입했다. 투입된 부대는 상업거래소에 "질서를 회복"시켰지만 그 과정에서 부상자와 사망자가 발생했다. 다음 날 주앙은 에스파냐 헌법에 대한 수용 의사를 철회했다.

주앙은 의심할 바 없이 리우와의 영원한 이별을 슬퍼했지만, 나흘 뒤 항해 준비를 끝마쳤다. 귀청이 터질 듯한 리우의 열대 뇌우마저 더는 그를 괴롭히지 않게 되었다. 반면 카를로타 호아키나는 흥에 겨워 거의 춤을 출 태세였다. 그러나 카를로타는 왕가의 도착을 환영하기 위해 이제 어느 누구도 진창 속에서 무릎을 꿇지 않는다는 사실을 알게 되었을 때, '새로운' 포르투갈을 혐오하게 되었다. 카를로타의 판단으로는 자유주의라는 전염병이 모든 것을 망가뜨려놓았다. 남편 주앙은 체념한 채 새로운 질서를 감수하는 것처럼 보였다. 리스본으로 출항할 선박에 오르기 전날 밤 주앙은 그의 아들을 곁에 두고 앞날을 예지하는 듯이 말했다. "페드루! 만일 브라질이 포르투갈과 갈라져 독자적인 길을 걷게 된다면 너를 위해 그대로 내버려두어라. 나는 네가 버릇없는 건방진 녀석들과는 달리 항상 나를 존경하리라는 것을 잘 알고 있단다."[4]

볼리바르와 모리요가 서로 친숙해지다

보야카 다리에서 볼리바르에게 패배한 뒤 파블로 모리요 장군은 5년 동안 누에바그라나다에서 심혈을 기울여온 자신의 재정복과 질서 회복의 과업이 급속히 무너져 내리는 상황을 지켜보면서 낙담에 빠졌다. 몇 달 새 군주 지지파의 저항은 (부왕 사마노가 나중에 더 멀리 파나마로 달아나기 전 도피처로 삼은) 카르타헤나와 파스토 주변에서만 유지될 정도로 약화되었다. 누에바그라나다의 다른 지역에서 군주 지지 세력은 차츰 약해졌다. 민심의 흐름은 아메리카 독립운동에 호의적인 방향으로 바뀌었다. 에스파냐가 나폴레옹에 맞서 싸운 독립투쟁 당시 애국파의 영웅으로 떠올랐던 모리요는 재정복자의 역할을 결코 좋아하지 않았고 그때에는 사실상 그런 역할을 포기한 상태였다. 에스파냐에서 발생한 입헌과 혁명에 관한 소식이 카라카스에 주둔한 모리요의 진영에 알려진 뒤 모리요는 볼리바르에게 화해의 손짓을 보내기 위해 기꺼이 훈령을 따랐다. 1820년 11월 모리요와 볼리바르는 서부 베네수엘라에서 교착 상태를 전환하고자 회합했다. 애당초 협상단은 6개월 동안 휴전하기로 합의했고 며칠 뒤인 11월 27일에 두 장군은 직접 합의안을

---

4) Octavio Tarquinio de Sousa, *História dos fundadores do Império do Brasil*, vol. 2: *A vida de Pedro I*(Rio de Janiero: José Olímpio Editora, 1957), pp. 265 ~66.

승인하기 위해 서로 만났다. 그들이 대면했을 때 모리요와 볼리바르는 말에서 내려 얼싸안고 부하들에게 큰 바위 하나를 어떤 지점까지 굴릴 것을 명령하면서 장차 그곳에 기념비가 세워질 수 있도록 조치했다. 두 사람은 상대방의 용맹을 칭송하고자 건배하고 영원한 우정을 표명했으며 같은 지붕 아래에서 잠자리에 들었다. 7년 전 볼리바르가 결사항전을 선언한 바로 그 장소에서 그들이 결사항전의 종식을 기념했다는 사실은 참으로 역설적인 우연의 일치였다.

하지만 휴전은 오래가지 않았다. 휴전이 끝나기 전에 볼리바르와 파에스는 여러 가지 문제들을 일거에 해결하고자 모리요의 세력을 공격했다. 그리하여 1821년 6월 24일에 벌어진 카라보보 전투에서 파에스의 야네로 창기병들은 완벽한 승리를 거두었다. 군주 지지파의 사기는 크게 떨어졌고 원래 규모의 10분의 1이 채 안 되는 병사들만 가까스로 살아남았다. 실제로 카라보보 전투의 승리는 베네수엘라의 영구적인 독립을 결정지었다. 호세 안토니오 파에스는 영웅으로 부각되었으나 곧이어 승리를 거둔 독립투사들이 카라카스로 의기양양하게 진입했을 때, 가장 큰 환호를 받은 인물은 시몬 볼리바르였다. 그 뒤 어느 누구도 수년 전 그에게 수여된 해방자의 칭호를 더는 비웃지 못했다.

중앙아메리카 역시 독립을 선언하다

비유적으로 말하자면 도미노가 무너질 때 발생하는 굉음은 1821년 아메리카 도처에서 울려 퍼졌다. 1821년 9월 15일 흥분한 군중이 과테말라 시의 중앙 광장에 모여들었고 대다수는 『자유의 특별한 능력』이라는 제목의 신문 한 부씩을 들고 있었다. 에스파냐의 자유주의 혁명은 언론과 출판의 자유를 선사했고 이에 따라 이투르비데의 이괄라 강령에 관한 소식이 널리 알려졌다. 누에바에스파냐의 군주 지지 세력이 거의 전투를 벌이지 않고 항복하자 이투르비데가 거둔 일련의 승리에 관한 소식이 이어졌다. '세 가지 보증'을 표방한 이투르비데의 부대가 이괄라에서 부유한 바히오 지방으로 진군했을 때, 지방의 의용군들이 일제히 지지 세력을 바꿔 이투르비데의 부대에 합류하면서 그의 세력은 눈덩이처럼 불어났다. 과나후아토, 케레타로, 바야돌리드 등지에서는 거의 아무런 저항도 발생하지 않았다. 과달라하라, 베라크루스, 푸에블라도 뒤따랐다. 1821년 8월까지 누에바에스파냐 중부의 모든 주요 도시들이 이괄라 강령을 받아들였다. 9월 15일에 발행된 『자유의 특별한 능력』은 과테말라 독자들에게 아메리카인들의 승리를 알렸다. 더욱이 신문 기사에 따르면 누에바에스파냐와 경계를 맞댄 과테말라 왕국의 치아파스 지방도 이괄라 강령을 받아들였다. 그 신문은 "과테말라의 주권 만세! 과테말라의 자유와 독립 만세!"라는 표제와 함께 사태의 추이를 대서특필했고 과테말라 시의 주민들은 독립운동을 지지하고자 거리를 가득 메웠다.[5]

게다가 예전에 흔히 그러했듯이 과테말라 시 의회의 공개회의는 대규모 거리 시위에 찬성하면서 잠정적으로 전체 국민을 대표하는 기구로 떠올랐다. 반대는 없었다. 1820년 에스파냐에서 발생한 자유주의 혁명의 여파로 과테말라 시에도 자유주의적 성향의 에스파냐 통치자가 임명되었다. 그는 이괄라 강령에 나타난 대중의 독립 의지를 기꺼이 받아들였다. 곧이어 실시된 선거는 이투르비데를 뒤따르려는 과테말라 왕국 전체(엘살바도르, 온두라스, 니카라과, 코스타리카 지방을 포함해)의 의지를 확인시켜주었다. 그리하여 중앙아메리카의 독립은 유혈 사

---

5) Mario Rodríguez, *The Cádiz Experiment in Central America, 1808~1826* (Berkeley: University of California Press, 1978), p. 146.

태 없이 성취되었다. 오랫동안 카디스에서 아메리카인 대표자 회의를 주도하다가 당시 과테말라로 돌아온 안토니오 데 라라사발 신부보다 이를 더 기뻐한 이는 없었다. 과테말라의 주민들은 카디스 헌법이 부여한 새로운 권한의 중요성을 깊이 깨달았고 라라사발은 연로한 지도자로서 고향에서 존경을 받았다. 라라사발은 1820년 자유주의의 기운이 다시 고조되었을 때 과테말라에서 명성이 자자한 산카를로스 대학의 총장이 되었다. 시의회는 회의실에 라라사발의 초상화를 걸어놓았고 시의회가 1821년 9월 15일 독립을 선포할 때 라라사발은 자연스레 주역을 맡았다. 제정 당시 라라사발이 기여한 바 있는 카디스 헌법은 이괄라 강령에 따라 중앙아메리카의 최고법이 될 터였다.

중앙아메리카는 단 한 차례의 전투도 없이 독립을 이루었다.

이투르비데가 멕시코 제국을 제안하다

1821년 9월이 끝나기 전에 이투르비데의 의기양양한 군대는 당시 아메리카에서 에스파냐 식민 행정의 최대 중심지인 멕시코 시에 진입했다. 멕시코 시는 이달고가 10년 전에 잠시 머문 뒤로는 어떤 봉기 세력도 위협하지 못한 견고한 도시였다. 1810년대에 다루기 힘든 일부 반란 세력들이 여러 지방에서 때때로 골칫거리를 만들어냈을지라도 부왕들은 줄곧 멕시코 시를 확고히 지켜내면서 식민통치의 안정을 도모했다. 그러나 1821년 9월 27일 이투르비데는 '세 가지 보증'을 표방한 부대를 이끌고 멕시코 시에 진입한 뒤 시내 중앙 도로를 가로질러 임시로 설치해놓은 개선문을 통과했다. 멋진 제복을 차려입은 민병대가 그의 뒤를 따랐는데, 역설적이게도 이들은 한 차례도 아메리카의 독립이라는 대의를 위해 싸워본 적이 없었다. 민병대 뒤에는 수차례 격렬한 전투를 벌였지만 단 한 번도 어떤 도시에 발을 들여놓은 적이 없는 갈색 피부의 병사 약 1천 명쯤이 해진 누더기를 걸친 채 행진했다. 이들은 다름 아닌 게레로 장군의 병사들이었다.

얼마 전 에스파냐에서 도착한 새로운 부왕 오도노후(O'Donojú) ― 그에 앞서 부임한 암브로시오 오히긴스와 같이 아일랜드계 혈통을 지닌 두 번째 부왕 ― 가 이들을 기다리고 있었다. 오도노후는 이투르비데가 지휘하는 무장 세력의 의기양양한 순회 행진을 막을 수 없다고 판단했기 때문에 어떤 공세도 취하지 않았다. 그는 페르난도 7세에게 멕시코 제국의 독립을 더는 피할 수 없게 되었다고 보고했다. 그리하여 오도노후는 이투르비데에게 멕시코 시의 열쇠를 선사한 뒤에 함께 멕시코의 대주교가 집전하는 미사에 참석했다.

이괄라 강령은 새로운 멕시코 제국의 제위가 아메리카에서 왕위를 차지할 의향이 있는 유럽 국가의 왕자에게 주어져야 한다고 강조했다. 에스파냐 제국을 배신했다는 자책감의 고통을 완화하려는 의도에서 멕시코 제국을 창출해낸 독립운동 세력은 막판에 페르난도에게 그 제위를 제의했다. 페르난도가 멕시코에서 제위에 오르기 위해 에스파냐를 떠난다는 것은 거의 가망성 없는 이야기였기 때문에 페르난도의 동생들로 시작하는 대체 후보의 명단이 마련되었다. 페르난도가 고심하는 동안 이투르비데는 섭정위원회를 구성했고 결국 위원회는 사실상 완전한 지배권을 이투르비데에게 맡겼다. 볼리바르는 멕시코의 해방자에게 축하 편지를 보냈다. 볼리바르는 이투르비데에게 쓴 편지에서 "콜롬비아와 멕시코가 손을 맞잡고 더 나아가 마음을 하나로 모아 전 세계 앞에 우뚝 서자"고 다짐하면서 새로운 두 독립국가의 이름을 선보였다.[6]

---

6) *Selected Writings of Bolívar*, ed. Vicente Lecuna and Harold Bierck Jr., trans. Lewis Bertrand(New York: Colonial Press, 1951), p. 286.

페드루가 계속 머무르겠다고 말하다

멕시코가 독립 제국을 지향하기 시작한 지 몇 주 뒤에 브라질도 그 길을 따랐다. 1822년 1월 9일 페드루 왕자는 궁정의 발코니에서 흥분해 있는 군중을 향해 포르투갈 의회가 얼마 전에 보내온 훈령을 받아들이지 않을 것이라고 천명했다. 그의 부친이 그랬던 것처럼 페드루 역시 포르투갈로의 귀환을 촉구하는 훈령을 거부하고자 했다. 피쿠(fico), 즉 "나는 머물 것"이라는 페드루의 말은 바로 군중이 듣고 싶어 한 약속이었다. 그리하여 페드루의 선언은 그 표현 그대로 역사 속에 뚜렷이 각인되었다. 그러나 군중은 왜 그들이 독자적으로 선출한 대표들이 포함된 포르투갈 의회의 결의에 대해 왕자가 반발하는 모습을 보고 싶어 했을까? 결국 리스본 의회는 몇 개월 전 반란을 일으킨 포르투갈 군과 리우의 주민들에게 굴욕을 당한 주앙이 어쩔 수 없이 복종을 서약할 수밖에 없었던 포르투갈의 새로운 헌법을 작성하고 있었다. 그동안 대체 무슨 새로운 일이 벌어졌는가? 한 가지 흥미로운 변화는 조제 보니파시우 지 안드라다의 귀향이었다.

조제 보니파시우는 마침내 브라질로 돌아왔다. 좀더 정확히 말하자면 그는 사랑하는 고향 상파울루 카피타니아의 최대 항구도시 산투스로 돌아와 연로한 어머니를 껴안았다. 또한 그는 그동안 여러 가지 관심사를 나눠온 동생 마르칭 프란시스쿠를 만나 얼싸안았으나 여전히 바이아의 감옥에 갇혀 있는 막냇동생 안토니우 카를루스와는 만날 수 없었다. 곧 조제 보니파시우는 오랫동안 꿈꿔온 일, 즉 상파울루 카피타니아의 발전을 촉진하는 과업에 헌신하려 했다. 브라질에 도착한 직후 조제 보니파시우와 마르칭 프란시스쿠는 농업 현황과 각종 자원을 조사하기 위해 5주 동안 말을 타고 상파울루 카피타니아의 구석구석을 둘러보았다. 이 순회 여행 기간 동안 조제 보니파시우는 브라질의 전반적인 진보를 위해 가장 강력할뿐더러 논란의 소지가 다분한 권고 사항을 구체화했다. 그것은 바로 노예제의 폐지였다. 몇 개월 지나지 않아 조제 보니파시우는 상파울루의 지방 행정에서 핵심적인 역할을 맡게 되었다. 이때 그는 상파울루를 이끌어가면서 매우 흥미진진한 시절을 보냈다. 리스본 의회에 파견할 지방 대표들이 선출될 무렵 그의 동생 안토니우 카를루스는 포르투갈에서 입헌파 혁명이 발발한 뒤 감옥에서 석방되었고 지방 대표단의 일원이 되었다. 조제 보니파시우는 상파울루의 대표들이 리스본으로 가져갈 공식 훈령을 작성했을 때 자신의 개혁 전망을 문서로 정리할 수 있는 기회를 얻었다. 그가 작성한 희망 사항의 목록에는 노예제 폐지를 비롯해 더 공정한 토지 분배와 (내륙 지방에) 새로운 수도 건설 등의 제안이 담겨 있었다.

그러나 조제 보니파시우는 자신과 같이 시대를 앞서가는 지도자들이 새로운 의회에 기대할 것이라곤 거의 없다는 점을 신속히 깨달았다. 앞서 카디스 의회에 파견된 아메리카인 대의원들과 마찬가지로 리스본 의회에 파견된 브라질 출신 대의원들은 (면적이) 협소한 포르투갈의 대의원들에 비해 수적으로 훨씬 적었다. 물론 그들은 분명히 주목을 받았다. 거리낌 없이 솔직하고 신랄한 독설을 쏟아놓던 안토니우 카를루스는 브라질 대표단의 비공식적 지도자로서 곧 갈등에 휘말렸다. 또 다른 대의원인 시프리아누 바라타는 바이아 출신의 화려한 공화주의자로서 자신의 혁명적 자질을 유감없이 드러냈다. 노련한 모사꾼이자 이따금 정치범으로 수감된 바 있는 바라타는 브라질인 특유의 챙이 넓은 밀짚모자를 쓰고 페르남부쿠식의 무명옷을 입은 채 과장된 브라질식 억양의 포르투갈어를 구사하면서 마치 브라질의 홍보 광고판인 양 리스본 거리를 누볐다. 그러나 포르투갈 대표단의 대다수는 흥겨워하지 않았고 설득당하지도 않았으며 브라질에 대한 포르투갈의 우월적 지위를 되찾는다는 그들의 근본적인 목표를 단념하지 않았다. 브라질과의 독점 교역이라는 특권의 상실은 포르투갈 상인에겐 치명적인 위협이었다. 게다가 의회에 파견된 대다수 포르투갈 대의원들은 훌륭한 입헌주의자였을지는 몰라도 브라질인들을 천박한 식민지인들로 간주했다. 리우데자네이루에서 통치하는 연합 왕국의 구상을 지워버리기 위해 리스본 의회는 브라질 왕국의 분리 계획을 거부했다. 그들은 군주는 말할 것도 없고 섭정 황태자조차 리우에 남아 있지 않기를 원했다. 대신 그들은 브라질의 각 카피타니아가 리스본으로부터 직접 명령을 하달받아야 한다고 생각했다.

반면 리우의 거의 모든 주민들은 리우가 군주의 조정(朝廷)이길 원했다. 그리하여 1821년에 리우의 주민들은 포르투갈의 입헌파 혁명을 따르지 않고 페드루 왕자를 지원하기 위해 다시 모였다. 페드루는 조제 보니파시우가 상파울루에서 보낸 전갈, 즉 브라질의 독립을 촉구하는 성명서를 읽고 난 뒤 리우에 머물겠다는 그의 의지를 널리 알렸다. 리우에 머물겠다고 공언한 지 일주일 뒤 23살의 왕자는 당시 60살의 노련한 학자 조제 보니파시우를 수상(首相)에 임명했다. 페드루는 분명히 현명하고 아버지 같은 조언자를 곁에 두길 원했고 조제 보니파시우는 기꺼이 그 역할을 맡고자 했다.

두 사람이 직면한 첫 번째 도전은 리우의 포르투갈 수비대가 일으킨 소요 사태의 처리 문제였다. 페드루와 조제 보니파시우는 리우의 주민들을 동원해 자신들이 얼마나 폭넓은 지지를 받고 있는지 과시했다. 집결한 리우의 주민들은 포르투갈 수비대의 지휘관과 한판 승부를 벌였고 결국 지휘관은 그의 병사들을 리우의 과나바라 만의 건너편으로 철수시켰다. 포르투갈 수비대는 몇 주 뒤에 본국을 향해 닻을 올렸다. 그 뒤 페드루는 생애 최초로 브라질 내륙 지방을 순회하면서 미나스제라이스의 벽지(僻地)에 직접 찾아가는 등 자신의 정치적 기반을 지리적으로 확대하고자 노력했다. 페드루는 매력적이고 강건한 인물이었기 때문에 대체로 미나스제라이스 주민들의 환영을 받았다. 그리하여 1822년 초 몇 달 동안 브라질을 재차 식민화하려는 포르투갈 의회의 의도가 분명해졌을 때 브라질인들은 페드루를 새로운 관점에서 바라보기 시작했다. 원칙적으로 군주정보다는 공화정을 선호했을 법한 자유주의자조차도 페드루 왕자를 브라질과 포르투갈의 대등한 위상을 상징하는 인물로 보았고 그의 존재 때문에 브라질은 단순히 리스본에 의존하는 포르투갈의 해외 식민지 가운데 하나가 아니라 독립 군주국으로 유지될 수 있는 권리를 지닌다고 역설했다. 페드루와 조제 보니파시우가 리스본 의회에서 제정된 추가적인 법률의 실행을 거부했을 때, 리우 시의회는 페드루에게 "브라질의 종신(終身) 수호자"라는 호칭을 엄숙히 제안했고 페드루는 만족스러워하며 이를 수락했다.

멕시코 시의 주민들이 아구스틴 1세에게 환호를 보내다

페르난도 7세는 대서양 횡단을 원하지 않았고 에스파냐 의회는 페르난도의 형제 가운데 한 사람, 즉 에스파냐의 왕족이 새로운 멕시코 제국의 제위에 오르도록 하자는 멕시코인들의 요청을 거절했다. 그 소식이 알려진 뒤 과연 누가 멕시코 시의 거리로 병사들을 내보냈는가? 그리고 "아구스틴 1세 만세"를 외치는 군중이 운집한 극장으로 누가 장교들을 보냈을까? 아구스틴 이투르비데 자신이었을까? 아마 그랬을 것이다. 그러나 환호성 속에서 아구스틴 이투르비데를 멕시코의 황제로 추대한 것은 한편으로 연출된 장면이었지만 다른 한편으로는 진정성이 담긴 행위였다. 갑작스럽고 대단한 이투르비데의 출세는 그 자신을 운명의 여신이 선택한 인기 있는 존재로 탈바꿈시켰다. 아구스틴 1세에게 환호하고 그날 길거리와 그의 집으로 밀려든 군중의 모습은 무척 진지해 보였다. 이투르비데는 발코니에서 여론의 판결을 받아들였다. 횃불과 축포가 이투르비데의 수락 소식을 반겼다. 열정적인 독립투사들은 권력에서 쫓겨난 페르난도 왕가의 여러 인물들의 조각상을 헐어버렸다. 비센테 게레로조차 적어도 공식적으로는 이런 구상을 수용했다. 그리하여 1822년 7월 21일 아구스틴 1세는 멕시코 시의 대성당에서 황제로 등극했다.

볼리바르와 산마르틴이 과야킬에서 만나다

닷새 뒤 오늘날의 에콰도르에서 아메리카의 위대한 해방자 두 명이 서로 마주 보고 서 있었다. 볼리바르는 예민하고 깐깐한 인상이었고 산마르틴은 체격이 크고 침착한 모습이었다. 두 명의 해방자는 여러 해 동안 독립투쟁을 이끌면서 남아메리카 대륙 곳곳을 가로질러 수천 킬로미터를 이동한 끝에 에스파냐의 중요한 해군 기지이자 조선업의 중심지였던 과야킬에서 마침내 대면하게 되었다. 회담 전 마지막 두 해 동안 대륙 전체에 걸쳐 에스파냐의 저항이 크게 약화되었기 때문에 아메리카의 독립운동 세력은 실로 편안한 시기를 보냈다. 1822년 무렵 단지 페루와 알토페루의 안데스 고지대만이 페르난도 7세의 지배 아래 있었다. 그러나 독립운동 세력에게는 불운한 일이었지만 볼리바르와 산마르틴은 공동 전선을 구축할 수 없었다. 두 사람은 곧 이 점을 인식하게 되었다.

산마르틴은 철저한 준비 없이는 어떤 일도 벌이지 않는 편이었다. 당시 아메리카에서 군주 지지파의 마지막 거점이 된 안데스 산맥의 고지대를 공략하려는 산마르틴의 예비 작업은 비용과 시간이 지나치게 많이 든다는 약점을 드러냈다. 그동안 산마르틴의 부대는 페루에서 단 한 차례도 전투다운 전투를 벌이지 않고 있었다. 신중한 성격의 장군은 결국 부왕령의 수도인 리마를 점령함으로써 자신의 진가를 보여주었다. 그러나 그는 에스파냐의 부왕 라세르나가 리마로부터 안데스 고지대로 물러났을 때에야 그리했을 뿐이다.

리마에서 산마르틴은 임시로 군사적 보호자이자 대리 통치자의 역할을 맡아 페루의 독립을 선포했다. 그는 여전히 군주제의 가능성을 열어놓고 있었다. 산마르틴은 유럽인들을 추방하고 그 재산을 몰수했다. 그때부터 산마르틴은 페루의 대다수 원주민들이 이제 더는 공물을 납부하지 않게 될 것이라고 선언했다. 대신 원주민들은 한 국가의 구성원, 즉 다른 이들과 마찬가지로 페루인이 될 터였다. 산마르틴은 노예제 폐지를 천명하진 않았으나 그 시점부터 노예의 자녀로 태어난 이들은 독립국 페루에서 자유인으로 재탄생할 것이라고 분명히 밝혔다. 그렇지만 그의 지배는 제한적이었고 그의 개혁 조치는 리마를 벗어나 확대되지 못했다.

리마를 넘겨준 뒤 부왕 라세르나는 중부 안데스의 고지대에 위치한 옛 잉카의 수도 쿠스코에 자리 잡았다. 안데스의 고지대는 1810년 이래 리오데라플라타로부터 거듭 시도된 독립운동 세력의 공세를 물리쳤다. 고지대에는 군주 지지파가 여전히 건재했지만 에스파냐인들이 그곳에서 잔혹한 방식을 통해 "평화를 회복하면서" 페르난도를 옹호하는 세력의 입지를 크게 약화시켰다. 아직 고지대를 등정할 채비를 갖추지 못했다고 생각한 산마르틴은 그저 자기 방식대로 신중하고 세심하게 리마를 통치하고 수비대를 배치했지만 그동안 그의 활력은 차츰 무뎌졌다. 그러는 사이 리마의 주민들은 한가하게 시간을 보내는 것처럼 보이는 산마르틴의 부대가 침착성을 잃었을뿐더러 행실이 나빠졌다고 불만을 터뜨렸다. 오랫동안 급료를 받지 못한 코크런 제독은 침착하지 않은 단계를 넘어 거의 폭동 일보 직전이었고 칠레의 해군을 이끌고 다른 곳에서 '자유를 위한 투쟁'에 공헌하고자 항해를 떠났다. 코크런은 뛰어난 전사였지만 단지 돈벌이 차원에서 아메리카의 독립운동에 참여했을 뿐이다.

따라서 산마르틴은 궁지에 몰린 상태로 과야킬에 도착했다. 그의 병사들은 칠레뿐 아니라 사실상 없어져버린 리오데라플라타 연방에서 차출되었다. 그러나 일단 페루에 도착하자 그의 병사들은 보급품을 거의 공급받지 못했고 리오데라플라타로부터 보충 병력을 지원받지도 못했다. 반면 볼리바르는 다른 어느 때보다 강력한 위상을 지닌 채 과야킬에 도착했다. 파스토는 혈투 끝에 마침내 볼리바르에게 항복했다. 더욱이 볼리바르는 새롭게 자신의 오른팔로 부상한 안토니오 호세 데 수크레가 지휘하는 병사 1천 명을 미리 배편으로 과야킬에 파견한 터였다. 수크레는 쿠마나 출신으로 당시 26살에 불과했지만 경험이 많은 지휘관이었다. 한 해 전에 수크레는 과야킬에서 독립운동 세력의 자발적인 봉기에 지원 병력을 보낸 바 있었고 안데스 산맥에 오른 뒤 산마르틴 부대 중 한 개 사단의 도움에 힘입어 키토를 점령했다. 피친차 전투 — 피친차 화산의 측면에서 전투가 벌어졌기 때문에 그렇게 명명되었다 — 에서 수크레가 거둔 승리는 볼리바르와 산마르틴 사이에 이뤄진 첫 번째 협력 사례였다. 동시에 그것은 마지막 사례이기도 했다.

과야킬은 콜롬비아와 페루 사이에서 치열한 분쟁의 대상이었다. 그리하여 산마르틴은 볼리바르와의 회담에서 과야킬 문제를 논의하고자 계획했다. 그러나 1822년 7월 26일 산마르틴이 과야킬에 상륙하기 전에 볼리바르는 이미 과야킬을 점령하고 그곳을 사실상 콜롬비아에 병합시켰다. 콜롬비아의 대통령으로서 주최자 역할을 수행한 볼리바르는 말수가 적은 남부의 해방자를 환영한 뒤 그를 특별히 마련된 비밀 회담 장소로 안내했다. 볼리바르와 산마르틴의 협상에 관해선 상반되는 전언이 있긴 했지만 기본적인 개요에 대해선 어떤 불신도 존재하지 않았다. 산마르틴은 과야킬 문제를 거론조차 하지 않았다. 대신 그는 페루와 알토페루의 고지대를 공략하는 데 볼리바르의 협조를 요청했다. 볼리바르는 선뜻 부대를 제공하겠다고 나섰으나 결국 산마르틴에게 필요한 병력보다 훨씬 적은 규모의 부대를 파견했을 뿐이었다. 원대한 계획의 성취를 간절히 바라면서 산마르틴은 볼리바르의 지휘에 따르겠다고 나서기까지 했으나 볼리바르는 이를 거절했다. 결국 산마르틴은 페루가 멕시코처럼 독립 군주국이 되기를 바라는 자신의 염원을 표현했다. 그 점에 관해 진지한 공화주의자인 볼리바르는 요지부동이었고 페루의 군주정 수립에 관한 논의 자체를 거부했다. 회담이 끝난 뒤 볼리바르는 산마르틴을 무도회의 주빈으로 초청했다. 그러나 산마르틴은 저녁 내내 시무룩한 표정으로 앉아 있다가 일찍 자리를 떴고 곧장 그의 배로 향한 뒤 새벽에 리마로 출항해버렸다. 전날 밤 늦게 잠자리에 든 하객들은 아침에 일어나 산마르틴이 떠나버린 사실을 알게 되었다. 리마에서 산마르틴은 '보호자'의 직위에서 사퇴하고 다시 승선한 뒤 산티아고를 거쳐 유럽으로 떠났다. 이로써 아메리카 독립운동에 한 획을 그은 산마르틴의 역정은 종말을 고했다.

그동안 볼리바르는 숱한 여성 편력과 애정 행각으로 소문난 생애 가운데 최고의 연인이라고 할 수 있는 마누엘라 사엔스를 만났다. 1822년 의기양양한 개선장군으로 키토에 진입한 볼리바르는 경축 행사에서 당시 25살의 마누엘라를 만나 함께 춤을 추었고 곧 은밀한 만남을 가졌다. 당시 마누엘라는 가문의 뜻에 따라 영국 상인 제임스 손(James Thorne)과 혼인한 뒤 리마에 살게 되었는데 얼마 전 아버지와 함께 잠시 키토를 방문한 터였다. 마누엘라와 볼리바르의 연인 관계는 볼리바르의 생애보다 훨씬 더 길었던 마누엘라의 남은 생애 내내 지속되었다. 마누엘라는 청소년기부터 독립운동 세력의 동조자였다. 이미 10대 후반의 소녀였을 때 마누엘라는 멋진 장교와 눈이 맞아 수녀원이 운영하는 학교에서 탈출하면서 관습에 맞서는 반항아의 기질을 드러냈다. 마누엘라는 산마르틴이 리마의 '보호자'로 활약하는 동안 그곳에 거주했고 애국심을 발휘함으로써 산마르틴에게서 훈장을 받기도 했다. 마누엘라는 사이좋게 지낸 수크레와 마찬가지로 아메리카의 독립을 위해 싸우면서 성년기를 맞이했다.

마누엘라는 자신이 볼리바르로부터 얻을 수 있는 모든 것을 원했고 최소한 잠시나마 볼리바르가 지닌 모든 것을 향유할 수 있었다. 산마르틴이 과야킬을 떠난 뒤 마누엘라는 그곳에서 볼리바르와 재회했고 두 사람은 볼리바르가 다시 활동을 개시하기 전에 전원의 목가적인 풍광을 즐기면서 잊지 못할 시간을 함께 보냈다. 최후의 순간까지 군주에게 충성을 바친 파스토는 독립운동 세력의 노선을 완강하게 거부했다. 불굴의 의지를 지닌 충성스러운 파스토의 주민들은 일 년 동안 한 번도 아니고 두 번이나 더 페르난도 7세라는 낡을 대로 낡은 깃발을 치켜들었다. 그들이 더는 그 깃발을 흔들지 못하게 하려면 칼로 베어 죽여야만 했다.

리우가 페드루 1세에게 환호를 보내다

페드루 1세는 스물네 번째 생일인 1822년 10월 12일에 독립 브라질 제국의 황제로 등극하면서 칭송에 고무되었다. 페드루에 대한 찬사는 아구스틴 1세가 받은 환호성과 같이 자발적인 행위라기보다는 완전히 연출된 장면이었다. 말하자면 정치극인 셈이었다. 그렇지만 두 가지 면에서 그것은 확실하고 신뢰할 만한 것이었다. 첫째, 페드루는 명백히 왕가의 혈통을 이어받았고 둘째, 그는 틀림없이 브라질의 합의된 후보였다.

그때 페드루와 조제 보니파시우는 브라질의 독립을 선택했다. 1822년 9월 7일 포르투갈 의회가 자신을 섭정 황태자의 지위에서 강등하고 그 지위의 법적 효력을 없앴다는 사실을 알게 되었을 때, 페드루는 분명한 선택의 순간을 맞이했다. 페드루는 두 번째 브라질 내륙 여행, 특히 상파울루 지방의 순회 도중에 이피랑가 강 근처에서 긴급 전령을 통해 자신의 강등 소식을 전해 들었다. 페드루는 이에 저항하면서 가죽장화의 뒤축으로 포르투갈 의회의 명령을 짓이겨버리고 곧 '이피랑가의 함성'이라고 알려지게 될 구호, 즉 "독립 아니면 죽음"을 외쳤다. 리우 시의회를 주도하는 자유주의자들은 이론적으로는 군주정에 우호적이지 않았지만 독립의 성취를 자유주의적 의제의 실현을 앞당길 수 있는 기회로 인식했다. 페드루의 권력이 인민주권에서 비롯된다면, 달리 말해 인민 투표로 구성된 국민의회가 제정한 헌법을 통해 구체화된다면 자유주의자들로서는 군주정을 수용할 용의가 있었다. 리우 시의회는 이미 페드루를 설득해 국민의회의 대표 선출을 위한 선거의 실시를 요구했다. 이피랑가의 함성이 터져 나온 지 이틀 뒤 리우의 정치 단체세 곳이 공동으로 개최한 집회에서는 페드루가 명확하게 입헌군주로 인정되어야 한다는 데 합의했다.

페드루 왕자는 입헌군주로 인정된다는 데 반대하지 않았지만 조제 보니파시우는 환호성 속의 승인 과정에서 헌법에 대해 언급하지 않기를 원했고 끝내 자기 생각을 관철했다. 널리 흩어져 있는 브라질의 모든 지방에서 선출된 대표들을 감독하기란 어려운 일이었지만 조제 보니파시우 지 안드라다는 국민의회를 통제하고자 했다. 이는 말하자면 가문의 특성이었다. 안토니우 카를루스와 마르칭 프란시스쿠의 주변에 있는 사람들은 누구나 이런 성향을 간파했다. 안드라다 가문의 세 형제는 모두 정적을 만들어내는 경향이 있었다. 이는 결국 몰락의 원인이 되었다.

　페드루에 대한 지지는 대체로 리우데자네이루와 더불어 인근의 미나스제라이스와 상파울루에서 가장 강력했다. 멀리 떨어진 카피타니아들은 ― 당시 모두 임시협의회가 통치하고 있었는데 ― 리우 중심의 제국 통치 계획에 그다지 동조하지 않았다. 브라질 동북부 지방의 지도자들은 페드루의 국민의회 대표 선출 요구에 찬성했다. 그럼에도 1822년 12월 1일 페드루가 독립 브라질 제국의 군주로 즉위할 때까지 지방 자치라는 새로운 도전은 거의 다뤄지지 않았다.

멕시코가 공화국이 되다

　바로 그다음 날 역설적이게도 독립 멕시코 제국의 종말이 시작되었다. 국민의회와의 갈등은 대관식을 거행하기 전부터 아구스틴 1세를 무척 괴롭혔다. 아마 가장 혼란스러운 문제들은 카디스의 반대파 지식인 세르반도 테레사 데 미에르 신부로부터 비롯되었다. 카디스를 떠난 뒤 미에르는 망명지인 유럽과 미국에서 몇 년 동안 머물다가 1817년 미나의 멕시코 원정대에 합류했다. 미나의 원정이 실패로 끝난 뒤 미에르는 결국 베라크루스의 감옥에 수감되었다. 미에르는 에스파냐인들이 멕시코의 독립을 수용한 뒤 풀려났고 황제를 타도하려는 음모에 가담한 혐의로 체포되어 다시 수감되기 전까지 멕시코의 새로운 국민의회에서 공화주의 세력을 이끌었다. 미에르는 감옥에서도 계속 글을 발표했고 아구스틴 1세는 그의 도전뿐 아니라 국민의회의 비협조를 참지 못했다. 격분한 황제는 급기야 국민의회를 폐쇄해버렸다. 그로부터 한 달 뒤인 1822년 12월 2일 제국을 무너뜨리려는 혁명이 베라크루스에서 시작되었다.

　베라크루스에서 시작된 혁명의 지도자는 안토니오 로페스 데 산타안나였다. 그는 훗날 멕시코에서 텍사스가 분리되는 과정에서 유명세를 타게 되는 인물이었다. 산타안나는 이투르비데와 마찬가지로 원래 아메리카 독립운동 세력에 맞서 싸우다가 막판에서야 독립 지지파로 돌아섰다. 산타안나는 이괄라 강령의 대의를 위해 베라크루스를 굳게 지켰고 아구스틴 1세로부터 최고 훈장을 수상했다. 그러나 산타안나가 아구스틴의 여동생과 혼인하고자 했을 때, 야심에 찬 청년 산타안나는 배척당했고 그 뒤 공화주의자로 변신했다. 산타안나의 저항은 실제로 멕시코 제국이라는 구상에 결코 호의적이지 않았던 비센테 게레로와 과달루페 빅토리아 같은 이들을 신속히 끌어들였다. 멕시코 시에 있는 여러 정치 협회의 지부들은 예전에 부에노스아이레스, 리우, 그 밖의 다른 곳에서 그러했듯이 저항의 주역으로 떠올랐다. 멕시코에서 정치 협회들의 주된 공헌은 볼리바르, 산마르틴, 그리고 조제 보니파시우가 그토록 비판해온 연방주의를 널리 알리고 장려한 일이었다. 위로부터 새로운 국가의 기틀을 마련하고자 열망하는 이들은 자연스레 중앙집권적 통제에 대한 연방주의적 제한에 반대했다. 그러나 지방의 지도자들은 대부분 중앙집권적 통제에서 벗어나기를 간절히 바라면서 연방주의를 선호했다. 그러므로 멕시코의 반란 세력이 정리한 연방주의적 성향의 카사 마타 강령(Plan de Casa Mata)은 즉흥적인 황제의 퇴진을 강력히 촉구하면서 전국 곳곳에 신속하게 지지세를 확산시켰다. 더욱이 아구스틴 1세에 대한 반란은 멕시코 연방공화국을 탄생시키면서 통치자뿐 아니라 정부 형태마저 바꾸었다. 아구스틴 이투르비데는 1823년 5월 유럽을 향해 망명길에 올랐다.

유럽의 추가 절대주의로 기울다

1823년 5월 멕시코의 위기가 서서히 잦아들면서 에스파냐에서는 새로운 위기가 시작되었다. 이때 에스파냐는 별다른 저항 없이 또다시 프랑스 군에게 점령당하고 말았다. 당시의 침략자들은 메테르니히가 주도한 유럽 군주들의 반동적 동맹, 즉 신성동맹과의 합의에 따라 움직였다. 그들의 임무는 골칫거리인 자유주의 세력으로부터 페르난도 7세를 구해낼 뿐 아니라 에스파냐 군주의 전통적인 특권과 대권(大權)을 회복시키는 일이었다. 페르난도는 기꺼이 이런 호의를 받아들여 다시 한 번 헌법의 효력을 정지시키고 절대 권력을 휘둘렀다.

또다시 에스파냐가 재채기하자 포르투갈은 감기에 걸렸다. 프랑스 군의 에스파냐 점령이 신속히 이루어지자 리스본 외곽에 주둔해 있던 포르투갈 군의 보수파 장교들은 주앙 6세의 절대 권력을 회복시키기 위해 쿠데타를 감행했다. 하지만 단호한 조치를 취할 의욕이 부족했던 주앙은 특별히 절대 권력을 행사하진 않았다. 주앙은 앙심을 품은 페르난도가 에스파냐에서 자행한 보복과 징벌, 예컨대 자유주의자 수만 명을 투옥하거나 국외로 추방하는 식의 보복 행위를 허용하지 않았다. 다만 왕비 카를로타 호아키나의 심기는 남편보다는 오히려 남동생 페르난도의 심기에 더 가까웠다.

한 가지는 분명했다. 에스파냐와 포르투갈의 신속하고 폭력적인 정치적 변동은 아메리카에서 점차 사라져가는 옛 식민지들을 회복할 수 있는 역량을 저해할 뿐이었다.

브라질인들이 소규모의 독립전쟁을 벌이다

1823년에는 브라질의 독립전쟁이 발발했다. 이는 에스파냐령 아메리카를 황폐하게 만든 전쟁의 축소판이었다. 1823년 초 대다수 브라질의 카피타니아는 '주'(州)가 되었고 리우의 선례에 따라 환호와 갈채 속에 페드루를 황제로 인정했다. 가장 뚜렷한 저항은 바이아의 사우바도르에서 등장했지만 멀리 북쪽에 떨어져 있는 세아라, 피아우이, 마라냥, 그리고 파라에서도 페드루 황제에 대한 반발이 발생했다. 사우바도르에서는 포르투갈 군 소속의 강력한 수비대가 몇 달 동안이나 포위 공격을 받았다. 바이아의 육지 쪽에서 포위 공격을 주도한 이들은 그 지방의 브라질인 민병대였다. 해상에서는 얼마 전까지 칠레 해군에서 활약한 바 있는 스코틀랜드 출신의 노련한 코크런 제독이 조제 보니파시우의 명령으로 조잡하게 정비된 브라질의 소규모 함대와 함께 사우바도르를 봉쇄했다. 1823년 7월 2일에 포르투갈 수비대는 포위 공격에 못 이겨 끝내 항복했고 함선에 오른 뒤 떠나버렸다. 그리하여 여러 인종으로 구성된 바이아의 민병대는 사우바도르로 진입한 뒤 독립운동 세력의 승리를 축하했다. 오늘날에도 여전히 사우바도르에서는 해마다 7월 2일을 승전 기념일로 지키고 있다. 브라질의 소규모 해군은 퇴각하는 포르투갈의 호위선에 적잖은 손상을 입혔고 해안을 거슬러 올라가 마지막까지 버틴 두 지역, 마라냥과 파라에 접근했다. 두 지역은 수평선 바로 위에서 완벽한 전투 함대를 갖추고 있는 것처럼 속임수를 쓴 코크런의 허세에 눌려 항복했다. 그때 세아라와 피아우이의 포르투갈 군은 그 지역의 독립운동 세력에게 패배했다. 여전히 몬테비데오를 점령하고 있던 포르투갈 군은 아메리카에 남아 있던 최후의 포르투갈 세력이었는데, 이들은 11월에 철수했다.

소규모의 독립전쟁이 성공리에 마무리되었지만 이는 역설적이게도 혁혁한 공을 세운 조제 보니파시우를 무너뜨리고 말았다. 페드루가 브라질 황제로 추대될 무렵 정치적 전선(戰線)이 형성되었다. 머지않아 조제 보니파시우는 페드루에게 헌법 준수 서약을 강요한 이들을 대부분 체포하고 국외로 추방했다. 이렇듯 거만한 수상은 파란만장한 재임 기간 동안 많은 이들의 공분을 샀다. 아울러 페드루 역시 조제 보니파 시우의 조언에 대한 의존을 줄이려고 했다. 바이아의 함락 소식이 리우 에 알려졌을 때 페드루는 조제 보니파시우뿐만 아니라 그의 동생이자 재무장관인 마르칭 프란시스쿠를 해고했다.

그동안 안드라다 형제의 셋째 안토니우 카를루스는 브라질 역사상 최초의 국민의회에 두 형과 함께 참여하고자 리스본에서 돌아왔다. 그것은 단순한 국민의회가 아니라 새롭게 탄생한 브라질 제국의 헌법을 기초하도록 권한을 위임받은 제헌의회였다. 곧이어 안드라다 가문의 삼형제는 '포르투갈인 때리기'라고 알려진 당파를 이끌게 되었다. 페드루와 제헌의회 사이에 벌어진 초창기의 권력 투쟁은 대략 출생지, 즉 브라질과 포르투갈의 차이에서 비롯되었지만 아메리카의 다른 지역에서 독립운동 세력이 흔히 실행한 방식과는 달리 브라질에서 유럽인들에게 책임을 전가하는 경우는 별로 없었다. 페드루는 어쨌든 포르투갈 태생이었다. 포르투갈 태생의 브라질 주민들은 걸음마 단계에 있던 브라질 제국의 상업, 공공 행정, 그리고 교회 조직 등 여러 부문에서 우위를 차지했다. 그들의 특권적 지위를 약화시키려는 '포르투갈인 때리기'는 당시 브라질의 거의 모든 도시에서 유행하는 정치 전술이었다. 때마침 포르투갈에서 벌어진 절대주의 옹호 세력의 군사 쿠데타 소식은 안드라다 삼 형제의 배타적 토착주의에 절박성과 열정을 더하는 계기가 되었다. 그 뒤 리우 수비대의 포르투갈 장교들이 그들의 명예를 훼손했다는 이유로 리우 주민 한 사람을 구타했을 때 우발적인 작은 사건은 도시 전체를 위기 상황으로 몰고 갔다. 안드라다 삼 형제의 당파는 국민의회 에서 그 사건을 정치 쟁점의 하나로 부각했다. 브라질의 명예 또한 위기에 처했다. 제헌의회의 반응과 특히 조제 보니파시우에 대해 몹시 화가 난 페드루는 부대를 투입해 제헌의회를 폐쇄하고 안드라다 삼 형제를 체포했다.

볼리바르가 매우 쇠약해지다

페루에서 볼리바르는 10년 동안 줄기차게 전개된 군사 작전의 마감을 알리는 조종(弔鐘) 소리를 느끼기 시작했다. 1824년 1월 1일 몇 년 뒤 그를 죽음에 이르게 할 폐결핵의 첫 발병 때문에 볼리바르는 배를 타고 파티빌카라고 부르는 해안가의 한 장소로 이동해야 했다. 19세기에 폐결핵은 흔한 질병이었으나 볼리바르와 산마르틴이 모두 그 질병을 앓았다는 사실은 세인의 이목을 끌 만하다. 파티빌카에서 금방이라도 무너질 듯이 벤치에 앉아 있는 볼리바르의 여읜 모습을 목격한 어떤 방문객은 아메리카의 해방자가 더 오래 살지 못할 것이라고 생각했다. 당혹감을 감추지 못한 채 그는 볼리바르에게 무엇을 원하는지 물었다. 볼리바르는 쑥 들어간 눈으로 의심하는 듯이 그를 올려다보았다. 그의 확고한 대답은 "승리"였다.[7]

하지만 그것은 불가능한 일처럼 보였다. 산마르틴이 리마에 처음 진입한 지 3년 뒤, 그리고 산마르틴이 절망 속에서 포기한 지 1년이 넘도록 페루는 어느 때보다 더 깊은 수렁으로 빠져들었다. 당시 1만 2천 명 정도를 헤아리던 페르난도 7세의 병사들은 노련한 지휘관의 통제 아래 있었고 여전히 안데스의 고지대를 장악하고 있었다. 군주의 병사들은 마음만 먹으면 언제든지 리마에 다시 진입할 수 있을 것처럼 보였다. 반면 리마의 독립운동 세력은 극도로 분열되어 있었다. 남아메리카의

---

7) Gerhard Masur, *Simon Bolivar*(Albuquerque : University of New Mexico Press, 1969), p. 367.

양쪽 끝에서 볼리바르와 산마르틴이 각각 데려온 지도자들은 더 나서 길 망설였고 병사들은 매우 이질적이었다. 특히 산마르틴 부대는 이미 산마르틴을 잃어버렸고 또한 보급품, 자금, 증원 병력도 없이 실제 폭동을 일으키기 일보 직전이었다. 리마에 머문 지 몇 달이 지나자 볼리바르는 병사들과 함께 북부 페루의 트루히요로 퇴각했다. 그리고 그곳에서 안데스 산맥에 올라 병사들로 하여금 장차 전투가 펼쳐질 매우 높은 고도에 익숙해지도록 했다. 볼리바르는 여전히 콜롬비아의 대통령으로 알려져 있었지만 보고타에 있는 그의 부통령으로부터 적절한 협조를 얻지 못하고 있었다. 부통령 프란시스코 데 파울라 산탄데르는 1819년 볼리바르의 부대가 오리노코 강 유역의 평원에서 배후의 산악 지역을 통해 보고타로 진격하려는 기막힌 작전을 시도했을 때 이들을 안내한 인물이었지만 당시에는 볼리바르의 최대 경쟁자가 되었다. 반면 수크레와 마누엘라는 볼리바르의 곁에 머물렀다. 또 에스파냐에서 얼마 전에 발생한 사건은 절대주의 옹호 세력과 입헌파로 나뉜 에스파냐 병사들 사이에서 긴장을 불러일으킴으로써 볼리바르에게 유리한 상황이 전개되는 데 다소나마 도움을 주었다. 1824년 6월 무렵에 볼리바르의 건강은 호전되었고 그의 부대는 마침내 안데스 산맥을 통해 남쪽으로, 달리 말해 에스파냐에서 파견된 마지막 부왕이 버티고 있는 쿠스코를 향해 행군할 준비를 마쳤다.

페드루 1세가 '적도 연맹'을 격파하다

대륙의 다른 쪽에서 독립 브라질 제국은 1824년 힘없이 무너지기 시작했다. 아니면 최소한 그렇게 보였다. 정치적 지진이 다시 동북부 지방을 강타했고 그 진원지는 이번에도 페르남부쿠였다. 페르남부쿠의 지도자들은 페드루가 지명한 주지사를 받아들이지 않았다. 그들은 페드루의 불법적인 국민의회 폐쇄를 강력히 비난했다. 1824년 7월 2일 포르투갈의 지배로부터 바이아가 해방된 것을 기념하는 날, 그들은 '적도 연맹'(Confederation of the Equator)이라는 새로운 공화국의 창설을 공표했다. 그 명칭은 적절해 보였다. 새로운 공화국에 가담할 가능성이 높은 주들은 리우와는 단지 느슨하게만 연결되어 있는 브라질 동북부 해안의 적도지대에 속해 있기 때문이었다.

이곳에서도 분명히 아르헨티나와 멕시코에서 연방주의를 촉진하던 것과 동일한 원심력이 존재했다. 그러나 그것은 고압적이고 독단적인 황제의 태도에 맞서 원칙을 고수하려는 저항이기도 했다. 페르남부쿠의 정치적 자각을 대변하는 인물은 조아킹 두 아모르 디비누라는 급진적인 사제였다. 그의 이름은 흥미롭게도 별명인 카네카, 즉 '병'(瓶)과 무척 대조적이었다. (그의 부친은 무두질하는 장인이었는데 무두질 작업장에서 병은 타닌산酸을 조제할 때 사용되었다.) 카네카 수사(修士)는 브라질의 독립이라는 정치적 흥분 상태 속에서 언론 활동에 뛰어들기 전까지 책 속에 파묻혀 조용하게 지내던 학자였다. 그의 저작은 고대 그리스와 로마의 역사에 대한 언급과 라틴어 인용문으로 가득했다. 그렇기 때문에 길거리의 군중에게 호소하기보다는 세속과 격리된 수도원의 학생들에게 깊은 감동을 주기에 훨씬 더 적합했다. 그럼에도 카네카 수사의 새로운 정기 간행물은 한 가지 핵심 쟁점을 꾸준히 강조했다. 페드루는 일부 조언자들의 도움에 힘입어 스스로 헌법을 작성했고 이를 브라질에 강요했다. 카네카 수사는 브라질 인민의 주권을 구체적으로 대변하는 국민의회만이 새로운 제국의 정당하고 유효한 헌법을 제정할 수 있다고 주장했다. 선출된 대표들이 작성한 헌법 없이 페드루가 통치한다면 그것은 독단적이고 절대주의적이며 불법적인 행위일 수밖에 없었다.

하지만 카네카 수사와 그의 숭고한 원칙으로선 불운하게도 페드루는 마음대로 활용할 수 있는 병사들을 적잖이 보유하고 있었을 뿐 아니라 이론적인 담화를 나눌 의향이 전혀 없었다. '적도 연맹'은 1817년 헤시피에서 발생한 반란의 확대 재생판인 셈이었다. 1817년의 반란에 견주어 볼 때 적도 연맹은 지리적으로는 조금 더 확대되었고 몇 주 더 지속되었으며 더 크고 요란한 소리를 내며 무너졌을 뿐이다. 반역을 부추기는 저작들을 집필했다는 혐의로 사형을 선고받은 카네카 수사는 그를 성인이자 결백한 자로 여겼던 헤시피의 사형 집행인이 교수형의 집행을 거부하자 결국 총살형을 당했다. 적도 연맹의 또 다른 순교 영웅은 단 한 척의 선박으로 조직된 적도 연맹 해군의 사령관이자 국제적 명성을 지닌 자유주의적 혁명가 주앙 라트클리프였다. 투옥된 라트클리프는 처형 직전에 감동적인 연설을 남겼다. 한때 그의 자유주의적 활동이 페드루의 모친인 카를로타 호아키나를 매우 불쾌하게 만든 적이 있었기 때문에, 왕가 내부의 화해를 도모하는 표시로서 소금물에 절인 라트클리프의 머리는 왕비의 고약한 감상 취미를 만족시키고자 리스본으로 보내졌다.

1824년 말까지 페르남부쿠의 반란은 진정되었고 페드루의 헌법은 잘 정리되었으며 브라질 제국은 당시까지 가장 큰 시험을 견뎌냈다.

에스파냐가 아야쿠초 전투에서 항복하다

또한 그해 말에 볼리바르의 부대는 에스파냐에서 파견된 마지막 부왕이 버티고 있는 안데스의 요새에 진입했고 1824년 12월 9일 아메리카의 독립을 위한 최후의 승리를 거두었다.

실제 전투는 두 차례에 걸쳐 벌어졌다. 첫 번째 전투는 1824년 8월 초 후닌에서 벌어졌는데 이때 볼리바르의 부대는 한 달 넘게 고도에 익숙해진 상태였고 볼리바르의 기병들은 창병으로도 작전을 수행했다. 마누엘라는 장교의 제복을 입고 전투에 나섰다. 그러나 전투는 뚜렷한 결실을 거두지 못한 채 끝났고 사상자들은 그리 많지 않았다. 더욱 결정적인 전투는 몇 달 뒤 아야쿠초에서 벌어졌다. 이에 앞서 볼리바르와 마누엘라가 해발 3천 미터 이상의 고지대에서 몇 주 동안 집중적인 군사 작전을 지휘한 뒤 리마로 되돌아갔기 때문에 아야쿠초 전투에서는 수크레가 독립운동 세력을 이끌었다. 싸움터 건너편에는 부왕 라세르나와 페루에 있는 군주 지지 세력의 전 병력이 집결해 있었다. 일전을 앞두고 두 세력이 대치한 가운데 수많은 페루 병사들은 반대편에 있는 친척들에게 큰 소리로 작별 인사를 전하기 위해 양쪽 진영에서 벗어나기도 했다.

아야쿠초 전투 자체는 용두사미에 그쳤다. 독립운동 세력이 라세르나를 붙잡았을 때 전투는 신속하고도 확실하게 끝났다. 아야쿠초에서 부왕의 항복은 아메리카에서 에스파냐가 유지하던 여러 가지 권리들의 완전한 포기로 여겨졌다. 기수들은 이 소식을 알리기 위해 사방으로 내달렸다. 15년에 걸친 악전고투 끝에 독립투쟁은 그렇게 막을 내렸다.

에스파냐가 추진한 재정복의 물결은 왜 그렇게 극적으로 퇴조했는가? 전투의 승리는 전체 이야기의 일부만을 보여줄 뿐이다. 보야카 다리, 카라보보, 차카부코, 피친차, 그리고 아야쿠초에서 거둔 승리는 중요했다. 그러나 양쪽 진영이 각각 수천 명의 병사들을 동원해 벌인 여러 전투들은 드넓은 영토에 대한 지배를 단지 간접적으로만 보증할 따름이었다. 궁극적으로 수백 개의 주변 도시와 지방 중심지들이 그런 전투의 승리에 대해 어떤 반응을 보였는지가 상황의 변화에 결정적인 영향을 미쳤다. 그리고 1820년 에스파냐와 포르투갈에서 발생한 입헌파 혁명과 더불어 아메리카 곳곳에서 시작된 반응은 더욱더 같은 목소리를 내게 되었다. 아야쿠초 전투가 끝난 뒤 얼마 남지 않은 에스파냐 군의 지휘관들이 알토페루에서 몇 주 동안 버텼지만 그들의 지지자들은 결코 늘어나지 않았다. 에스파냐의 마지막 병사들이 아메리카에서 철수했을 때 아메리카 독립운동에 대한 저항은 완전히 사라졌다. 대륙 곳곳에서 가장 완강한 군주 지지 세력은 아야쿠초 전투를 역사가 내린 결정으로 받아들였다. 그리하여 군주를 지지하는 어떤 게릴라 부대도 몇 년에 걸쳐 지속적으로 싸우지 않았다. 어떤 완고한 당파도 숨어 있다가 중대한 기로에서 다시 나타날 채비를 갖추지 못했다. 장차 가장 반동적인 극렬분자만이 식민지 상태로의 복귀를 제안하게 될 터였다. 다른 이들은 모두 문제가 해결되었다고 생각했다. 아메리카는 독립을 성취했다.

제6장

국가 건설이 시작되다 1825~40년

대중의 정서는 1820년대 군사적 승리를 기반으로 장기간에 걸쳐 변화했다. 아메리카는 독립을 쟁취했으나 아야쿠초(Ayacucho) 전투에서 완전히 결정된 것은 아니었다. 오히려 독립은 1808년 이래 논쟁, 전투, "평화 정착"의 시기를 거치며 민중의 가슴속에서 점진적으로 이루어졌다.

나폴레옹의 이베리아 침입에 어떻게 대응할 것인가에 대한 초기 논쟁에서 독립 결정을 둘러싸고 아메리카만의 독특한 정체성에 관한 만장일치의 주장이 형성되기 시작했다. 그러나 곧이어 발발한 내전은 오랜 이웃 사이의 원한을 상기시킴으로써 만장일치를 퇴색시켰고 이 지역을 초토화했다. 도시, 지방, 때때로 사회 계층은 서로 상대방을 겨냥했다. 혼란을 느낀 이들이 일시적으로 아메리카에서 부상하는 독립운동을 방해하는 동안, 야만적이기 짝이 없는 내전은 결국 아메리카인과 유럽인 간의 참혹한 대결을 심화하고 확대했다. 이런 단순한 이원적 대비는 내전을 설명하는 지속적이고 대중적인 방식이 되었다. 물론 이 내전의 원인은 훨씬 더 복잡했다. 복잡다단한 개인적 동기가 무엇이든 간에 이달고와 모렐로스가 아메리카를 위해 죽어간 것만은 부정할 수 없는 사실이다. 그리고 잔혹한 보복의 기록에는— 누가 기록했는지 관계없이— 메스티소, 파르도, 원주민이 모두 아메리카인으로 표기되어 있다. 혁명가들은 전략적으로 아메리카인의 새로운 의미를 주장했으나 이 의미의 변화는 선언이 아니라 유혈이 낭자한 폭력을 통해 이뤄졌다.

따라서 아메리카 독립의 대의는 패배 속에서도 더욱 통절해진 반면, 페르난도 7세는 승리했지만 매력을 상실하고 말았다. 나폴레옹 시대 이후 에스파냐에서 파견된 유럽의 침략자, 즉 에스파냐의 재정복자들은 시간이 흐를수록 화해의 가장 큰 적이자 화해한 이들을 이간질하는 세력임이 입증되었다. 물론 페르난도 7세의 복위는 가장 큰 실망을 안겨주었다.

쩨쩨하고 복수심에 불탄 예전의 '기대주' 페르난도 7세는 절대 권력을 다시 장악했다. 하지만 그는 이를 군주의 이름으로 프랑스에 맞서 싸운 자유주의적 애국파를 박해하는 데 사용했다. 휘하의 군대에서 발생한 폭동으로 구석에 몰린 페르난도 7세는 헌법을 수용했지만 프랑스가 다시 침략하자마자 그 헌법을 폐기했다. 에스파냐의 이런 무질서는 1817년부터 1824년까지 산마르틴과 볼리바르가 펼친 대륙 차원의 위대한 독립운동과 궤를 같이했다.

두 명의 위대한 독립투사들이 이끌던 위력적인 군대는 비교적 소규모였지만 노련한 참전 용사들로 구성되어 있었다. 이들은 독립운동 초기 자발적으로 구성된 오합지졸과는 비교가 되지 않을 정도로 정예 병력이었다. 유색 인종이 독립운동 세력의 병사와 하사관으로 가담한 반면에 장교들은 으레 백인이 맡으면서 군대는 사회적 위계를 재생산하고 자유주의적(또는 보수적) 성향의 에스파냐계 아메리카인으로부터 지지를 이끌어냈다. 이 자유주의자들은 부자든 빈자든 보수주의자를 소원하게 만드는 문화적 급진주의를 거의 드러내지 않았다. 15년 전에 비해 공화주의는 보통 사람들에게도 더는 이국적인 이념이 아닌 듯 보였다. 미란다를 비롯해 다른 이들에게 추앙받곤 했던 북아메리카의 영어권 공화국은 영국과의 두 번째 독립전쟁(1812년 전쟁)에서 승리했고 급속한 성장 가도에 들어서고 있었다. 반면에 페르난도 7세의 신비한 매력은 모두 증발해버렸고 에스파냐의 재정복 사업은 모든 이들에게 왜 그들이 애당초 에스파냐 본토인들을 좋아하지 않았는지를 상기시켜주었다. 말하자면 모두가 아메리카를 얻은 것 이상으로 페르난도 7세는 아메리카를 잃고 말았다.

누에바에스파냐에서 10년간 무자비하고도 단호한 군주정이 전개된 뒤 '세 가지 보증'을 표방한 이투르비데의 부대는 1821년 멕시코 시에 무혈 진입했다. 과테말라 왕국은 심지어 독립군을 조직하지도 않고 독립을 선언하기에 이르렀다. 브라질의 경우는 인민주권의 원칙에 대한 합의를 통해 전투 없이 독립을 역설한 제3의 사례를 보여주었다.

국가에 대한 모호한 개념 속에 피어난 인민주권의 원칙은 1825년에 이르자 아메리카의 모든 신생 국가를 떠받치는 중심 이념으로 부상했다. 그러나 독립의 불길 속에 지역적 정체성은 국가적 정체성보다 더 중요한 관심사였다. 지역적 정체성은 문화적 변종과 대조적인 생활 방식들을 일종의 기호로 만드는 경향을 지니고 있었다. 경제 활동과 경제적 이득은 국가적 차원보다는 지역적 차원에서 조직화되곤 했다. 누에바그라나다 부왕령과 리오데라플라타 부왕령을 갈가리 찢어버린 오랜 지방 분권적 경향 때문에 보고타와 부에노스아이레스의 임시협의회의 우선권이 거부되었고 여러 지방은 신생 독립국들에서 스스로의 존재감을 강력히 표출했다. 그 매개물은 산마르틴과 볼리바르 같은 건국의 지망생들이 그토록 싫어하던 연방공화국이었다. 연방주의자와 중앙집권

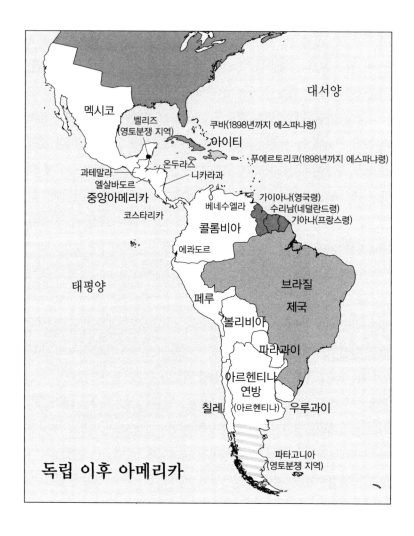

멕시코

벨리즈
(영토분쟁 지역)

쿠바(1898년까지 에스파냐령)

아이티

대서양

푸에르토리코(1898년까지 에스파냐령)

과테말라

온두라스

엘살바도르

니카라과

중앙아메리카

코스타리카

베네수엘라

가이아나(영국령)

수리남(네덜란드령)

기아나(프랑스령)

콜롬비아

에콰도르

태평양

페루

브라질

제국

볼리비아

파라과이

아르헨티나
연방

칠레

(아르헨티나)

우루과이

파타고니아
(영토분쟁 지역)

독립 이후 아메리카

주의자 간의 투쟁은 모든 신생 독립국을 휩쓸었다. 효율적인 공화제가
마련되기까지 수십 년의 세월이 흘렀다. 반면 여러 지방들은 신속하게
분화되기 시작했다.

훔볼트가 자문역 직책을 구하다

1825년 56살의 알렉산더 폰 훔볼트는 아메리카 대륙에 수립된 여러 공화국들의 탄생을 축하했다. 그는 프랑스 대혁명의 기본 원칙에 대해 신념을 유지하고 있었으나 실제 적용에서는 다소 유연성을 용인했다. 나폴레옹이 훔볼트의 조국인 프로이센을 비롯해 거의 모든 유럽 국가를 유린하는 동안 이 유명한 과학자는 나폴레옹의 탐욕스러운 수도인 파리에 보금자리를 마련했다. 의문의 여지 없이 유럽에서 가장 유명한 지식인인 훔볼트에게 파리보다 더 창의력을 자극하는 곳은 유럽 어디에도 없었다. 그곳에서 훔볼트는 30권에 이르는 『개인적 신상 이야기』의 프랑스어판을 출간했다. 이 책은 두서없고 무거운 주제를 다루고 있지만 1800년대 중반의 독자들에게 충분히 매력적인 자연에 대한 새로운 정보와 신비로운 서술로 가득했다. 1825년 무렵 훔볼트는 파리를 떠나고자 했다. 가능하다면 아예 유럽에서 벗어나고 싶어 했다. 그는 중앙아시아 탐험에 큰 관심을 보였고 특히 티베트는 가장 매력적인 장소였다. 아마 히말라야 탐험은 안데스 탐험의 뒤를 잇는 적절한 선택이었을 것이다.

훔볼트의 동료인 에메 드 봉플랑은 수년 전 이미 아메리카로 돌아왔고 훔볼트 또한 대안을 고려했다. 훔볼트는 일부 프랑스 투자가들이 새로 독립한 멕시코에서 착수하려는 활동의 유급 고문으로 자신과 계약을 유지할 가능성이 있다고 말했을 때, 이를 선뜻 받아들였다. 멕시코 은광의 잠재력에 대해 그보다 더 많이 알고 있는 인물은 없었다. 하지만 과나후아토의 광산을 통해 가문의 부를 축적한 루카스 알라만이라는 젊고 유식한 멕시코 정부의 장관으로부터 편지를 받은 뒤 그의 꿈은 산산조각이 나버렸다. 훔볼트는 알라만이 유럽 유학을 마칠 무렵 파리에서 그를 본 적이 있었다. 그러나 알라만은 훔볼트의 자문역 직책에 대해 일언반구도 언급하지 않았다. 하지만 이는 알라만이 프랑스와 경쟁 관계에 있는 영국 투자가들에게 호의적이었다는 점을 고려하면 충분히 가능한 일이었다. 물론 편지에서 알라만은 이 영국인들에 대해서는 결코 언급하지 않았다. 훔볼트는 결국 멕시코에 대한 관심을 접어버렸다.

사실 훔볼트가 봉플랑의 선례를 따르지 않은 것은 그로선 좋은 일이었다. 봉플랑은 예전 탐사에서 그와 훔볼트가 방문하지 않았던 남부 지역을 탐사했다. 불행히도 봉플랑은 프란시아 박사의 파라과이에 너무 가까이 접근했고 결국 거기서 호세 아르티가스와 함께 수감자 신세가 되고 말았다. 종신 대통령으로 파라과이를 통치한 프란시아 박사는 봉플랑을 1820년대 내내 가택 연금에 처했다. 훔볼트의 계획은 파라과이가 아니라 멕시코로 가는 것이었다. 그리고 그는 학문 연구를 위해 동식물 표본을 수집하기보다는 유럽계 자본이 멕시코 경제에 투자해 이윤을 내도록 도와주고자 했다. 만약 그가 멕시코에 갔다면 당연히 알라만과 함께 일했을 것이다. 알라만은 비록 군주제적 성향의 보수주의자였지만 훔볼트가 높이 평가한 우수한 능력과 더불어 멕시코의 경제 발전과 공교육에 대해 의욕적인 전망을 지니고 있었다.

알라만은 새로운 멕시코 공화국에서 보수주의 정서를 대변했다. 보수주의자들은 기본적으로 식민시대의 "좋았던 옛 시절"의 정치적·사회적 가치들을 호의적인 통제 아래 지지했다. 알라만은 과나후아토에서 성공한 유럽인 기업가의 아들로 태어났다. 알라만의 모친은 미겔 이달고와 친분이 있었고 이달고는 1810년 과나후아토 폭동 당시 병사 한 명을 보내 알라만의 집을 보호해준 바 있었다. 그럼에도 이달고의 추종자 가운데 일부는 집안의 하인들이 침입자들에게 알라만이 아메리카인이란 사실을 납득시키기 전까지 알라만을 가추핀으로 간주하면서 죽이겠다고 협박하기도 했다. 이괄라 강령으로 멕시코에서 에스파냐 통치가 종식될 무렵 1820년에 소집된 에스파냐 의회의 의원으로 선출된 알라만은 에스파냐에 머물고 있었다. 귀향하자마자 그는 학식과 능력을 인정받아 이투르비데 정부가 붕괴된 뒤 비센테 게레로가 포함된 임시정부 인수위원회에서 활동했고 이후 최초로 선출된 대통령이자 모렐로스의 부관이었던 과달루페 빅토리아의 정부에서 장관으로 봉직했다. 검은 피부의 독립군 부대를 이끄는 남부 출신의 노련한 지도자들은 알라만을 완전히 신임하지는 않았다. 그들은 멕시코의 대다수를 차지하는 유색인의 시각을 대변하길 원했고 멕시코에 거주하는 유럽인들에 대한 대중의 지속적인 분노를 정치적으로 활용하고자 했다. 친(親)에스파냐 성향의 알라만은 1821년에야 페르난도 7세와 결별하고 막판에 합류한 이투르비데 세력의 일원이었기 때문에 빅토리아 정부에서 눈총의 대상이 되었고 끝내 사임할 수밖에 없었다.

훔볼트는 멕시코 시 대신 베를린으로 이동했다. 시간이 흘러 그는 프로이센에서 공직을 맡게 되었고 중앙아시아 여행에 집중하기 시작했다. 결국 그는 러시아를 거쳐 육로로 중앙아시아 여행을 완수해냈다. 예순의 적지 않은 나이에도 훔볼트는 하루에 16킬로미터를 걸었다. 그 뒤 그는 가장 영향력 있는 몇 가지의 업적을 남겼다. 그러나 다시 아메리카를 방문하지는 못했다.

볼리바르가 헌법을 기초하다

시몬 볼리바르는 1826년에 최고의 전성기를 구가했다. 아야쿠초 전투 이후 그가 신임하는 부하 수크레는 알토페루에서 모든 에스파냐인 저항 세력을 섬멸했고 볼리바르의 승인을 얻어 알토페루가 마드리드뿐 아니라 리마와 부에노스아이레스로부터 독립했다고 선언했다. 그 뒤 알토페루는 볼리바르 공화국이 되었고 나중에 줄여서 볼리비아로 불리게 되었다. 볼리바르는 리마로부터 고원을 거쳐 쿠스코, 라파스, 포토시에 이르는 긴 산악 행군을 마다하지 않았다. 특히 포토시는 거대한 은산(銀山)과 더불어 아메리카 부에 대한 에스파냐의 착취, 그리고 새롭게 아메리카인으로 주조된 원주민 광부들에 대한 학대의 상징으로 부각되었다. 볼리바르가 여러 마을에 들를 때마다 대중은 구름처럼 모여들어 그의 입성을 열렬히 환영했다. 볼리바르는 수년 전 함께 유럽을 도보로 여행한 바 있는 오랜 스승 시몬 로드리게스와 동행했다. 새로 독립한 네 국가의 국기를 꽂기 위해 포토시의 은산을 오르면서 해방자는 스승과 동행한다는 사실에 희열을 느꼈다. 20년 전 로마를 방문하는 동안 볼리바르는 스승이 지켜보는 가운데 무릎을 꿇고 아메리카를 해방하겠노라고 맹세한 바 있었다. 그러고 나서 볼리바르의 부대는 포토시에서 내려와 근처의 추키사카로 향했다. 그곳에선 수크레가 볼리비아의 첫 대통령으로 활약하게 될 터였다.

당시 50대 중반이 된 로드리게스는 앞서 26년 동안 유럽 곳곳을 떠돌며 지냈다. 그는 영민했지만 기벽이 있었고 가장 신실한 친구에게도 불같이 화를 내곤 했다. 이미 언급했지만 볼리바르는 그를 환대한 유일한 인물이었다. 볼리바르의 신뢰 이상 가는 보증 수표는 없었다. 그의 오랜 스승은 계서제(階序制)를 증오했고 아메리카의 보통 사람, 즉 파르도, 아프리카계, 메스티소, 원주민들이 — 그가 구상한 학교 가운데 하나를 이수한다면 — 지닌 잠재력을 신뢰했다. 1790년대 카라카스에서 젊은 교장으로 일하는 동안 정리된 로드리게스의 초등교육법에 따르면, 부자든 빈자든 남아든 여아든 모든 아동들이 같은 교실에서 배웠다. 그는 부자일지라도 그곳에서 교역과 사업을 배워야 한다고 믿었다. 로드리게스는 아메리카가 이미 정치적 혁명을 경험했지만 더 나아가

사회경제적 혁명이 필요하다고 주장했다. 그는 원주민, 아프리카계, 혼혈인들이 교육을 받지 못한 채 피착취 하위 계층에 머무른다면, 새로 수립된 공화국은 계획대로 적절히 작동할 수 없을 것이라고 주장했다. 볼리바르는 장난스럽게 로빈슨이라고 부르곤 했던 그의 오랜 스승을 볼리비아의 초대 교육부장관으로 삼았다.

볼리바르는 자신의 모든 역량을 새로 탄생한 볼리비아의 헌법을 만드는 데 쏟아부었지만 그 결과는 완전한 실패였다. 볼리바르는 정확히 입헌군주제를 제도화하지는 않았지만 그가 만든 권위주의적 조항들로 말미암아 결국 그것과 비슷한 방식으로 귀결되고 말았다. 볼리바르의 헌법은 다양하게 섭렵했지만 변덕스러운 그의 독서에 크게 영향을 받은 독창적인 작품이었다. 볼리바르의 헌법은 후계자를 지명할 수 있는 종신대통령제와 세습이 가능한 종신부통령제를 정부의 골간으로 삼았다. 완전한 간접 선거를 구상함으로써 보통 사람들은 거의 아무런 역할도 할 수 없었다. 볼리바르는 그의 헌법이 무엇보다 정치적 안정에 대한 요구에 제대로 부응했다고 믿었으며 희대의 역작이라고 여겼다. 그는 이 헌법이 페루에서 채택되기를 기대했고 그곳에선 짧게나마 실제 채택되기에 이르렀다. 하지만 콜롬비아에서는 채택되지 않았다.

이와 동시에 볼리바르는 지정학적 전망을 제시했다. 이는 그의 어떤 유산보다 후대의 아메리카인들에게 큰 영감을 불어넣었다. 볼리바르는 베네수엘라, 콜롬비아, 페루, 볼리비아뿐 아니라 아메리카를 모두 아우르는 원대한 계획을 꿈꾸었다. 그의 첫 구상은 바로 방어 동맹의 창설이었다. 그는 아야쿠초 전투 전에 이미 파나마에서 외교 회담을 갖자고 다른 독립국들의 수반에게 서신을 띄운 바 있었다. 파나마를 회담 장소로 선택한 것은 결코 우연이 아니었다. 미란다와 볼리바르 모두 아메리카 독립국들의 전망을 투영할 특별한 장소로 파나마를 낙점했다. 외교적 표현으로 볼리바르는 미국을 파나마 회담에 초청했다. 그러나 그는 루카스 알라만과 마찬가지로 아메리카의 주권에 가장 큰 위협은 미국으로부터 비롯될 것이라고 믿었다.

게다가 볼리바르는 자신의 군대가 해방한 국가들의 중심체 역할을 맡을 안데스 연방(Andean Federation)을 구상했다. 그의 가장 모험적인 구상은 멕시코부터 칠레와 아르헨티나에 이르기까지 모든 국가들을 통합하는 것이었다. 그런 구상의 시도 자체만도 대단한 것임이 틀림없었다. 볼리바르는 (그란Gran) 콜롬비아 대통령(당시 콜롬비아는 베네수엘라와 에콰도르를 포함하고 있었다) 외에 새로 구성된 의회에 의해 페루의 영도자로 지명되었고 그의 영원한 충복 수크레는 볼리비아의 대통령이 되었다. 1826년 초 볼리바르가 리마로 돌아갔을 때, 볼리바르에게 왕위를 수여하자는 이야기가 돌았지만 그는 조금도 망설이지 않고 이를 거절했다. 볼리바르가 구상한 안데스 연방의 꿈은 공화주의자의 이상이었고 최소한 군주제적인 욕망은 아니었다. 시몬 로드리게스의 학생 가운데 어느 누구도 군주제 옹호자가 될 수 없었고 늙은 교장의 회초리에서 몸을 피할 수 없었다. 볼리바르는 페르난도의 가면을 벗어버린 최초의 독립운동 지도자였다. 그는 성인이 된 뒤 언제나 공화주의자의 깃발을 높이 치켜들었고 그런 성취의 순간에 평생의 신념을 저버릴 인물이 아니었다.

하지만 성취감에 도취된 순간은 오래 지속되지 않았다. 1826년 중반에 이르러 볼리바르는 콜롬비아에 전념해야 했다. 산탄데르와 파에스의 불화는 콜롬비아를 분열의 위기로 몰아넣었다. 볼리바르는 자신의 군대를 리마에 남겨둔 채 1826년 9월 보고타를 향해 출발했다. 그러나 대륙 각지에서 모인 볼리바르의 군대는 전쟁이 끝난 뒤 페루에서 더 이상 환영을 받지 못했다. 군대는 곧 그를 따라 고향으로 돌아갈 태세였다. 수크레도 볼리비아의 대통령직을 오래 유지하지 못했다. 안데스 연방에 대한 볼리바르의 전망은 두 달에 걸친 그의 북부 여행과 더불어 조금씩 희미해져갔다.

남부에서 분열이 지속되다

정치적 통합은 멀리 남쪽에서도 희미해지고 있었다. 옛 리오데라플라타 부왕령은 1826년 예닐곱 개의 국가 또는 스스로 국가를 자처하는 단위로 쪼개졌다. 기존의 아르헨티나 연방은 연방주의자들이 부에노스아이레스를 향해 진격한 순간, 통일성을 상실하고 느슨한 연방에 속한 하나의 독립국으로 축소되고 말았다. 반면 식민시대 내내 부에노스아이레스의 지배를 받던 볼리비아와 파라과이가 영원히 각자의 길을 찾아나설 무렵, 페드루 1세는 동부 해안 지역을 브라질 제국에 병합했다.

호세 아르티가스 ─ 많은 이들이 사분오열을 조장한 우두머리로 여긴 인물 ─ 는 파라과이에서 가택연금 상태로 여생을 보낼 운명인 듯 보였다. 프란시아 박사는 아르티가스에게 소정의 연금을 제공하면서 농작물을 키우며 가축을 돌보고 파라과이 농촌의 오두막에서 한적한 말년을 보내도록 배려해주었다. 과거 '자유민의 수호자'로 알려졌던 그는 독립운동 세력이 브라질의 점령에 대항해 봉기한 뒤에도 도망치거나 동부 해안으로 돌아가려는 어떤 열망도 보이지 않았다. 조용한 파라과이에 머물면서 아르티가스는 고향에서 벌어지는 급박한 사건들의 소식을 정기적으로 들었지만 다시금 격렬한 상황에 발을 디디려는 욕망에서 영원히 벗어나 있었다.

1825~28년의 봉기는 에스파냐의 아야쿠초 패배에 관한 소식과 얼마간 맞물려 진행되었다. 아르티가스의 가우초 전사들은 아르티가스가 없는 상태에서 옛 부관들의 지휘에 따랐다. 아메리카의 마지막 부분은

여전히 해방되지 않았다! 만성적 분열에 시달리던 리오데라플라타 연방조차 군대를 파견함으로써 힘을 보탰다. 브라질과 리오데라플라타의 이권 때문에 영국 역시 외교적으로 관여하기 시작했다. 협상은 2년 이상을 끌었다. 그러는 사이 페드루 1세는 직접 군대를 독려하기 위해 브라질의 남단을 찾았다. 이에 맞서고자 리오데라플라타 연방은 산마르틴의 옛 친구인 카를로스 데 알베아르와 더 중요하게는 더욱 강력한 육군을 파견했다.

외국과의 전쟁은 물론 내부 단합을 강화하고 리오데라플라타 연방을 통합하려는 노력은 브라질과 갈등하는 동안 눈에 띄는 진전을 이루었다. 흥미롭게도 이런 노력의 주도자는 베르나르디노 리바다비아였다. 그는 일찍이 부에노스아이레스 협의회의 성실한 공화파 서기였고 마리키타 산체스의 동료로서 최근 망명지에서 귀향한 상태였다. 1826년 리바다비아는 리오데라플라타 연방을 새로이 통합하기 위해 초대 대통령이 되었다.

리바다비아는 그 임무에 적임자가 아니었다. 대부분 보수주의를 고수하고 있는 마당에 아메리카를 공화주의로 인도하려는 이념 지향적 지도자 가운데 그만 한 인물은 없었다. 자유주의자들은 영국과 프랑스 전문가들의 조언에 따라 그 사회와 경제를 변화시키고자 했다. 리바다비아는 부에노스아이레스를 영국 상인들에게 개방했고 영국의 경제적 영향력은 급격히 증대되었다. 그는 유럽인들의 이주에 관심이 많았다. 1820년대의 이민 규모는 그리 크지 않았지만, 나중에 유럽계 이주민들은 아르헨티나의 주요 특징으로 떠오르게 될 터였다. 동시에 리바다비아는 목축업자들에게 공유지를 개방했고 팜파스의 가우초들을 더 유순하고 생산적으로 변모시키기 위해 강력한 대책을 마련했다. 리바다비아는 또한 아르헨티나의 특성이 가득한 공립 초등교육을 장려하고 부에노스아이레스 대학을 설립했다. 더불어 그는 골수 자유주의자의 시각에서 구체제의 강력한 상징인 교회와 대결을 마다하지 않았다. 물론 아메리카 독립 초기에 일반 대중에게 그런 문제는 그리 익숙하지 않았다. 무엇보다 요즘도 별반 다르지 않듯이 리바다비아의 개혁 프로그램은 영국과 프랑스를 위시한 유럽식 모델에 초점을 맞추고 있었다. 개혁 프로그램을 시행하기 위해 5월 혁명의 충실한 후계자는 부에노스아이레스에 권력을 집중하고자 했다. 아르티가스의 거칠기 짝이 없는 연방주의 후계자들은 리바다비아의 자유주의적인 통합 정책을 받아들이길 거부하고 그를 내치고 말았다.

　1828년 영국의 중재로 동부 해안 지역에서 독립적인 완충국인 우루과이 공화국이 건국되었다. 파라과이에서 봉플랑은 우루과이 신헌법의 사본을 지니고 아르티가스를 방문했다. 나이 든 전사 아르티가스는 감정에 북받쳐 우루과이 신헌법을 그의 입술에 댔다. 그러고 나서 아르티가스는 평화로운 전원생활로 되돌아갔다. 10년 뒤 프란시아 박사가 사망하자 아르티가스는 영웅으로서 몬테비데오로 귀환할 것을 제의받았지만 파라과이를 떠나기를 거절했다. 당시 파라과이는 장기 방문객들 덕분에 성장하고 있는 듯 보였다.

　리오데라플라타 연방의 통일정부는 1830~40년에 완전히 그 모습을 잃어버렸다. 단지 야욕에 불타오르는 독재자 후안 마누엘 데 로사스(Juan Manuel de Rosas)를 위시한 연방주의자들이 부에노스아이레스까지 통치하게 되었다. 로사스는 공화주의의 수사에 의지했고 자신을 "걸출한 아메리카인"이라고 부르곤 했다. 그의 포퓰리스트적 행태는 부에노스아이레스 하층민의 인기를 모으는 데 기여했고 경제 정책 또한 목축업에 종사하는 엘리트층의 지지를 이끌어낼 수 있었다. 목축업자이자 왕년의 육포 가공업자였던 로사스는 가장 유력한 경제적 이해 당사자들과 제휴했다. 그리고 다른 모든 수단이 실패했을 때 ― 아마 이미 그전부터 ― 로사스는 반대파에게 물리적 폭력을 가했다. 당시 반대파는 대부분 "단일 정부 옹호론자"로 비난받던 중앙집권론자들로서 연방제 헌법보다는 단일 중앙정부를 지지하고 있었다.

벨기에에 거주하고 있던 산마르틴에게도 이와 같은 일이 닥치고 있었다. 1829년 연방주의자와 중앙집권론자 간의 긴장이 최고조에 달했을 때, 그는 유럽 선적의 함선에 올라타 부에노스아이레스로 입항하려고 했다. 산마르틴 역시 아르티가스처럼 무엇보다 평화와 안식을 갈구했다. 그는 부에노스아이레스에 직접 상륙하지는 않았지만 몬테비데오에 내려 연방주의자와 중앙집권론자 간의 투쟁에 개입할 수밖에 없다는 것을 확신하게 될 때까지 몇 주간 그곳에 머물렀다. 산마르틴은 기득권층이 소유 재산의 보호를 요구하면서 다른 여러 신생 공화국에서 그랬던 것처럼 혼란이 독재로 이어질 것이라고 예견했다. 하지만 스스로 독재자가 될지도 모른다는 두려움에 사로잡힌 산마르틴은 벨기에로 돌아갔고 다시는 아메리카에 발을 디디지 못했다.

볼리바르의 시대가 저물다

일부 장교들이 볼리바르를 암살하려고 시도한 1828년 9월 보고타의 어느 추운 밤에도 볼리바르의 명운은 유지되었다. 그들이 대통령궁에 난입했을 때 볼리바르는 마누엘라와 함께 있었다. 그녀는 볼리바르가 잠들도록 책을 읽어주었으나 회랑에서 들려오는 암살자들의 인기척에 놀라 다급히 그를 깨웠다. 마누엘라가 시간을 버는 동안 볼리바르는 창문에서 뛰어내렸고 불과 몇 분 차이로 가까스로 암살을 모면했다. 그는 다리 아래 어둡고 찬 물속에 몸을 숨겼고 병사들이 자신을 보호해주던 병영으로 발길을 돌렸다.

해방자 볼리바르가 콜롬비아로 돌아간 뒤 그의 운명은 엉망으로 꼬여 버렸다. 볼리바르는 보고타에 오래 머물지 않았고 멀리 떨어진 에콰도르, 페루, 볼리비아 등지에서 5년여를 지냈다. 그가 없는 사이 부통령 산탄데르는 정치적 주도권을 틀어쥐었다. 산탄데르는 볼리바르의 안데스 연방 구상에 동조하지 않았고 볼리바르의 헌법을 폐기하기에 이르렀다. 산탄데르는 부통령으로서 볼리바르의 오랜 동료인 베네수엘라의 호세 안토니오 파에스와 심각한 갈등을 일으켰고 결국 파에스로 하여금 콜롬비아로부터 베네수엘라의 독립을 선언하게 했다. 볼리바르는 이 때문에 페루에서 아무도 반기지 않는 보고타로 돌아왔다. 볼리바르는 콜롬비아의 대통령으로 다시 취임한 뒤 베네수엘라를 방문해 이 위기를 직접 해결하려고 했다. 볼리바르와 대면한 파에스는 재통합을 순순히 받아들였지만 볼리바르가 보고타로 되돌아오기까지 몇 달이 더 소요되고 말았다. 볼리바르는 아마 예전만 못한 자신의 인기와 늘어만 가는 보고타의 정적들을 두려워했을지 모른다.

볼리바르에게는 전국 의회가 그의 헌법과 안데스 연방 구상에 주의를 기울일 것이라는 집념이 있었다. 의회가 소집되었지만 이미 산탄데르의 지지자들이 장악했고 볼리바르는 그가 원한 어떤 것도 얻지 못했다. 그 무렵 볼리바르는 위헌적인 독재 권력을 행사하고 있었다. 그를 암살하려던 장교들의 시도는 이런 맥락에서 이해되어야 한다. 여전히 볼리바르는 암살 위협에 시달렸다. 암살을 시도한 여러 장교들은 처형당했다. 산탄데르는 이 사건에 연루되지 않았지만 망명을 떠나야만 했다. 볼리바르는 그의 암살 음모에 관련된 여러 인물들을 사면했다. 그가 "영광"이라고 표현한 바 있는 대중의 존경보다 그에게 더 중요한 것은 없었다. 그는 대중에게 더 사랑받길 원했다. 그러나 그 뒤 불과 몇 달 만에 그의 위대한 정치적 계획이자 인생 최고의 역작은 그의 눈앞에서 무너져 내렸고 더불어 결핵이 급속도로 악화되어 45살인 볼리바르는 60살이 넘어 보일 지경이었다. 마누엘라 사엔스는 그를 정성껏 보살폈고 그 역시 그녀를 열렬히 사랑했다. 하지만 사엔스는 그의 삶을 좀더 복잡하게 만들 뿐이었다.

마누엘라는 남성의 복장으로 말에 올라타는 것과 같이 관습에 얽매이지 않는 행동 때문에 엄격하고 융통성 없는 보고타 사회를 분개하게 만들었다. 마누엘라 역시 고의로 이렇게 행동하곤 했다. 마누엘라는 볼리바르를 따르기 위해 영국 상인이었던 남편을 떠날 때부터 사회적 관습을 던져버렸다. 마누엘라는 훨씬 덜 고루한 리마 사회도 격분케 한 바 있었다. 그녀는 옛 부왕의 여름 관저에서 볼리바르와 동거했는데, 그의 남편은 그리 멀지 않은 곳에 살고 있었다. 볼리바르는 마누엘라 없이 여행하는 것을 선호했지만 그녀는 언제나 따라다녔다. 완고한 독립투사였고 무엇보다 볼리바르의 충복이었다. 볼리바르가 보고타로 돌아왔을 때 그녀는 일단 리마에 남아 있었다. 리마에서 콜롬비아 군이 폭동을 일으켰을 때 마누엘라는 금화 한 줌과 권총을 들고 그들의 마음을 돌리고자 몸소 찾아가기도 했다. 대통령 볼리바르와 부통령 산탄데르가 불구대천의 원수지간이 되어버렸을 때 마누엘라는 보고타에서 열린 만찬 모임에서 부통령의 가짜 사형 집행 장면을 연출해 참석자들을 즐겁게 하기도 했다. 볼리바르의 일부 장교들은 마누엘라를 좋아했지만 다른 이들은 그녀가 불필요하게 볼리바르에 대한 존경심을 떨어뜨린다고 생각했다.

1829년에 볼리바르의 통치에 맞서려는 저항이 콜롬비아 곳곳에서 발생했다. 여전히 베네수엘라의 독립을 갈망하던 파에스는 다시금 독립을 선언했고 에콰도르도 콜롬비아에서 떨어져 나갔다. 볼리바르는 군대를 제외하고 보고타에서 모든 정치적 지지를 상실했다. 1830년 초에 이르러 볼리바르는 독재자의 지위를 지속할 수 있는 모든 정신적·육체적 정력을 소진했다. 5월에 그는 보고타의 마누엘라에게 작별을 고하고 마그달레나 강에서 배를 타고 카르타헤나로 향했다. 그는 어디론지 확신할 수 없었지만 콜롬비아를 떠나고 싶어 했다. 카르타헤나에서 볼리바르는 가장 신임한 장군이자 35살에 불과한 안토니오 호세 데 수크레라는 후계자가 자신의 정적에게 살해되었다는 비보를 접하게 되었다. 수크레를 통해 자신의 정치적 전망을 회복할 수 있다고 믿고 모든 것을 의지했기에 볼리바르의 상심은 더욱 컸다.

가엾은 수크레여. 수크레가 볼리비아의 독립을 선언한 인물이었기 때문에 볼리비아의 추키사카는 그의 이름을 따서 수크레로 다시 명명되었다. 에콰도르의 페소화는 피친차에서 수크레가 보여준 용맹을 기리기 위해 수크레라고 불렸다. 그는 정직, 출중한 능력, 자기희생을 통해 명성을 얻었지만 개인적 행복을 누리진 못한 듯했다. 키토 출신의 여인과 약혼한 수크레는 볼리비아 최초의 대통령이 되고자 노력한 것이 아니라 단지 볼리바르에 대한 충성심의 차원에서 마지못해 대통령직을 수락했을 뿐이다. 2년 뒤 볼리비아인들이 자치를 결정했을 때 수크레는 암살 시도에서 목숨을 부지했고 놀랍게도 체포된 암살범을 처형하는 대신 200페소를 주고 풀어주었다. 팔에 부상을 입은 채로 끊임없이 발생한 군대의 폭동을 제압했으나 마침내 대통령직을 사임하고 혼인 예식을 올리기 위해 키토로 돌아갔다. 하지만 신혼의 단꿈을 누릴 기회조차 없었다. 혼인 직후 볼리바르는 그에게 키토를 떠나 페루인들이 과야킬 항구를 재탈환하려는 시도를 저지할 것을 명령했고 수크레는 이를 완벽하게 처리했다. 이어 볼리바르는 더 이상 권력을 유지할 수 없음을 간파하고 수크레를 보고타로 불러들여 콜롬비아에서 그의 정치적 유산을 이어받도록 했다. 수크레는 콜롬비아의 대통령이 되려는 야심이 없었지만 끝내 볼리바르의 정적에 의해 암살당하고 말았다. 수크레가 죽은 뒤 그의 유일한 아들도 양아버지의 손에 의문의 죽음을 맞이했고(키토의 소문에 따르면), 이 존경할 만한 아메리카인의 후대는 끊겨버렸다.

수크레의 암살 소식을 접한 뒤 회복이 불가능한 병세 속에서 볼리바르는 고향인 카라카스로 여행을 떠나고자 했다. 그러나 베네수엘라는 볼리바르에 대한 반대 분위기가 절정에 이른 가운데 독립을 갈망하고 있었기에 그의 방문을 수락하지 않았다. 볼리바르는 기껏해야 산타마르타까지 갈 수 있었을 뿐이다. 극도로 쇠약해진 해방자는 그동안의 노력이 쓸모없는 것이었다고 생각하고 낙담한 나머지 "바닷물에 쟁기질을 했다"[1]는 유명한 말을 남겼다. 볼리바르는 소도시 외곽에 있는 사탕수수 농장에 초대받아 머무르면서 틀림없이 편안함을 느꼈을 것이다. 1830년 12월 그곳에서 결핵은 그의 목숨을 앗아갔다. 볼리바르는 모든 재산을 20여 년 동안의 투쟁에 써버린 채 곤궁하게 죽음을 맞이했다. 그의 짐 속에는 장례식에 쓸 만한 셔츠 한 벌도 남아 있지 않았고 수의로 쓰기 위해 누군가가 한 벌을 제공해야 할 형편이었다.

게레로, 일 년짜리 대통령이 되다

모렐로스의 후계자이자 남부 지방의 혁명과 이괄라 강령의 인종 간 동등한 대우 조항의 보장을 대표하는 비센테 게레로는 대중적 지지 속에서 1829년 멕시코의 대통령이 되었다.

1828년의 선거를 둘러싼 논란은 결국 아코르다다(Acordada)라고 알려진 엄청난 소동과 함께 종결되었다. 이는 멕시코 시 시민들의 여론을

---

1) Gerhard Masur, *Simon Bolivar*(Albuquerque : University of New Mexico Press, 1969), p. 484.

깨우는 자명종과 같았다. 아코르다다 폭동의 목표는 도시의 중앙 광장에 있는 번화한 상업지구인 파리안(Parián) 시장이었다. 그곳에서 에스파냐 상인들은 유럽에서 수입한 최고급 사치품 소비재를 판매했다. 이 괄라 강령은 멕시코에 거주하는 유럽계 에스파냐인의 권리를 보장했다. 이들은 독립국 멕시코에서도 식민시대 3세기 동안 누려온 것과 동일한 사회·경제적 특권을 유지했다. 그들은 마치 멕시코의 주인인 양 파리안 시장을 어슬렁거렸다. 사실 그들은 여러 가지 측면에서 멕시코의 주인이나 다름없었다. 이달고와 모렐로스의 영혼은 결코 이를 용납하지 않았고 그들의 목소리는 한때 독립투쟁에 몸담은 참전 용사들이 포함된 파르도, 메스티소, 원주민의 지지를 받는 대중적 촌락자치 운동을 통해 울려 퍼졌다. 파리안 시장을 연기가 피어오르는 폐허로 만든 아코르다다 폭동은 멕시코에 남아 있는 유럽계 에스파냐인들을 추방하고 그 재산을 몰수하려는 전국적인 봉기의 일부를 이루었다. 그런 민심의 동요는 게레로로 하여금 강력하지는 않을지라도 실질적인 페르난도 7세의 아메리카 재복귀 시도에 맞서 적절한 순간에 대통령궁으로 입성하도록 이끌었다.

멕시코에서 벌어진 에스파냐인의 추방과 수탈에 자극받아 1829년 7월 에스파냐의 소규모 함대는 수천 명의 병사로 이루어진 침략군을 탐피코 근처에 상륙시켰다. 하지만 침략군에게는 불행하게도 멕시코 만의 해안 저지대는 반대편에 위치한 태평양 연안의 저지대와 마찬가지로 독립전쟁 기간에 독립투사들의 게릴라 활동이 집중된 지역이었다. 해안에 거주하던 파르도들은 자랑스러운 아메리카인으로서 유럽인 침략군에 신속하게 공격을 퍼부었고 효과적으로 격퇴했다. 멕시코의 육군은 한 달이 다 되어서야 침략군을 물리치기 위해 상륙 지점에 도착했으나 할 일이 별로 남아 있지 않았다. 지역 민병대는 매우 맹렬하게 몰아붙였고 침략군은 해변을 넘어서지도 못했다. 게레로 대통령은 극장에서 연극을 관람하던 도중 에스파냐 침략자들의 격퇴 소식을 전해 들었고 즉시 벌떡 일어나 승전보를 전했다. 관객들은 열렬한 박수의 물결로 화답했다. 이런 일이 있기 불과 나흘 전에 대통령은 노예제를 폐지했다. 새로운 베네수엘라 공화국에서 최초의 대통령으로 뽑힌 파에스처럼 게레로 역시 독립전쟁에 참전한 파르도 용사들이 만만찮은 영향력을 행사한 정치운동의 수장이었다.

그렇지만 멕시코의 보수적인 기반은 베네수엘라보다 더 강력했다. 수천 명의 유럽인 상인들이 멕시코에서 추방되었다. 이는 1820년대 후반 자유주의자들 사이에서 결정적인 문제였다. 이에 따라 가문이 양분되었고 멕시코의 상업적 기반이 무너져 내렸다. 즉시 보수파의 대응이 이뤄졌다. 게레로는 남부의 고향으로 낙향했고 멕시코 시에선 새로운 정부가 들어섰다. 그 명목상의 대표는 (눈치를 보다가) 막판에야 독립운동에 가담한 이투르비데파(派) 장군 가운데 하나였고, 실세 장관은 루카스 알라만이었다. 알라만은 에스파냐를 동경했고 누에바에스파냐의 "좋았던 옛날"을 회고했으며 게레로를 증오했다. 태평양 연안의 거친 참전 용사들은 보수적인 정부에 대항하고자 봉기했다. 이 봉기가 바로 남부전쟁이었다. 이 전쟁에서는 남부가 승리했고 게레로의 자유주의 세력은 대통령직에 복귀했다. 그러나 게레로는 더 이상 함께할 수 없었다. 1830년 초 보수파 정부는 이탈리아 함선 선장의 협조 아래 게레로를 선상 만찬에 초대한 것처럼 꾸며 납치한 뒤 제압해 사형 집행관의 손에 넘겼다. 그들은 곤란한 상황을 가리려는 편법 재판을 거쳐 외딴 장소에서 게레로를 총살해버렸다. 알라만은 기만적인 암살의 공범이라는 오명에서 결코 벗어나지 못했다.

1830~40년대 아메리카는 자유주의자와 보수주의자라고 부르는 두

개의 정파로 나뉘었다. 자유주의자는 게레로가 그랬듯이 일반적으로 독립운동의 사상적 유산을 대변한 반면, 보수주의자는 흔히 알라만과 마찬가지로 이런 유산에 대해 반대했다. 자유주의자들은 무엇보다 혁신자들이었다. 그들은 새로운 국가에 걸맞은 새로운 정부 체제를 원했다. 그들은 흔히 친(親)유럽주의자들이었다. 그러나 영국과 프랑스에 경도되었을 뿐 결코 에스파냐를 따르려고 하지 않았다. 자유주의자들은 에스파냐에서 흔히 볼 수 있는 교회와 정부 사이의 긴밀한 관계를 유럽 중세의 잔재로 간주했다. 경우에 따라 자유주의자들은 파르도, 메스티소, 원주민의 실질적인 시민권 확대를 쟁취하기 위해 싸우기도 했다. 그러나 무엇보다 자유주의자들은 연방주의 헌법을 바탕으로 강력하지 않은 중앙정부를 원했고 주 단위까지 인민주권과 자치의 원리가 확대되어야 한다고 주장했다.

알라만과 같은 보수주의자들은 모든 면에서 이와는 반대였다. 그들은 혁신을 원하지 않았고 구체제에 대한 향수를 간직하고 있었다. 알라만은 정부 각료뿐 아니라 역사가로서도 멕시코 역사에 큰 족적을 남겼다. 스스로를 에스파냐 유산의 수호자라고 여긴 알라만은 유명한 정복자인 에르난 코르테스 소유의 영지 관리자로 기꺼이 봉직했다. 1830년대 언젠가 가추핀을 증오하는 자유주의자들의 소요가 일어날 조짐이 보이자, 그는 코르테스의 유골을 안전하게 보호하고자 손을 쓰기도 했다. 알라만은 에스파냐 군주정의 역사를 연구했고 특히 "가톨릭 군주"라고 자랑스럽게 명명된 페르난도와 이사벨을 존경했다. 페르난도와 이사벨은 콜럼버스의 유명한 항해가 펼쳐진 1492년 에스파냐의 재정복을 완료했다고 널리 알려져 있었다. 알라만은 에스파냐 전통 속에서 가톨릭 교회가 정치질서의 핵심을 차지했다고 보았다. 멕시코 엘리트 가문은 지켜내야 할 특권과 부가 너무 많았기 때문에 자연스레 보수주의에 경도되었다. 그러나 보수주의는 동시에 가난하지만 신앙심이 깊어 교회에 대한 보수주의적 방어에 감응한 이들도 끌어들였다. 교회와 관련된 쟁점은 1830년대 중반까지 멕시코에서 전국 차원의 정권 장악을 위한 보수주의자들의 입장권으로 여겨졌다.

어린아이가 브라질의 황제에 오르다

1831년 4월 7일 이른 아침 시각에 군주의 일부 병사들이 내각 구성원들의 교체를 요구하는 대규모의 성난 군중에 합류하기 시작했을 때, 자유주의자들은 페드루 1세에게 양위를 종용했다. 페드루 1세는 화를 내면서 "국민을 **위해서라면** 무엇이든 하겠지만 그들 **때문이라면** 결코 아무것도 하지 않겠다"고 일갈했으니 사실상 그들은 페드루 1세에게 아무것도 강요하지 못한 셈이었다.[2]

다소 허랑방탕한 페드루 1세는 입헌군주제에 지쳐버렸다. 브라질에서는 식민시대와 제국시대가 연속성을 지녔기 때문에 페드루 1세는 아메리카 독립 초기에 가장 강력한 국가 기구를 통제할 수 있었다. 페드루 1세의 강경한 진압 덕분에 '적도 연맹'이 분쇄되었지만 그 뒤 몇 가지 큰 실수가 이어지면서 충동적인 군주에겐 불행한 나날이 펼쳐졌다. 카네카 수사 같은 순교자들은 반대파의 유력한 상징이 되면서 제국의 평판에 오점을 남겼다. 레오폴디나 황후의 죽음은 또 다른 흠이었다. 대담하고 명석하며 친화력이 뛰어난 레오폴디나는 리우 시민들에게 많은 사랑을 받았으나 페드루 1세가 수치스럽게도 그녀를 감정적으로 학대한 나머지 결국 죽음에 이르게 했다고 여겨졌다. 페드루는 레오폴디

---

2) Roderick J. Barman, *Brazil: The Forging of a Nation, 1798~1852*(Stanford: Stanford University Press, 1988), p. 159.

나의 시녀 가운데 한 여인을 정부(情婦)로 삼았고 그 사이에 태어난 서녀에게 귀족 작위를 수여함으로써 자신이 친부라는 사실을 공개적으로 인정했다. 페드루 1세는 정부에게 두 가지 작위를 수여했다. 리우 시민들은 이를 강력히 비난했다.

페드루는 1820년대 내내 국정 운영에도 별다른 운이 없었다. 그는 레오폴디나의 장례식에 참석하기 위해 남부의 전쟁터에서 돌아왔지만 그녀가 사망했을 때 그는 이미 전쟁에서 일부 패배한 상태였다. 설상가상으로 독일에서 데려온 용병들은 리우에서 폭동을 일으켜 시민들을 공포에 떨게 했다. 노예무역을 제한할 목적으로 영국과 체결한 1827년 조약은 플랜테이션 농업이 여전히 지배적이던 농촌에서 강력한 지주 세력의 반감을 샀다. 여러 가지 이유로 브라질 경제는 덜컹거리며 요동치고 물가는 폭등했다. 페드루의 인기에 부정적인 영향을 끼친 최악의 결정타는 바로 포르투갈 정치에 대한 그의 지속적인 관여였다. 페드루의 부왕인 주앙 6세는 리스본으로 돌아간 뒤 몇 년 지나지 않아 사망했다. 페드루는 일곱 살짜리 딸 마리아 다 글로리아를 위해 포르투갈의 왕위를 포기했으나 동생인 미겔이 글로리아의 왕위를 넘보자 혼신을 다해 마리아를 보호하고자 했다. 이로써 그는 포르투갈과 관련된 문제에 끊임없이 연루되었다.

1820년대 페드루 1세의 실수가 거듭될수록 브라질의 자유주의 세력은 세를 키웠다. 자유주의자들은 포르투갈에서 출생한 이들이 계속해서 브라질 정부와 군부에서 요직을 차지하고 있다는 사실에 심각한 반감을 지니게 되었다. 자유주의자들은 상징적인 차원에서 그들의 대의를 현지의 혼혈들과 공유하고자 했고 반대파를 브라질을 다시 식민화하려는 망령으로 치부했다. 그리고 그곳에 포르투갈 태생의 각료에 둘러싸여 매일 포르투갈의 국정에 더 몰두하는 반면, 브라질의 통치에서는 무능만을 보여주는 페드루 1세가 있었다. 브라질의 자유주의자들은 1820년대 말에 우후죽순처럼 확산된 새로운 인쇄물을 통해 독자적인 견해를 표출했다. 브라질은 독립 초창기에야 비로소 에스파냐령 아메리카의 독립국들이 이미 가지고 있던 것과 비슷한 수준의 새로운 정치사상을 접하게 되었다. 이런 일련의 상황들이 누적된 결과 리우에서 대규모 시위가 벌어졌고 결국 페드루 1세는 훗날 페드루 2세가 되는 다섯 살짜리 아들에게 제위를 넘겨줌으로써 이를 진정시켰다. 아버지와 마찬가지로 페드루 1세 역시 어린 후계자를 남긴 채 포르투갈로 되돌아갔다.

1830년대 내내 어린 황제가 성장할 때까지 섭정이 브라질을 통치했다. 어린 황제는 조제 보니파시우 지 안드라다를 가정교사 겸 후견인으로 삼았다. 조제 보니파시우는 6년간의 프랑스 망명 생활 끝에 사면을 받고 1831년 4월 7일 극적인 사건이 발발하기 전에 브라질로 귀환했다. 권위주의적이고 콧대 높지만 친절한 이 관리는 일흔 살에 가까운 나이에도 브라질의 어떤 지식인만큼이나 영민했다. 그런 인물이 어린 페드루 2세를 돌봤다는 사실만으로도 이 어린아이가 최고 수준의 교육을 받았다고 평가할 수 있었다. 이런 교육은 페드루 1세와는 달리 그를 책을 좋아하는 통치자로 키워냈다. 깐깐하기로 소문난 조제 보니파시우는 페드루 1세를 폐위한 자유주의 세력의 대변자와 충돌한 뒤 곧 사임했다.

섭정 기간은 브라질 역사에서 가장 극적인 시기였다. 자유주의자들은 군주제를 청산하지 않은 채 황제를 의회 아래 묶어두고자 했고 권력을 널리 분산했다. 중앙집권적인 군주제의 결속력은 약화되었고 각 지역의 세력에게 좀더 자유로운 역할이 주어졌다. 1830~40년대에 걸쳐 아마조니아 북부로부터 신생 우루과이 공화국과의 남부 접경지대에 이르기까지 몇 차례 지방분권적 성격을 띤 반란이 발생했다. 페르남부쿠의 자유주의자 반란도 재발했다. 바이아, 미나스제라이스, 상파울루도 이와 비슷한 상황을 겪었다. 일시적으로 독립공화국을 건설하려는 움직임이 있었고 실제 짧게나마 분리 독립공화국이 형성되었다. 리우에서는 자유주의적 개혁 세력이 교훈을 얻어 진로를 변경했고 적잖은 이들이 보수주의로 전향하기도 했다. 그들은 지속적인 지역적 반란에 대응하기 위해 군주제의 안정이 필요하다고 생각했고 심지어 1840년 페드루 2세가 좀더 일찍 권좌에 오르도록 요청하기까지 했다. 1850년대에 접어들어 중앙집권적 통치가 다시 성공적으로 확립되었고 페드루 2세는 그 뒤 40여 년 동안 입헌군주로 통치하게 되었다.

한 세대가 지나가다

독립을 쟁취한 세대는 독립한 뒤 오래 정권을 유지하진 못했다. 물론 호세 안토니오 파에스 같은 예외가 있긴 했지만 적어도 주요 지도자들의 운명은 그러했다. 파에스는 베네수엘라에서 최대 지주가 되었고 위대한 독립운동의 지도자가 모두 역사의 뒤안길로 사라져버린 19세기 중반까지 강력한 정치적 위세를 과시했다. 그는 종종 파르도를 위해 싸웠으나 주요 목표는 대부분 가족과 친구들의 승리이자 성공이었다. 그런 측면에서 파에스는 카우디요(caudillo)라고 부르는 거친 전쟁의 지휘관을 대변했다. 카우디요는 독립전쟁의 과정에서 출현해 식민통치자들이 물러나면서 남겨놓은 빈자리를 부분적으로 채운 각 지역의 실력자였다. 카우디요는 군부와 정계에 고르게 퍼져 있었다. 베네수엘라뿐 아니라 대다수 아메리카 국가에서 카우디요는 19세기 내내 각 지방을 통제했다. 경우에 따라선 파에스처럼 전국을 호령하는 대통령이 되기도 했다. 1840년 사망할 때까지 파라과이의 대통령을 역임한 프란시아 박사가 그러했듯이 여러 대통령들은 흔히 대학 학위가 있었다.

이쯤에서 우리는 길고 굴욕스러운 망명 생활 끝에 1842년 유명을 달리하고 만 가련한 베르나르도 오히긴스의 이야기를 끝마쳐야 한다. 오히긴스의 이야기는 통절하기 이를 데 없다. 그는 귀족정을 증오한 개혁가로서 진심으로 칠레를 더 살기 좋은 곳으로 만들고 싶어 했다. 하지만 그는 칠레의 강력한 기득권 세력을 불쾌하게 만들면서 독재자처럼 행동했다. 끊임없이 반대파를 형성한 칠레 남부(얄궂게도 이곳은 오히긴스의 고향이다)의 콘셉시온에서 발발한 반란은 오히긴스를 페루의 아야쿠초까지 밀어냈다. 오히긴스는 칠레를 떠나 페루에서 볼리바르에게 합세했지만 그곳에선 어떤 군사적 행동도 발생하지 않았다. 볼리바르의 최종 승리와 페루 철군 뒤에도 오히긴스는 여전히 칠레에서 기피인물로 지목되었고 여생 내내 망명자로 남았으며 칠레가 남아메리카 대륙에서 가장 안정적이고 번영하는 국가가 되었음에도 리마와 인근 농촌의 소유지에서 번갈아 가며 살았다. 오히긴스에게 그나마 다행인 것은 사후에 그에 대한 추모가 되살아났다는 점이다. 오늘날 그는 하비에라 카레라 가문의 명성을 압도하면서 칠레의 위대한 독립영웅으로 추앙받고 있다.

이와 유사한 일이 아르티가스와 산마르틴에게도 일어났다. 두 지도자 모두 망명지에서 사망했고 그 뒤에야 본국으로 송환되었다. 오늘날 두 지도자는 모두 리오데라플라타 양안에 위치한 독립영웅의 묘역에 잠들어 있다. 볼리바르의 동상은 베네수엘라, 콜롬비아, 에콰도르, 볼리비아 등지의 여러 성역에 세워져 있다. 그의 유해는 카라카스로 송환되었고 현재 베네수엘라의 국립묘지에 안장되어 있다. 볼리바르에 대한 숭배는 조국의 품에서 숨을 거둔 콜롬비아의 여느 독립영웅들을 압도해 왔다. 안토니오 나리뇨는 1823년 콜롬비아 고원지대에 있는 자택에서 호적수인 산탄데르가 지켜보는 가운데 사망했다. 산탄데르는 1830년대에 콜롬비아의 대통령을 역임하고 1840년 역시 자택에서 사망했다. 산탄데르는 볼리바르와의 갈등에도 불구하고 콜롬비아 공화국의 '국부' (國父)로 추앙되었다.

그렇다면 건국의 어머니들은 어떠한가? 독립운동 시기에 활약한 여성이 그리 많지 않았기 때문에 이 책에서도 불과 서너 명만 등장할 뿐이다. 이 시기에 여성은 흔히 역사책에 기록될 만한 공적인 역할을 거의 떠맡지 않았다. 하지만 일부가 등장하기는 했다. 폴리카르파 살라바리에타와 헤르트루디스 보카네그라는 물론 독립 이후에 기록할 만한 족적을 남기지 않았다. 레오나 비카리오에 대해서는 다소간 언급할 대목이 있다. 그녀의 남편인 안드레스 킨타나 로오는 이투르비데와 일찌감치 결별하고 멕시코 공화국 초기에 주요 정치가로 활약했다. 1831년 약식 재판을 통해 게레로를 처형한 무자비한 정권에 의해 투옥된 킨타나 로오는 운 좋게도 레오나 덕분에 루카스 알라만과의 언쟁이 신문을 통해 알려지면서 대중의 관심을 끌 수 있었다. 비카리오는 1842년에 사망했다.

원주민 용사를 훈련시켜 마누엘 벨그라노로 하여금 에스파냐의 지배에 맞서 싸우도록 도운 후아나 아수르두이 역시 빠트릴 수 없다. 이 전쟁의 승리에 힘입어 볼리비아가 건국되었다. 후아나와 남편 마누엘 아센시오 파디야, 그리고 볼리비아의 다른 게릴라 대원들은 벨그라노가 퇴각한 뒤에도 투쟁을 계속했으나 차츰 전세가 불리해졌다. 후아나의 네 자녀들은 모두 전쟁 중에 사망했고 마누엘 아센시오도 마찬가지였다. 에스파냐 군은 후아나의 남편을 척살했다는 사실을 너무나 자랑스럽게 여긴 나머지 그의 머리를 베어 창끝에 꽂아놓기도 했다. 그 뒤 후아나의 부하들은 마누엘의 머리를 되찾아 매장했다. 결국 후아나는 남쪽의 살타로 퇴각하고 독립군 마르틴 구에메스 장군의 보호 아래 숨어 지냈다.

그러나 아야쿠초 전투 이후 후아나는 너무나 사랑하는 추키사카로 되돌아왔고 볼리바르는 그녀를 방문해 독립운동에 대한 감사의 표시로 연금을 하사했다. 하지만 그 뒤 후아나에게 관심을 기울인 이는 많지 않았고 연금도 그리 오래 지급되지 않았다. 후아나 아수르두이는 82살에 버림받은 채 외롭고 곤궁한 죽음을 맞이했다.

마리키타 산체스 역시 82살까지 살았으나 독립 이후의 삶은 후아나 아수르두이와 여러모로 대조를 이루었다. 마리키타의 첫 남편은 1819년 미국에서 외교 임무를 수행하고 돌아오던 길에 사망했다. 그녀의 둘째 남편은 프랑스 외교관이었기 때문에 마리키타는 여생을 망데빌 부인으로 살았다. 마리키타가 부에노스아이레스를 넘어 전 세계에 대해 느낀 흥미는 그녀가 지닌 정치적 자유주의의 전조(前兆)였다. 오랜 자유주의자 동료인 베르나르디노 리바다비아는 부에노스아이레스 혁명의 실권을 쥔 1820년대에 마리키타가 소녀들을 위한 공교육 기관을 설립하는 데 도움을 주었다. 1830~40년대에 그녀는 부에노스아이레스의 로사스 독재정권의 숙청을 피해 건너온 자유주의자들이 넘쳐나던 몬테비데오에서 주기적으로 거주했다. 마리키타는 몬테비데오에서 망명 중인 젊은 급진주의자나 공상적인 시인들에게 "소년단의 여성 지도자" 같은 존재였다. 1850년대 마침내 자유주의 세력이 로사스를 축출했을 때, 마리키타는 자유주의 정부의 공식 기념식에서 가장 각광받는 인물이었다. 60대의 마리키타는 1810년 5월 혁명의 살아 있는 상징으로 추앙받게 되었다.

마누엘라 사엔스는 페루에서 사망했다. 그녀가 왜 볼리바르의 마지막 여행에 동행하지 않았는지는 지금까지 의문으로 남아 있다. 결국 산탄데르에 의해 보고타에서 추방된 그녀는 1833년 콜롬비아를 떠났다. 하지만 그렇다고 고향인 에콰도르로 돌아갈 수도 없었다. 당시 에콰도르에선 볼리바르의 정적들이 권력을 잡고 있었기 때문이다. 그녀는 자메이카에서 일 년을 보낸 뒤 마침내 에콰도르 부근의 페루 해안에 위치한 작은 마을 파이타(Paita)에 거처를 정했다. 마누엘라의 영국인 남편은 여전히 리마에 살고 있었고 그녀가 돌아오기를 학수고대했지만 그녀는 한사코 이를 거절했다. 그녀는 에콰도르 정부가 입국을 허가했음에도 결국 고향인 키토로 돌아가지 않았다. 대신 그녀는 파이타에서 사탕, 레이스, 자수제품 따위를 팔아 스스로 생계를 유지하면서 25년 동안 조용히 여생을 보냈다. 그녀는 일부 노령의 볼리비아인들과 정치적 교류를 유지했다. 꽤나 멋진 농담이라고 생각했는지 그녀는 키우던 개들에게 볼리바르 정적들의 이름을 붙였다고 한다. 마누엘라는 파이타에 머물면서 여러 인사들의 방문을 받았고 그 가운데 주세페 가리발디 같은 이탈리아의 국민영웅이 끼어 있었다. 당시 가리발디는 브라질과 우루과이에서 발발한 자유주의자들의 봉기를 후원한 뒤 남아메리카의 해안을 따라 귀국하던 도중 그녀를 방문했다.

다른 방문자들은 그리 대단한 인물은 아니었다. 시몬 로드리게스는 1850년경 마누엘라를 방문했다. 그는 철사테 안경을 앞이마에 걸어 올린 채 당나귀가 물어뜯은 듯이 너덜너덜한 셔츠를 입고 있었다. 볼리바르의 옛 스승은 앞서 25년간 칠레 남부의 콘셉시온으로부터 라타쿵가라는 에콰도르의 마을까지 안데스 산맥을 종횡으로 누볐다. 그는 원주민 아낙네들과 집을 짓고 여러 지역에 양초 공장을 건립했으며 볼리바르의 명성을 지켜내기 위해 글을 쓰고 곳곳에 초등학교를 세웠다. 하지만 애석하게도 이 초등학교들은 그가 다음 행선지로 떠나면 머지않아 폐교되곤 했다. 70살이 넘은 로드리게스는 1825~26년 처음 공교육 책임자이자 감독관으로 활동한 때처럼 2년간 그런 임무를 담당했다. 볼리비아의 지배 세력은 소년과 소녀, 부자와 빈자, 백인과 원주민을 한 교실에서 가르치려는 급진적인 교장의 시도를 용인할 수 없었다. 또한 우등생이라도 목공이나 직조 같은 실용적 기술을 배우도록 권하고 제2외국어로 라틴어가 아닌 케추아어를 선호하는 그의 신조를 받아들이지 못했다. 수크레 대통령 또한 반대파를 자극하고 싶지 않았기 때문에 그를 지원하지 못했다. 곧 사임할 처지에 놓인 로드리게스는 과연 그답게 수크레를 비롯해 일부 요인들을 추키사카의 만찬에 초대해 존경의 표시로 요강(도자기로 만든 저장 용기로서 당시 "분뇨糞尿"라고 불렸다)에 음식을 담아 왔다. 그리고 그는 사직한 뒤 볼리비아를 떠나 페루를 거쳐 칠레에 머물렀다.

칠레에 머무는 동안 로드리게스는 안드레스 베요를 만났다. 안드레스 베요는 1810년 볼리바르가 런던에 갈 때 동행하고 그를 도왔으나 그곳에 머무르며 카라카스로 돌아오지 않았다. 1830년대 로드리게스가 베요를 방문했을 때, 그는 칠레의 외교 업무를 맡기 시작했고 칠레 국립 대학의 총장으로 부임하기 위해 산티아고로 떠났으며 훗날 아메리카 대륙의 저명한 학자가 되었다. 로드리게스의 요강 이야기 때문에 학자풍의 베요는 숨을 쉬지 못할 정도로 웃었다. 그는 로드리게스와 더불어 교육의 중요성에 공감했으나 로드리게스가 대중을 변혁하고 역량을 배가하려 한 반면, 베요의 주된 관심은 지식인을 길러내는 고등교육에 있었다.

로드리게스는 에스파냐와 포르투갈의 식민화가 아메리카의 계층화를 심화했다고 주장했다. 원주민과 아프리카 출신 노예의 노동을 착취하는 신분제는 어떤 사회가 가질 수 있는 최악의 경험이라고 판단했다. 이념 지향적 소수가 일으킨 정치적 혁명은 식민화를 종식시켰지만 무지, 빈곤과 불가피하게 연계된 노예제와 착취 등 식민의 유산을 청산하지는 못했다. 예컨대 노예제는 새로운 공화국이 수립되고 나서 1830년대와 1840년대를 거치면서 점차 자취를 감췄다(브라질이나 에스파냐의 식민통치를 받았던 쿠바에서는 좀더 오랜 시간이 걸렸다). 유해한 잔재가 제거될 때까지 정치적 혁명을 통한 공화국 수립은 요원한 일이었다. 그런 상태는 자유롭고 계몽된 인민의 주권을 올바르게 구현하지 않을 것이기 때문이었다. 이 괴짜 천재는 대중적인 공립 초등교육에 대한 계획을 수립했고 누구든지 만나기만 하면 이에 관한 이야기를 늘어놓았다. 그는 또한 이 계획에 대해 글을 쓰고 읽기 어려울 만큼 방대한 분량의 책자를 자비로 출판했다. 그는 나중에 시장의 상인들이 자신이 출판한 책들을 야채를 포장하는 데 사용하는 광경을 목격하기도 했다. 그러나 그는 끈기 있게 노력했지만 결코 물질적으로 성공한 적은 없었다. 그는 도대체 어떻게 그럴 수 있었을까? 그는 돈을 벌기 위한 교육이란 상상할 수조차 없는 가장 저급한 일이라고 선언했다.

그러나 공교육에는 자금이 필요하고 더욱이 양질의 공교육에는 더 많은 자금이 소요될 수밖에 없었다. 볼리바르는 볼리비아에 공교육 제도를 마련하기 위해 1,500만 페소를 투입하기로 약속했고 이런 계획에 따라 로드리게스는 볼리바르와 함께 콜롬비아로 가서 공립학교 제도를 수립하고자 했다. 그러나 어떤 계획도 논의 수준을 넘어 실행되지 못했다. 수많은 자유주의자들이 공교육에 관해 의욕 넘치는 견해를 제시했고 심지어 알라만과 같은 일부 보수주의자 역시 그러했다. 일반적으로 그들은 앞선 학생이 다른 이들을 가르쳐 자신과 같은 수준에 올라서도록 이끄는("각자가 다른 한 사람을 가르치는") 랭커스터 방식에 관심을 보였다. 랭커스터 방식은 제대로 훈련된 교사가 적은 국가에서는 분명한 이점이 있었으나 일종의 기계적인 반복을 조장하는 경향이 있었기 때문에 로드리게스는 격분하고 말았다. 또한 이는 루소가 염두에 둔 방식도 아니었다. 그렇지만 결국 교육학적 이론은 거의 중요시되지 않았다. 아메리카 신생 독립국의 초등교육에서 가장 두드러진 현실적 특징이 있다면 그것은 바로 희소성이었다. 공립 초등교육은 허약하고 재원이 부족하며 생존을 위해 투쟁하는 정부에겐 긴급한 당면 과제로 인식되지 않았다. 아울러 신생 국가의 관료로 근무하는 사회 엘리트층의 자녀들은 이미 얼마든지 충분한 교육을 받고 있었기에 더욱 그러했다.

우리는 시몬 로드리게스가 1840년 파이타에 있는 마누엘라 사엔스의 초라한 거처를 찾아가 볼리바르에 관해 대화를 나누었다는 사실 외에 어떤 얘기를 나누었는지는 잘 알지 못한다. 로드리게스는 볼리바르가 그에게 보낸 마지막 편지를 항상 지니고 다녔다. 그는 자신의 뛰어난 학생이 민주주의적 감각이 얼마나 부족했는지에 대해선 인정하길 거부한 것처럼 보인다. 몇 년 뒤 티티카카 호수를 여행하던 한 프랑스인은 유창하게 프랑스어를 구사하는 어떤 노인을 만났을 때 아마 그가 프랑스인일 것이라고 추측했다. 그 노인은 매우 초라한 환경에서 원주민 아낙과 양초를 만들며 살고 있었다. 그는 바로 로드리게스였다. 그는 결국 영원한 교사이자 개혁가로서 페루에서 생을 마감했다. 오늘날 그의 유해는 베네수엘라 국립묘지의 볼리바르 묘역 가까이에 묻혀 있다. 마누엘라는 오랜 친구가 떠난 뒤 불과 수년을 넘기지 못하고 1859년 유명을 달리했다. 그녀는 공동묘지에 묻혔고 현재 무덤의 위치조차 알려져 있지 않다. 그녀가 죽을 때까지 금고 속에 고이 간직한 볼리바르의 편지들은 분명히 그녀가 죽은 뒤 다른 보잘것없는 세간과 함께 불태워졌을 것이다. 그녀는 디프테리아에 감염되어 죽었기 때문에 화장은 전염을 예방하기 위한 조치였을 것이다.

훔볼트는 마누엘라 사엔스와 같은 해에 사망했다. 그는 자연과학에 관한 종합적 조감으로 잘 알려진 역작 『우주』(Cosmos)를 저술했지만 프로이센 정부의 관리로서 국사에 더욱 몰두했다. 아마 이런 까닭에 노년의 훔볼트는 그 주제가 아메리카로 옮겨 갔을 때 당초 그가 대륙 전체로 확대하려고 했던 철도망과 전신망이나 실제 완공되기 반세기 전에 그가 특허를 낸 바 있는 운하를 건설하는 과업에 가장 큰 관심을 기울이는 듯 보였다. 유럽 팽창의 에너지는 19세기 중엽에 전 세계를 무대로 새로운 제국주의 시대를 전개하고 있었다. 영국은 아메리카의 국제 무역, 특히 쿠바와 멕시코 이남의 교역을 장악했다. 쿠바와 멕시코는 미국의 교역망에 흡수되었다. 아메리카에서 정치적 헤게모니를 장악하는 데 영국에 이어 차점자를 차지한 프랑스는 에스파냐어나 포르투갈어와 마찬가지로 프랑스어도 라틴어에서 비롯되었다는 사실을 강조하면서 아메리카와의 문화적 친화성을 주장하기 위해 "라틴아메리카"라는 새로운 지명을 널리 보급하기 시작했다.

훔볼트는 말년에 여러 라틴아메리카 국가들이 자신이 수천 쪽을 할애해 열거하고 검토한 천연자원을 개발할 능력이 없고 만성적인 불안을 겪고 있다면서 미덥지 못한 견해를 피력했다. 이런 까닭에 그는 오랫동안 노예제를 반대했음에도 불구하고 미국 남부의 노예제를 확대하는 데 기여한 1840년대 미국의 멕시코 침략 행위에 대해 본능적으로 승인하는 태도를 철회하지 않았다. 훔볼트는 승리를 거둔 북부의 공화국이 남부의 형제 공화국을 복속시키는 데 들어간 비용과 노력을 상쇄하기 위해 멕시코 영토의 절반을 획득한 것을 개인적으로 인정했다. 그는 영어를 사용하는 이들이 "경쟁력이 떨어지는 인종"을 희생시키고 대륙 전체로 팽창해나간다는 미국의 "명백한 운명론"을 수용한 듯 보였다. 1799년 쿠마나의 해안을 기어오르던 이상주의자 청년에게 도대체 어떤 변화가 생긴 것일까? 1840년대에 이르러 훔볼트가 심술궂은 제국주의자로 변모한 까닭은 아마 그가 라틴아메리카 독립투쟁의 성과에 대해 적어도 얼마간 실망했기 때문일 것이다. 훔볼트는 당대 일반적인 사고의 표준을 제시했을 뿐 이제 더는 바람직한 안내자가 아니었다. 어쨌든 그는 언제나 탐험가, 과학자, 기업가, 괴짜, 정부 수반 등에게 자문을 제공하는 유럽 최고의 아메리카 전문가임에는 변함이 없었다.

사망하기 몇 주 전에 훔볼트는 독일의 여러 일간지에 어떤 뉴스, 제안서, 의견 요청서도 더는 받지 않을 것이고 더불어 요청하지 않은 종 표본을 소포로 보내지 말아달라는 통지를 게재했다. 훔볼트는 그가 필요한 이들에게 엄청난 분량의 자료를 제공하곤 했다. 1850년대 그의 집에는 매년 평균 1,600~2,000건의 편지와 소포가 밀려들었다. 그 가운데 뜯지 않은 채 그냥 버려질 쓰레기 우편물은 하나도 없었다. 훔볼트의 죽음은 한 시대의 종언을 의미했다. 그가 말년에 지녔던 제국주의적 정서가 널리 알려지지 않게 된 것은 아메리카에서 잊히지 않는 그의 명성을 위해선 다행스러운 일이 아닐 수 없다.

에필로그
유산이 지속되다

 1859년 훔볼트의 사망 소식을 전해 듣자마자 베니토 후아레스 멕시코 대통령은 그를 추모하고자 동상 건립 계획을 마련했다. 그러나 얄궂게도 프랑스의 개입 탓에 후아레스는 청동상 건립을 마치기 전에 권좌에서 축출되었다. 프랑스는 1860년대 제국을 수립하고 잠시나마 오스트리아의 막시밀리안 대공을 멕시코의 황제로 추대했다. 이는 19세기 중엽 유럽이 라틴아메리카에 자행한 몇 가지 주요 내정 간섭 가운데 한 가지 사례였다. 이미 살펴본 바와 같이 미국은 이런 내정 간섭의 일환으로 무력을 통해 멕시코의 영토를 자국 영토로 편입시키기도 했다. 동시에 라틴아메리카의 여러 항구들은 영국, 프랑스, 미국의 무역선 돛대로 가득할 만큼 상업적 침투가 광범위하게 발생하고 있었다. 이를 지켜본 적잖은 이들은 마치 서구 문명에 대한 간디의 경구(警句)를 상기시키듯 "라틴아메리카의 독립이라고? 참 좋은 생각이야!"라고 읊조리곤 했다.

 흔히 주권을 유린한 것은 외부의 헤게모니 세력만이 아니었다. 굳건히 기반을 확립한 지배계급의 이해관계를 대변하는 권위주의적 정부 때문에 주권자인 인민들은 자국에서 시민권을 제대로 행사할 수 없었다. 이제 아메리카의 독립투쟁을 전체적으로 평가해보자. 막 독립한 신생국들은 미국과 달리 경제 발전을 촉진하기 위해 곧 자유로운 제도를 갖춘 안정적인 국민국가를 이뤄내지 못했다. 이 때문에 훔볼트가 실망했을지도 모른다. 이런 비판은 향후 전 세계 다른 국가들의 경험을 고려할 때 근시안적이지만 충분히 이해할 만한 것으로 1850년대에 시몬 로드리게스를 포함한 여러 인물들이 공유한 생각이었다.

1850년대 훨씬 이전에 볼리바르의 스승은 외세의 간섭보다 아메리카를 사회·경제적으로 변혁하는 독립의 실패를 더 크게 염려했다. 정치적 혁명은 반드시 사회·경제적 혁명을 수반해야 하지만 아메리카의 경우는 그렇지 못했다. 19세기 중엽에 로드리게스가 마누엘라 사엔스를 마지막으로 방문했을 때, 그는 안데스 공화국들에서 자유로운 공화국의 실현에 꼭 필요하다고 믿었던 방식의 사회·경제적 변혁이 거의 일어나지 않았다는 점을 확인했다.

부에노스아이레스에서 마리키타 산체스 데 망데빌은 좀더 낙관적인 견해를 내비쳤다. 사망하기 얼마 전, 마리키타는 자신의 일생에 대한 회고록을 작성해달라는 요청을 받고 에스파냐의 지배를 받던 식민지 아메리카가 "공포, 무지, 가톨릭"[1]이라는 "세 개의 족쇄"에 묶여 있었다고 묘사했다. 그녀는 1780년대 대중적 지지를 받지 못한 식민정부가 투팍 아마루를 네 마리 말에 묶어 찢어 죽인 데서 볼 수 있듯이 끔찍하기 이를 데 없는 처형과 폭력을 통해 의지를 관철하고 공포를 조장했다고 회고했다. 또한 식민지의 부모들이 딸이 연인과 비밀리에 편지를 교

---

1) María Sáenz Quesada, *Mariquita Sánchez: Vida política y sentimental* (Buenos Aires: Editorial Sudamericana, 1995), p. 14.

환할 것을 우려해 여성 교육을 제한한 데서 무지를 확인할 수 있다고 주장했다. 마지막으로 가톨릭교회는 예컨대 이단 심문소의 금서 목록을 통해 이런 모든 행위를 종교적으로 정당화했다. 적어도 망데빌 부인의 판단에 따르면, 결국 그녀 역시 가담한 1810년 5월의 부에노스아이레스 혁명은 이 세 가지 족쇄를 깨뜨렸다. 순전히 공식적인 정치 제도의 측면에서 볼 때, 두드러진 변혁 — 긍정적 변혁 — 이 실제로 발생했다.

두 명의 노련한 혁명가, 즉 시몬 로드리게스와 마리키타는 설득력 있는 요점을 제대로 제시했다. 오늘날에도 사회·경제적 혁명은 여전히 필요한 과제일 것이다. 전반적 합의가 결국 이런 생각을 뒷받침했다. 아울러 강력한 외세가 독립 이후 때때로 라틴아메리카의 주권을 침해할 것이란 점 또한 부인할 수 없었다. 독립 이후 탈(脫)식민이나 준(準)식민 또는 신(新)식민 관계는 여전히 존속했지만 아메리카에 대한 직접적 식민 지배는 대부분 종식되었다. 게다가 선거, 대의제 의회, 대통령 임기의 제한, 시민권 보장을 포함해 자유로운 정치구조가 어디에서나 확립되었다. 브라질 제국조차도 엄밀히 말해 입헌군주국이었다. 하지만 다수의 자유로운 제도들이 19세기 내내 제대로 기능하지 못했다는 사실로 미루어 볼 때, 일부 성과들은 명백히 환상일 뿐이었다.

과연 누가 놀라겠는가? 라틴아메리카의 독립투쟁은 애당초 자유주의적 혁명이 아니었다. 1808년 페르난도 7세가 '납치'된 뒤에도 거의 모든 식민지 주민들은 그에게 충성을 표시했다. 소수의 공화주의 이론가들도 페르난도 7세의 가면을 써야만 했다. 이런 사실로 미루어 볼 때, 독립투쟁 초창기 수년간 공화국이 다수의 지지를 확보하지 못했다는 점은 의심할 여지가 없다. 이 무렵 인쇄기를 통해 정치 팸플릿이나 한 장짜리 신문들이 수백 부씩 발간되었고 이에 따라 자유주의 사상이 갖가지 형태로 급속히 퍼져나갔다. 물론 문맹률이 90퍼센트에 이르렀기 때문에 인쇄 혁명이 사회 전반에 미친 영향력은 제한적이었다. 아메리카 독립운동의 주도권은 공화파에게 있었지만 이는 그들이 국내에서 대중적 신임을 폭넓게 받았기 때문이 아니라 공화주의가 전 세계적으로 인기를 얻은 덕분이었다. 프랑스와 영국의 정치철학은 그들의 저항에(또는 최소한 그것을 정당화하는 데) 영감을 주었고 미국 헌법은 다수가 모방한 표본을 제공했다. 정부를 수립할 때 즈음 입헌군주제에 적합한 군주가 없었기 때문에 신생 독립국의 대다수 지식인들은 선출직 대통령과 의회가 있는 공화국의 수립을 진보적이고 근대적인 국민에게 주어진 유일한 선택으로 간주했다. 그러나 그들은 자기 자신에게 속임수를 쓰고 있었다.

전반적으로 아메리카는 독립한 지 얼마 지나지 않았고 그리 자유로운 공간도 아니었다. 대다수 주민들은 정치 질서에 대해 매우 전통적인 관점을 고수하는 듯 보였다. 대륙 최대의 국가인 브라질과 멕시코가 1822년 황제를 옹립하려는 대중적 열정을 쏟아냈다는 사실은 상기할 만하다. 특히 원주민 촌락민이나 농민은 어디에서나 농촌 지역을 지배하던 대토지 소유자와 마찬가지로 강한 보수적 성향을 드러냈다. 수많은 아메리카인들이 여전히 느리게 변화하는 사회 규범에 맞게 자신의 삶을 추슬렀다. 그들은 종교적 진실을 도전할 수 없는 신성한 것으로, 사회적 위계질서를 세상의 자연스러운 방식으로 여겼다.

공화주의 모델에 바탕을 둔 평등한 시민권이라는 새로운 정치사상은 위계질서와 권위를 강조하던 식민시대와 뚜렷한 대조를 선보였다. 수많은 예속적 원주민 '시민'이 존재하는 라틴아메리카는 원주민이나 유색 인종의 시민권을 배제한 신생 공화국 미국과 다를 수밖에 없었다. 볼리바르를 비롯해 수많은 인물들이 주장한 대로 에스파냐의 폭정은 바로 그들에게 자치정부를 금지함으로써 일반인의 시민 교육을 박탈했다. 공화주의 모델은 완전히 새로운 일련의 정치 제도를 의미했다. 헌법, 선거, 의회는 에스파냐와 포르투갈의 아메리카 식민정부에서 아무런 역할을 하지 못했다. 이런 현실은 특허장, 선거, 자치적인 회합이 표준으로 여겨진 미국의 식민지 경험과는 대조적이었다. 미국의 헌법과 제도는 비교적 자생적이었다. 그것은 영국 식민지들의 역사적 경험에서 유래되었다. 반면 아메리카 신생 공화국들의 헌법은 마치 콜롬비아나 칠레의 토양에 심긴 이국적 식물, 달리 말해 주민들의 역사적 경험과 동떨어진 존재처럼 보였다. 새로운 절차를 익히는 데 시간이 얼마 걸리진 않았으나 주민들에게 경외심을 불러일으키는 권위를 지니게 하는 데는 오랜 시간이 걸렸다. 아메리카의 "비현실적 공화국"들은 만일 지역의 현실과 결별한다면 분명히 제대로 작동하지 못할 가능성이 컸다.

그 점에서 브라질 제국은 초창기 에스파냐어권 공화국과 대비되는 면모를 보여주었다. 간단히 말해 브라질의 더 보수적인 정치 제도는 식민 시대의 불평등하고 착취적인 유산과 더 잘 맞물려 돌아갔다. 브라질의 입헌군주제는 더 안정적이었지만 에스파냐어권 공화국보다 더 노골적으로 위계적이었다. 따라서 브라질은 멕시코에서 알라만이 우려한 바와 같이 전통과 정치 제도 간의 불일치에서 비롯되는 어려움을 덜 겪었다. 멕시코가 19세기 중엽 연이은 내전으로 비틀거리고 있을 때, 불규칙하게 뻗어나간 옛 포르투갈의 카피타니아들은 놀랍게도 한데 뭉쳐 시간이 갈수록 수출 생산을 증가시켰다. 브라질 제국은 작위 귀족들을 유지·확대했고 에스파냐어권 공화국에서는 이미 오래전에 사라진 노예제에 근거해 플랜테이션 농업 생산을 지속했다.

독립 선언이 아메리카 곳곳에서 울려 퍼진 뒤 응집력 있고 통합적인 국가, 인민주권의 초석과 공화정을 수립하기까지는 약 한 세기가 걸렸다. 정체성의 정치, 즉 아메리카인을 위한 아메리카는 독립을 성취하도록 만들었으나 이는 곧 걸림돌이 되었다. '아메리카인 되기'는 모두가 아메리카인이 되자 더는 특별한 영예가 아니었다. 멕시코인, 과테말라인, 콜롬비아인, 페루인, 볼리비아인, 칠레인, 파라과이인 또는 아르헨티나인이 되는 것은 일상생활에서 별다른 의미를 지니기 힘들었다. 신생국들은 국민적 정체성이 크게 결여되어 있었다. 누가 실제로 국민에 포함되었는가? 원주민과 아프리카계 주민의 참여를 부인할 수 없는 상황에서 엘리트층은 고민할 수밖에 없었다. 점차 예술가, 교육자, 정치인 들은 청중과 대화를 나누면서 유용한 국민적 정체성을 정교하게 다듬었다. 공유된 경험은 결국 독특한 종족성의 기원으로서 인종적 혼혈이라는 개념을 특징으로 삼는 국민적 서사 속에 응결되었다. 이런 과정은 1825년에 이르러서야 겨우 시작되었지만 이후 두 세대가 지나도록 추진력을 얻지 못했다. 바로 이 대목이 21세기에 전 세계에서 국가 건설을 모색하는 이들이 반드시 가슴속에 새겨야 할 교훈, 즉 라틴아메리카의 경험이 강력하게 예증하는 교훈이다.

또 다른 교훈이 있다면 인민주권의 원칙을 올바르게 구현하는 통합적 국가와 정치 제도를 창출하는 데 어려움을 겪었지만 장기적으론 달리 어떤 것도 제대로 작동하지 않았다는 점이다. 인민주권은 대단히 계몽주의적인 개념도 아니었고, 특별히 프랑스적이지도 않았다. 프랑스식 인민주권이 아메리카에 효과적이었다는 점은 의심할 여지가 없다. 프랑스식 인민주권은 이미 국민의 마음에 자리 잡은 신념에 부합했기 때문이다. 결국 1810년 아메리카인들이 구성한 협의회들은 군주제 아래에서 누릴 수 있는 자치에 대한 전통적 요구를 거리낌 없이 그들의 폭넓은 호소력의 토대로 삼았다. 아메리카는 왕실의 또 다른 기둥이었다. 산마르틴과 조제 보니파시우 같은 확고한 군주제 옹호자조차 '아메리카인을 위한 아메리카'라는 개념에 호응했다. 카디스 의회의 아메리카인 대표들도 이에 화답했다. 볼리바르, 파에스, 피아르, 벨그라노, 오히긴스, 아르티가스, 아수르두이가 그랬듯이 이달고, 모렐로스, 게레로 역시 이를 표방했고 이투르비데와 페드루 1세조차도 이를 따랐다. 오늘날 아메리카의 보통 사람들은 남자이든 여자이든 도시민이든 촌락민이든 추운 산악지대이든 후텁지근한 저지대이든 장인이든 농민이든 누구나 인민주권의 개념에 호응할 것이다. 자결(自決)은 독립의 가장 기본적인 약속이었고 이 약속은 결코 철회될 수 없었다.

이런 점을 염두에 둔다면 이 지역이 겪은 후속 역사를 훨씬 쉽게 이해할 수 있을 것이다. 19세기 내내 자유주의적 제도는 특히 외부인들에게 흔히 허구처럼 보였으나 기묘하게도 아메리카인들은 이를 단호히 유지했다. 잘 알려진 것처럼 일상적으로 선거 결과를 조작한 독재정권은 왜 선거 실시 자체를 결코 등한시하지 않았는가? 헌법 조항이 빈번하게 침해되기는 했으나 결코 무시되지 않았고 밀려났다가도 항상 되돌려진 이유는 무엇인가? 왜 자유주의적 공화제가 실제로 약화되었음에도 이론적으로는 유지되었는가? 만성적인 위반에도 불구하고 자유주의적 공화제에 대한 이런 끈질긴 강조는 사실 그것이 얼마나 중요한지에 대한 설득력 있는 증거였다. 간단히 말해 선거와 헌법은 인민의 동의를 의미했다. 실질적인 내용을 제공하는 데 실패했을 때조차 그것은 필수 불가결한 인민주권의 상징이었다.

인민주권에 대한 약속은 독립투쟁 이후 아메리카인들이 자치와 관련된 여러 실제적인 문제들을 해결하는 데 큰 도움을 주지 못했다. 인민주권의 주장 속에 담긴 전시(戰時)의 수사학은 실제로 존재한 적이 없는 만장일치를 함축했다. 하지만 전시의 수사학과 달리 실제적인 통치를 위해 인민주권은 좀더 정확하게 정의되어야 했다. 누가 투표권을 지닌 시민이어야 하는가? 보수주의자들은 자기 자신, 자신의 아버지, 그리고 그에 필적하는 "미덕, 분별력, 재산, 사회적 영예를 지닌 남자"라고 생각했다. 모렐로스가 살아 있었다면 아마 "모든 아메리카인"이라고 말했을 것이다. 그러나 모렐로스일지라도 여성에게 투표권을 부여하도록 제안하지는 않았을 것이 분명하다. 인민주권은 이제 더는 단순하고 통합적인 요소가 아니었고 논쟁의 장(場)이자 충돌의 원천이 되었다.

라틴아메리카 독립투쟁의 가장 큰 공헌은 탈(脫)식민 세계의 주권을 확립한 것이었다. 탈식민 세계의 주권은 실제 작동하는 현실이 아니라 불멸의 열망으로서 서양 정치문화의 기본 원리였다. 그 원리를 거부할 수는 없지만 그것을 적용함으로써 예상되는 결과를 회피하고 싶어 했던 이들에게 인민주권의 유예는 관례적인 전술이 되었다. 그리하여 19세기 말 페드루 2세는 브라질에 황제가 필요하지만 언젠가 더는 그렇지 않게 될 것이라고 공개적으로 한탄하기도 했다. 당시 멕시코의 지배자 포르피리오 디아스는 이와 유사하고 아마도 진실한 해명을 덧붙이면서 그 자신의 선거 결과 조작을 정당화했다. 마침내 통합을 이룬 아르헨티나를 통솔하게 된 훌리오 로카 장군은 라틴아메리카의 다른 권위주의적 지도자들과 같은 생각을 품고 있었다. 말하자면 더욱 민주적인 제도가 바람직하지만 유감스럽게도 유예되어야만 한다는 생각이었다. 그들에 따르면, 보통 사람들은 민주적인 제도를 받아들일 "준비가 아직 덜 되어" 있었다.

"백인의 부담(또는 책무)"을 언급한 유럽의 제국주의자에게도 유예는 곧 진언(眞言)이었다. 그들은 마땅히 자결권을 부여받아야 하지만 아직 그것을 행사할 준비가 덜 된 어린아이와 같은 전 세계 비(非)유럽인들을 훈련시켜야 할 책무가 자신에게 있다고 믿었다. 유예 전술은 1898년 에스파냐로부터 푸에르토리코와 필리핀을 획득하면서 좀더 제한적인 제국주의적 전략을 구사한 미국의 행동을 정당화했다. 1900년 무렵 실질적인 인민주권의 유예를 제안한 이들은 대부분 비유럽인들이 아마 유럽인에 필적하기 어려울 것이라고 믿었던 인종차별주의자였다. 그러나 만일 그들이 근대 서양 정치의 가치들을 존중했더라면, 선의의 후견과 보호로 인민주권을 유예하면서 자기 행위를 합리화하는 것은 일시적으로만 가능했을 것이다. 아메리카의 인민주권은 아프리카와 아시아에서 서양의 식민통치가 막바지에 다다르던 1945년에 전 세계적 탈식민화의 최우선 원칙으로 명시되었다.

오늘날 아메리카는 서양과 그 밖의 다른 지역 간의 경계에 다소 모호하게 서 있다. 아메리카인들은 언어, 종교, 물질문화, 정치적 가치의 측면에서 볼 때 압도적으로 서양적이다. 대다수 아메리카인들은 순수한 유럽인 혈통을 계승하지도 않았고 그들의 사회 또한 유럽적 전통의 토대 위에서만 형성된 것은 아니지만 명백하게도 라틴아메리카의 다인종 국가들은 오늘날 전 세계에서 가장 견고한 자유주의적 공화국으로 자리매김하고 있다. 다인종 국가를 사회적으로 통합된 공화국으로 만들고 모든 이들에게 시민권의 충분한 혜택을 부여하는 것은 오래 지속되어온 투쟁이었고 여전히 결코 끝나지 않은 과업이다. 아메리카인들은 자유주의적 이상을 추구하면서 가파르고 장애물이 많은 길을 걸어왔다. 그들의 독립투쟁은 서양의 정치적 가치들을 전 세계로 확대하는 데 결정적으로 기여했다. 그 과정은 이런 가치들의 혁명적 잠재력뿐 아니라 그것이 상이한 전통에 따라 형성된 사회에 전파되었을 때 어떤 저항을 유발하는지를 고스란히 보여주었다. 아메리카의 입헌체제는 교란될 때도 있었지만 항상 굳건하게 복구되었다. 자유주의는 아메리카에서 애당초 이국적인 식물로 분류되었을지도 모르지만 끝내 깊이 뿌리를 내렸다.

가우초(gaucho) 리오데라플라타 변경지대의 목부(牧夫).

가추핀(gachopín, 복수: gachupínes) 에우로페오에 대한 경멸조의 별칭. 누에바에스
파냐에서 매우 널리 쓰임. 이와 대조적인 표현은 차페톤(chapetón, 아메리카인에 대
한 경멸적 표현). 이 용어들은 본문에서 당시 정서를 그대로 표현하기 위해 사용됨.

공납(貢納, tribute) 원주민에게 부과된 식민시대의 세금.

군주 지지파(royalist) 아메리카 독립에 반대하고 에스파냐 군주에 충성을 바치는 세력.

메스티소(mestizo) 혼혈인. 일반적으로 유럽인과 원주민 간의 혼혈 후손을 일컬음.

부왕(viceroy) 군주의 권위를 대표하면서 부왕령을 통치하는 인물.

부왕령(viceroyalties) 아메리카 식민지의 최상위 행정 구역, 통치 단위.

섭정(regent) 섭정 정부의 권력을 행사하는 인물.

섭정위원회(regency) 군주의 이름으로 통치하는 정부. 일반적으로 섭정위원회는 군주
가 어리거나 신체적·정신적 장애가 있거나 다른 이유로 통치할 수 없을 때 구성됨.

아메리카인(americano) 식민시대에 아메리카에서 태어난 에스파냐인을 지칭함.
español americano의 축약형.

아우디엔시아(audiencia) 행정적 기능까지 담당하는 상급 법원.

유럽인/에우로페오(europeo) 유럽에서 태어난 에스파냐인을 지칭하며 español
europeo의 축약형.

자유주의자(liberals) 자유무역, 발언의 자유, 제한적이고 대의제에 입각한 정부를 옹호하
는 세력. 자유주의자는 보통 공화국을 원했지만 일부는 입헌군주제를 수용하기도 함.

카빌도(cabildo) 시의회.

카빌도 아비에르토(cabildo abierto) 시의회의 공개회의.

카스트 제도(caste system) 세습적 지위를 바탕으로 한 사회적 신분제.

크리올(creole) 에스파냐어 크리오요(criollo)의 영어식 번역어로 아메리카에서 출생하

고 자라난 순수 에스파냐 혈통(또는 경우에 따라 아프리카계)을 지칭함. 식민시대 말기에 흔히 사용된 아메리카인(americano)과 동의어. 크리오요는 독립전쟁 시기에 자부심의 상징으로 부각됨.

파르도(pardo) 혼혈인. 일반적으로 유럽인과 아프리카계 주민 간의 혼혈 후손을 일컬음.

훈타(junta) 지방의 협의회. 에스파냐에서 먼저 출현했고 아메리카에서는 1808년부터 1813년까지 군주정의 위기 때 등장함.

| 출처와 읽을거리 |

'라틴아메리카'라는 용어는 일반적으로 에스파냐와 포르투갈의 식민지였던 국가만을 포함한다. 따라서 이 책에서 아이티, 벨리즈, 수리남 등은 다루지 않는다. 이들은 각 각 프랑스, 영국, 네덜란드의 식민지였다. 도미니카 공화국, 쿠바, 엘살바도르, 온두 라스, 니카라과, 코스타리카, 파나마는 1840년부터 1903년 사이에 독립을 성취했다. 이 지역 역사의 종합적인 검토를 위해서는 John Charles Chasteen, *Born in Blood and Fire: A Concise History of Latin America*(New York: Norton, 2006)를 참조 하기 바란다. 쿠바의 독립에 관해서는 Ada Ferrer, *Insurgent Cuba: Race, Nation, and Revolution, 1868~1898*(Chapel Hill: University of North Carolina Press, 1999)을 추천한다.

독립투쟁 세력의 역사에 대해서는 Nikita Harwich Vallenilla, "La historia patria", in François-Xavier Guerra, ed., *Modernidad e independencias: ensayos sobre las revoluciones hispánicas*(Madrid: Editorial MAPFRE, 1992)를 참조하기 바란다.

1808~26년을 다룬 영어권의 대표 저작으로는 John Lynch, *The Spanish American Revolutions, 1808~1826*(New York: W. W. Norton, 1986); Jay Kinsbruner, *Independence in Spanish America: Civil Wars, Revolutions, and Underdevelopment* (Albuquerque: University of New Mexico Press, 2000); Richard Graham, *Independence in Latin America: A Comparative Approach*, 2nd ed.(New York: McGraw-Hill, 1994); Leslie Bethell, ed., *The Independence of Latin America* (Cambridge: Cambridge University Press, 1987) 등이 있다.

나는 존 린치(John Lynch)와 티머시 애나(Timothy Anna)에게 많은 영감을 받았다(아래 제목을 참조하기 바란다).

Jaime E. Rodríguez O., *The Independence of Spanish America*(Cambridge: Cambridge University Press, 1998), 그리고 게라(Guerra)의 저서는 큰 도움을 주었다. 기존에 인용된 저서뿐 아니라 그가 엮은 *Revoluciones hispánicas: Independencias americanas y liberalismo español*(Madrid: Editorial Complutense, 1995) 또는 안 니노(A. Annino), 레이바(L. Castro Leiva)와 함께 편집한 *De los imperios a las naciones: Iberoamérica*(Zaragoza: IberCaja, 1994)를 살펴보기 바란다.

라틴아메리카 역사 연구의 최근 경향 가운데 주목을 끄는 것은 독립전쟁 시기와 그 이후에 인민주권론을 받아들인 보통 사람들에 대한 연구이다. 이에 관해서는 Sarah C. Chambers, *From Subjects to Citizens: Honor, Gender, and Politics in Arequipa, Peru, 1780~1854*(University Park: Pennsylvania State University Press, 1999); James E. Sanders, *Contentious Republicans: Popular Politics, Race, and Class in Nineteenth-Century Colombia*(Durham, NC: Duke University Press, 2004); Peter F. Guardino, *The Time of Liberty: Popular Political Culture in Oaxaca, 1750~1850*(Durham, NC: Duke University Press, 2005); Jeremy Adelman, *Sovereignty and Revolution in the Iberian Atlantic*(Princeton, NJ: Princeton University Press, 2006)도 함께 보기 바란다.

베네딕트 앤더슨(Benedict Anderson)의 *Imagined Communities: Reflections on the Origin and Spread of Nationalism*, 2nd ed.(London: Verso, 1991)에 수록된 "크리오요 선구자"라는 장(章)은 프랑수아 사비에르 게라(François-Xavier Guerra)의 "Forms of Communication, Political Spaces, and Cultural Identities in the Creation of Spanish American Nations", in Sara Castro-Klarén & John Charles Chasteen, eds., *Beyond Imagined Communities: Reading and Writing the Nation in Nineteenth-Century Latin America*(Washington, DC: Woodrow Wilson Center Press, 2003)에서 비판적으로 논의된 바 있다.

각 장이나 절과 관련해 아래의 문헌들을 추천한다. 영어로 출판되었지만 경우에 따라서는 에스파냐어나 포르투갈어 제목을 제공하기도 한다.

제1장

훔볼트와 봉플랑, 아메리카를 발견하다

훔볼트에 관해 나는 Gerard Helferich, *Humboldt's Cosmos: Alexander von Humboldt and the Latin American Journey That Changed the Way We See the World*(New York: Gotham Books, 2004); Douglas Botting, *Humboldt and the Cosmos*(New York: Harper and Row, 1973); Helmut de Terra, *The Life and Times of Alexander von Humboldt, 1769~1859*(New York: Alfred Knopf, 1955)을 탐독했다. 훔볼트는 "남성을 좋아한 남성"이었으니, "남자들끼리만 나누는 강렬한 우정"으로 유명했다. 그의 감정적인 생애에서 여성은 그리 중요하지 않은 부분일 뿐이었다(Botting, 32). 이런 배경에 관해서는 George L. Mosse, *The Image of Man: The Creation of Modern Masculinity*(Oxford: Oxford University Press, 1996)를 참조하기 바란다.

대륙의 변경지대에 관심을 기울이다

Alistair Hennessy, *The Frontier in Latin American History*(Albuquerque: University of New Mexico Press, 1978); David J. Weber and Jane M. Rausch, eds., *Where Cultures Meet: Frontiers in Latin American History*(Wilmington, DE: Scholarly Resources, 1994)를 참조하기 바란다. 리오데라플라타 지역의 개척자에 대해서는 Richard W. Slatta, *Gauchos and the Vanishing Frontier*(Lincoln: University of Nebraska Press, 1983)를 참조하기 바란다.

아르티가스에 대한 표준적인 영어판 전기로는 John Street, *Artigas and the Emancipation of Uruguay*(Cambridge: Cambridge University Press, 1959)를 권할 만하다. 아르티가스의 생애 전반부는 Nelson Caula, *Artigas ñomoñaré: La vida privada de José G. Artigas*(Montevideo: Rosebud Editions, 2000)에 잘 나타나 있다. 펠릭스 데 아사라(Felix de Azara)의 *Memoria sobre el estado rural del Río de la Plata y otros informes*(Buenos Aires: Editorial Bajel, 1943)에는 1801년 당시의 상황이 잘 나타나 있다.

계속되는 훔볼트의 모험

훔볼트의 *The Island of Cuba: A Political Essay*, intro. Luis Martínez Fernández (Princeton: Markus Wiener Publishers, 2001)도 좋고 Anthony McFarlane, *Colombia Before Independence: Economy, Society, and Politics Under Bourbon Rule*(Cambridge: Cambridge University Press, 1993)도 추천하고 싶다. 식민시대 아메리카의 플랜테이션 노예제에 관한 개관으로는 Philip D. Curtin, *The Rise and*

Fall of the Plantation Complex: Essays in Atlantic History(Cambridge: Cambridge University Press, 1998)를 참조하기 바란다.

시몬 볼리바르의 등장

영어로 출판된 볼리바르의 표준적인 전기로는 제라드 마수르(Gerhard Masur)의 *Simon Bolivar*(Albuquerque: University of New Mexico Press, 1969)가 있고 David Bushnell, *Simón Bolívar: Liberation and Disappointment*(New York: Pearson Longman, 2004); John Lynch, *Simón Bolívar: A Life*(New Haven, CT: Yale University Press, 2006); Richard W. Slatta and Jane Lucas De Gnummond, *Simón Bolívar's Quest for Glory*(College Station: Texas A & M University Press, 2003) 등도 빼놓을 수 없다. 카라카스 시의회의 저항에 대한 번역문은 John Lynch, ed., *Latin American Revolutions, 1808~1826: Old and New World Origins* (Norman: University of Oklahoma Press, 1994)에서 찾아볼 수 있다.

훔볼트, 페루와 누에바에스파냐를 조사하다

페루와 누에바에스파냐의 광산 경제에 관해서는 Enrique Tandeter, *Coercion and Market: Silver Mining in Colonial Potosí, 1692~1826*(Albuquerque: University of New Mexico Press, 1993)와 Edith Boorstein Couturier, *The Silver King: The Remarkable Life of the Count of Regla in Colonial Mexico*(Albuquerque: University of New Mexico Press, 2003)를 참조하기 바란다. 투팍 아마루에 관해서는 Ward Stavig, *The World of Túpac Amaru: Conflict, Community, and Identity in Colonial Peru*(Lincoln: University of Nebraska Press, 1999)를 추천한다.

이달고 신부의 등장

Hugh M. Hamill Jr., *The Hidalgo Revolt: Prelude to Mexican Independence* (Westport, CT: Greenwood Press, 1981)를 참조하기 바란다.

자유와 전제에 대해 숙고하다

아메리카의 독립과 관련된 미국의 역할에 관해서는 Arthur Preston Whitaker, *The United States and the Independence of Latin America, 1800~1830*(New York: Norton, 1964)를 참조하기 바란다. 시몬 로드리게스에 관해서는 영어로 출판된 저작이 별로 없으나 Alfonso Rumazo González, *Simón Rodríguez, maestro de América: Biografía*(Caracas: Gráficas Amitano, 1976)가 도움을 줄 것이다.

조제 보니파시우, 브라질을 그리워하다

이 시기의 브라질에 관해서는 Kenneth Maxwell, *Conflicts and Conspiracies: Brazil and Portugal, 1750~1808*(New York: Routledge, 2004)을 추천한다. 조제 보니 파시우의 생애를 자세히 언급한 저작으로 나는 Octavio Tarquinio de Sousa, *História dos fundadores do Império do Brasil*, vol. I: *José Bonifácio*(Rio de Janiero: José Olímpio Editora, 1957)를 주로 참조했다. 영어 저작으로는 Emilia Viotti da Costa, *The Brazilian Empire: Myths and Histories*(Chapel Hill: University of North Carolina Press, 2000)를 참조하기 바란다.

훔볼트의 유명한 여행기가 발간되다

훔볼트의 *Personal Narrative*, trans. Helen Maria Williams(London: Longman, 1818)는 그의 또 다른 저작인 *Political Essay on the Kingdom of New Spain*, ed. Mary Maples, trans. John Black(New York: Alfred A. Knopf, 1972)과 더불어 출 간 즉시 영어로 번역된 바 있다.

제2장

미란다가 아메리카를 침입하다

미란다의 전기로는 Karen Racine, *Francisco de Miranda: A Transatlantic Life in the Age of Revolution*(Wilmington, DE: Scholarly Resources, 2003)이 좋다. 파블로 비스카르도 이 구스만(Pablo Viscardo y Guzmán)의 *Letter to the Spanish Americans*, intro. David Brading(Providence, RI: The John Carter Brown Library, 2002)도 추천할 만하다.

영국의 리오데라플라타 침략도 실패하다

이 시기의 역사를 집중적으로 다룬 표준적 저작으로는 James R. Scobie, *Argentina: A City and a Nation*(New York: Oxford University Press, 1971)이 있다. 상세한 전 기로는 María Sáenz Quesada, *Mariquita Sánchez: Vida política y sentimental* (Buenos Aires: Editorial Sudamericana, 1995), 가부장적 권력에 대한 사엔스의 도 전에 관해서는 Jeffrey M. Shumway, *The Case of the Ugly Suitor and Other Histories of Love, Gender, and Nation in Buenos Aires, 1776~1870*(Lincoln: University of Nebraska Press, 2005)을 보기 바란다.

식민시대 민병대의 형성에 관해서는 여러 저작들이 있다. Christon I. Archer, *The Army in Bourbon Mexico, 1760~1810*(Albuquerque: University of New Mexico

Press, 1977), 그리고 특히 아르헨티나에 관해서는 Gabriel Di Meglio, "Os habéis hecho temibles: La milicia de la ciudad de Buenos Aires y la política entre las invasions inglesas y el fin del proceso revolucionario, 1806～1820", *Tiempos de América 13*(2006), pp. 151～66가 널리 알려져 있다.

주앙 왕자가 브라질을 향해 출항하다

Roderick Barman, *Brazil: The Forging of a Nation, 1798～1852*(Stanford: Stanford University Press, 1988)를 보라. Kirsten Schultz, *Tropical Versailles: Empire, Monarchy, and the Portuguese Royal Court in Rio de Janeiro, 1808～1821*(New York: Routledge, 2001)은 좀더 상세하게 기술되어 있다.

나폴레옹이 에스파냐도 침략하다

Timothy E. Anna, *Spain and the Loss of America*(Lincoln: University of Nebraska Press, 1983)를 보기 바란다. 에스파냐어로 출판된 저작으로는 Ramón Menéndez Pidal, *Historia de España, vol. XXVI La España de Fernando VII*(Madrid: Espasa-Clape, S. A., 1968)를 보기 바란다.

산마르틴의 생애와 관련해 나는 파트리시아 파스콸리(Patricia Pasquali)의 매우 통찰력 있고 뛰어난 저작인 *San Martín: La fuerza de la misión y de la gloria*(Buenos Aires: Editorial Planeta Argentina, 1999)에 많이 의존했다.

아메리카인들이 반발하기 시작하다

미에르(Mier)의 회고록이 영어로 번역되었으니 참조하기 바란다. *The Memoirs of Fray Servando Teresa de Mier*, ed. Susana Rotker, trans. Helen Lane(New York: Oxford University Press, 1998). Genaro García, *Leona Vicario, heroína insurgente*(Mexico City: Editorial Inovación, 1979)도 함께 살펴보길 권한다.

마누엘라를 만나다

페루와 안데스에 대해서는 Timothy Anna, *The Fall of the Royal Government in Peru* (Lincoln: University of Nebraska Press, 1979)를 보기 바란다. 사엔스에 관해서는 Alfonso Rumazo González, *Manuela Sáenz: La libertadora del Libertador*(Bogotá: Ediciones Mundial, 1944)가 있고 곧 출판될 예정인 저작으로는 Pamela Murray, *Libertadora: The Odyssey of Manuela Saenz, 1797～ 1856*(Austin: University of Texas Press, 근간)를 추천하고 싶다.

페르난도의 가면을 쓰고서

"페르난도의 가면"은 베르나르도 몬테아구도(Bernardo Monteagudo)의 표현이다. 마다리아가(Madariaga)의 대작 *Bolívar*, 2 vols.(Mexico City: Editorial Hermes, 1951)는 반드시 주의를 기울여 읽어야 하고 다른 전기에서는 찾아볼 수 없을 만큼 상세한 내용으로 유명하다.

부에노스아이레스에서 혁명이 일어나다

교역과 관련한 쟁점은 John Robert Fisher, *Commercial Relations Between Spain and Spanish America in the Era of Free Trade, 1778~1796*(Liverpool: Centre for Latin-American Studies, University of Liverpool, 1985)와 그의 또 다른 저작인 *War and Revolution: Exports from Spain to Spanish America, 1797~1820*(Liverpool: Institute of Latin American Studies, University of Liverpool, 1992)를 보기 바란다. Manuel Moreno, *Vida y memorias de Mariano Moreno*(Buenos Aires: Editorial Universitaria de Buenos Aires, 1968)와 Eduardo O. Dürnhöfer, *Mariano Moreno*(Buenos Aires: Editorial Dunken, 2000)도 참조하면 좋다.

누에바그라나다에서 여러 협의회들이 설립되다

Rebecca A. Earle, *Spain and the Independence of Colombia, 1810~1825*(Exeter: University of Exeter Press, 2000)를 참조하기 바란다. 나리뇨(Nariño)에 관한 영문 전기는 Thomas Blossom, *Nariño: Hero of Colombian Independence*(Tucson: University of Arizona Press, 1967)가 유일하다.

칠레도 협의회를 구성하다

Simon Collier, *Ideas and Politics of Chilean Independence, 1808~1833* (Cambridge: Cambridge University Press, 1967)를 참조하기 바란다. 오히긴스 (O'Higgins)에 관해서는 Jay Kinsbruner, *Bernardo O'Higgins*(New York: Twayne Publishers, 1968)를 권하고 싶다.

제3장

누에바에스파냐의 군중이 날뛰다

좀더 분석적인 접근을 원한다면 Brian R. Hamnett, *Roots of Insurgency: Mexican Regions, 1750~1824*(Cambridge: Cambridge University Press, 1986); John

Tutino, *From Insurrection to Revolution in Mexico: Social Bases of Agrarian Violence, 1750~1940*(Princeton: Princeton University Press, 1986); Eric Van Young, *The Other Rebellion: Popular Violence, Ideology, and the Mexican Struggle for Independence*(Stanford, CA: Stanford University Press, 2001) 등을 추천한다.

이달고(Hidalgo)에 관해서는 (이미 언급한 저작 외에) Roberto Blanco Moheno, *Historia de dos curas revolucionarios: Hidalgo y Morelos*(Mexico City: Editorial Diana, 1973)를 참조하기 바란다. 이달고의 수수한 출판물에 관해서는 *El despertador americano: Primer periódico insurgente*(Mexico City: Instituto Nacional de Antropología e Historia, 1964)에서 모사본을 볼 수 있다.

알토페루를 둘러싼 전쟁이 시작되다

레푸블리케타(republiquetas: 작은 공화국)에 관해서는 John Lynch, *Caudillos in Spanish America, 1800~1850*(Oxford: Clarendon Press, 1992)에 잘 기술되어 있다. 아수르두이(Azurduy)와 파디야(Padilla)에 관해서는 Pacho O'Donnel, *Juana Azurduy*(Buenos Aires: Editorial Planeta, 1994)를 추천한다.

포르투갈의 간섭 탓에 문제가 더욱 복잡해지다

스트릿(Street)의 *Artigas* 또는 César da Silva, *D. Carlota Joaquina, Chronica episódica*(Lisbon: Torres e Cia, n. d.), Roberto Etchepareborda, *Política luso-rioplatense, 1810~1812: Fin de laspretensiones de la Infanta Carlota Joaquina a la regencia del Río de la Platay primera invasión portuguesa a la Banda Oriental*(Buenos Aires: H. Consejo Deliberante, 1961) 등을 추천할 만하다.

당시의 리우에 관해서는 Mary C. Karasch, *Slave Life in Rio de Janeiro, 1808~1850* (Princeton: Princeton University Press, 1987)를 참조하기 바란다.

이달고와 아옌데가 생을 마감하다

해밀(Hamill)의 *The Hidalgo Revolt*는 이달고에 대한 구체적인 심문 내용을 담고 있는데, 대체로 그럴듯하게 윤색되어 있다.

나리뇨가 쿤디나마르카의 대통령이 되다

베네딕트 앤더슨(Benedict Anderson)의 『상상된 공동체』(*Imagined Communities*)는 국민국가 건설 과정에서 인쇄문화가 맡은 역할에 대해 새로운 관심을 불러일으키기에 충분하다. Fernando Unzueta, "Periódicos y formación nacional: Bolivia en sus primeros años", *Latin American Research Review* 35. 2(2000): 35~72와

Pedro Grases, *Libros y libertad*(Caracas: Ediciones de la Presidencia de la República, 1974)도 참조하기 바란다.

아르티가스가 탈출을 지휘하다
말, 수레, 가축은 물론 자유민, 노예 등에 대한 상세한 목록을 보고 싶다면 *Exodo del pueblo oriental: Padrón de las familias que acompañaron al Gral. José Artigas en 1811*(Montevideo: Museo Histórico Nacional, 1968)을 보기 바란다.

모렐로스의 등장
영문 연구서로는 Wilbert H. *Timmons, Morelos: Priest Soldier Statesman of Mexico* (El Paso: Texas Western College Press, 1963)가 참조할 만하다. 나는 Rubén Hermesdorf, *Morelos: Hombre fundamental de México*(Mexico City: Editorial Grijalbo, 1958)에 많은 부분을 의존했다. 밴 영(Van Young)의 *The Other Rebellion*은 특히 성직자들을 중심으로 기술하고 있다.
교회의 사회적 역할에 대한 배경 지식은 Martin Austin Nesvig, ed., *Local Religion in Colonial Mexico*(Albuquerque: University of New Mexico, 2006)를 참조하기 바란다.

카디스 의회가 헌법을 제정하다
헌법을 기초한 카디스 의회에 관해서는 Mario Rodríguez, *The Cádiz Experiment in Central America, 1808~1826*(Berkeley: University of California Press, 1978)를 추천하고 싶다. 애나(Anna)의 *Spain and the Loss of America*도 권할 만하다.

제4장

베네수엘라 공화정이 무너지다
미란다의 '납치'에 대한 기본적 사실들은 이론의 여지가 없다. 그러나 볼리바르의 전기 작가들은 그들을 좀더 멋있게 묘사하는 경향이 있다. 매우 세밀하게 묘사된 마다리 아가(Madariaga)의 볼리바르 전기는 예외라고 할 수 있다. 마다리아가는 애국심에 불타는 라틴아메리카의 역사가들이 볼리바르를 과도하게 영예로운 인물로 표현했다고 생각한 에스파냐 학자이다.

합리적 신사회가 부에노스아이레스를 접수하다
아메리카의 독립에서 프리메이슨식 비밀결사의 중요성에 대해서는 이 책에서 기존 연구보다 더 많은 부분이 언급되었다. 그들의 생리상 비밀 조직은 활동에 대한 어떤 기록도 남기지 않는다.

볼리바르가 '결사항전'을 선언하다

마다리아가의 *Bolívar*는 볼리바르의 주도권이 의심할 여지 없이 투쟁 조건을 재구성하려는 것이었음을 보여준다.

비카리오가 재판을 받다

멕시코 시의 비밀조직인 과달루페(Guadalupes)에 대해서는 Virginia Guedea, "La sociedad secreta de los Guadalupes: Una nueva forma de organización política", *Siglo XIX: Revista II*(1992): pp. 28~45에 잘 나타나 있다.

아수르두이가 '충성 대대'를 창설하다

독립전쟁 기간 동안 원주민들의 역할은 해석상 매우 중요한 문제임이 틀림없다. 밴 영(Van Young)의 *The Other Rebellion*에 따르면, 멕시코에서 그들의 역할은 수적 측면에서는 두드러졌으나 기간의 측면에서는 일시적일 뿐이었다. 또한 고향 근처에서 주로 활동했고 정치적 이데올로기보다는 지역적 전투에 더 매진했다. 전체적으로 판단할 때, 원주민들은 전쟁에 연루되지 않기를 원했다. 안데스의 원주민들은 독립에 소극적이었던 것으로 알려져 있지만 제4장의 후반에 나온 푸마카와(Pumacahua)의 반란은 적절한 지도자만 있다면 아메리카 독립의 대의를 위해 어마어마한 규모의 원주민 독립군이 조직될 수 있었다는 점을 보여준다.

볼리바르가 야네로와 부딪치다

원주민들과 반대로 파르도는 독립투사 가운데 과대 포장된 측면이 없지 않다. 아메리카인들의 독립투쟁을 아메리카의 아프리카계 후손이라는 더 넓은 역사와 연관시켜 살펴보고 싶다면 George Reid Andrews, *Afro-Latin America, 1800~2000*(New York: Oxford University Press, 2004)를 보기 바란다. 아울러 같은 저자가 저술한 *The Afro-Argentines of Buenos Aires, 1800~1900*(Madison: University of Wisconsin Press, 1980)는 부에노스아이레스에서 활동한 흑인과 파르도 군대의 동원에 대해 좀더 많은 관심을 기울이고 있다. 이 동원의 배경은 1795년에 카라카스의 시의회가 비판한 바 있는 식민시대 파르도 민병대에 있다고 할 수 있다. 이와 관련해서는 Ben Vinson III, *Bearing Arms for his Majesty: The Free-Colored Militia in Colonial Mexico*(Stanford, CA: Stanford University Press, 2001)를 참조할 만하다.

산마르틴이 한 가지 계획을 꾸미다

제4장에서는 구에메스(Güemes)에 대해 깊이 다루지 않지만 그는 아르헨티나 서북부를 비롯한 아르헨티나 전역에서 가장 열렬하게 추모되는 독립영웅이다. 이와 관련해서는 Luis Oscar Colmenares, *Martín Güemes: El héroe mártir*(Buenos Aires: Ediciones Ciudad Argentina, 1998)를 참조하기 바란다. 좀더 균형 잡힌 전기를 원한다면 Roger M. Haigh, *Martín Güemes: Tyrant or Tool? A Study of the Sources of Power of an Argentine Caudillo*(Fort Worth, TX: Christian University Press, 1968)를 추천하고 싶다.

아바스칼이 푸마카와의 반란을 제압하다

페루의 독립 시기에 관심을 가진 역사학자는 그리 많지 않다. 그나마 Charles F. Walker, *Smoldering Ashes: Cuzco and the Creation of Republican Peru, 1780~1840*(Durham, NC: Duke University Press, 1999)가 추천할 만하다. 좀더 풍부한 자료를 원하면 애나(Anna)의 *Fall of the Royal Government*를 참조하기 바란다. 푸마카와의 심문과 처형에 관한 연대기적 자료로는 Horacio Villanueva Urteaga, *Conspiraciones y rebeliones en el siglo XIX: La revolución del Cuzco de 1814* (Lima: Comisión Nacional del Sesquicentenario de la Independencia del Perú, 1971)을 보기 바란다.

아르티가스가 연방 동맹을 형성하다

부에노스아이레스를 중심으로 기술되어온 아르헨티나 역사에서 아르티가스는 일종의 훼방꾼으로 묘사되는 경향이 있다. Eduardo Azcuy Ameghino, *Artigas en la historia argentina*(Buenos Aires: Ediciones Corregidor, 1986)는 아르티가스에 대해 상세히 언급한다. 독립투쟁 시기의 연방주의는 독립 이후에도 여전히 강력한 영향력을 행사했다. 이와 관련해서는 Miron Burgin, *The Economic Aspects of Argentine Federalism, 1820~1852*(Cambridge, MA: Harvard University Press, 1946)를 참조하기 바란다. 멕시코와 콜롬비아에서 연방주의는 자유주의와 동의어로 인식되었다. 이에 관해서는 Helen Delpar, *Red Against Blue: The Liberal Party in Colombian Politics, 1863~1899*(University: University of Alabama Press, 1981); Charles A. Hale, *Mexican Liberalism in the Age of Mora, 1821~1853* (New Haven, CT: Yale University Press, 1968)를 참조하기 바란다.

볼리바르가 자메이카 편지를 쓰다

볼리바르가 주고받은 서신의 분량은 실로 엄청나다. 중요한 서신들은 대부분 영어로 번역되어 있으므로 *Selected Writings of Bolívar*, ed. Vicente Lecuna and Harold

Bierck Jr., trans. Lewis Bertrand, 2 vols.(New York: Colonial Press, 1951)를 참조하기 바란다.

주앙 6세가 연합 왕국을 세우다

이미 언급한 자료 외에도(특히 Barman, *Brazil*) Luiz Edmundo, *A côrte de D. João no Rio de Janeiro*(Rio de Janeiro: Conquista, 1957), 그리고 Luiz Norton, *A côrte de Portugal no Brasil: Notas, documentos diplomáticos, e cartas da imperatriz Leopoldina*(Lisbon: Empresa Nacional de Publicidade, n. d.)를 참조하기 바란다.

제5장

산마르틴이 전세를 뒤집기 시작하다

산마르틴이나 벨그라노 같은 아메리카인 군주제 지지자들은 공화주의자와 더불어 입헌 정부의 수립에 기여했다.

영국처럼 '군주가 존재하되 통치하지 않는' 제한적 군주정은 정치적으로 매우 추앙받는 모델이었다. 만일 어떤 이가 멕시코와 특히 독립 이후 브라질에서 군주제 실험뿐 아니라 자유주의적 군주정을 지지한 카디스 헌법을 고려했더라도 아메리카 독립의 대의에 비춰 볼 때, 아메리카 독립투쟁 과정에서 군주제 지지자들은 덜 이상하게 여겨졌을 것이다.

브라질이 공화주의에 감염되다

안드라다(Andrada)의 서신에 관해서는 바르만(Barman)의 *Brazil*을 보기 바란다. 헤시페에서 발생한 사건의 전말을 알고 싶다면 Muniz Tavares, *História da revolução de Pernambuco de 1817*(Recife: Casa Civil de Pernambuco, 1969)을 참조하기 바란다.

볼리바르의 중요한 재기

피아르(Piar)는 매우 중요한 인물임에도 여전히 베일 속에 감춰져 있다. 그러나 그에 관한 훌륭한 전기가 있으니 Asdrúbal González, *Manuel Piar*(Caracas: Vadell Hermanos, 1979)를 보기 바란다.

이사벨 고메스(Isabel Gómez)에 관해서는 Carmen Clemente Travieso, *Mujeres de la independencia*(*Seis biografías de mujeres venezolanas*)(México: Talleres Gráficos de México, 1964)를 참조하기 바란다. 파에스(Páez)에 관해서는 출관된 지 오랜 세월이 흘렀지만 읽어볼 만한 책으로 R. B. Cunninghame Graham, *José*

Antonio Páez(Philadelphia: Macrae Smith Co., 1929)가 있고 Tómas Polanco Alcántara, *José Antonio Páez, fundador de la República*(Caracas: Ediciones GE, 2000) 역시 추천할 만하다.

폴리카르파와 헤르트루디스

이들은 각각 1817년 11월 14일과 10월 10일에 형장의 이슬로 사라졌다. 여성 독립투사들의 생애에 대한 기록은 설사 그들이 순국한 경우에도 그리 많지 않은 편이다. 드물게나마 전기 기록이 있으니 Travieso, *Mujeres de la independencia*; Matilde Gómez, *La epopeya de la Independencia mexicana a través de sus mujeres* (Mexico City: ANHG, 1947); Vicente Grez, *Las mujeres de la independencia* (Santiago: Editora Zig-Zag, 1966)를 보기 바란다. 하지만 그들이 독립운동에 미친 영향은 실로 막대하다고 할 수 있다. 폴리카르파 살라바리에타(Policarpa Salavarrieta)의 생애는 소설로 재탄생했다. Enriqueta Montoya de Unaña, *La criolla: Policarpa Salavarrieta*(Bogotá: Instituto Colombiano de Cultura, 1972)나 헤르투디스 보카네그라(Gertudis Bocanegra)에 관한 장편영화를 보기 바란다.

게레로의 등장

Theodore G. Vincent, *The Legacy of Vicente Guerrero, Mexico's First Black Indian President*(Gainesville: University Press of Florida, 2001)를 보기 바란다.

볼리바르가 보야카 다리에서 승리를 거두다

베네수엘라 제2대 의회 개회식 연설의 영어 번역본을 *Selected Writings of Bolívar*에서 찾을 수 있다.

포르투갈인들이 또다시 동부 해안을 침략하다

아르티가스와 파라과이 간의 복잡한 관계에 관해서는 Ana Ribeiro, *El caudillo y el dictador*(Buenos Aires: Planeta, 2003)를 참조하기 바란다.

산마르틴이 페루를 향해 출항하다

침략 세력에 관한 특별한 자료를 원한다면 파스콸리(Pasquali)의 *San Martín*을 보기 바란다.

이투르비데와 게레로가 세 가지 보증에 합의하다

'세 가지 보증'에 관한 협상 내용은 Vincent, *The Legacy of Vicente Guerrero*를 보기 바란다. 이괄라 강령에 관해서는 Timothy E. Anna, *The Fall of the Royal*

Government of Mexico City(Lincoln: University of Nebraska Press, 1978)를 참조
하기 바란다.

주앙 6세가 포르투갈로 되돌아가다

페드루 왕자의 등장에 관해서는 Souza, *A vida de Pedro I* 외에도 Neill Macaulay,
*Dom Pedro: The Struggle for Liberty in Brazil and Portugal, 1798~
1834*(Durham, NC: Duke University Press, 1986)를 참조하기 바란다.

중앙아메리카 역시 독립을 선언하다

Rodríguez, *The Cádiz Experiment*; Frankin D. Parker, *Cecilio del Valle and the
Establishment of the Central American Confederation*(Tegucigalpa: Publications
of the University of Honduras, 1954)을 보기 바란다.

이투르비데가 멕시코 제국을 제안하다

이투르비데의 생애에 관해서는 Timothy E. Anna, *The Mexican Empire of Iturbide*
(Lincoln: University of Nebraska Press, 1990)를 참조하기 바란다.

볼리바르와 산마르틴이 과야킬에서 만나다

마수르의 *Simon Bolivar*와 마다리아가의 *Bolívar* 모두 그 유명한 만남에서 무슨 대화
가 오고 갔는지에 관련된 증거를 면밀히 다루고 있다. Eduardo L. Colombres, *La
entrevista de Guayaquil: Hacia su esclarecimiento*(Buenos Aires: Editorial
Universitaria de Buenos Aires, 1972)도 추천할 만하다. 사엔스와 볼리바르의 관계
에 관해서는 Pamela S. Murray, "Of Love and Politics: Reassessing Manuela
Sáenz and Simón Bolívar, 1822~1830", *History Compass* 5(2007), pp. 227~50
를 보기 바란다.

멕시코가 공화국이 되다

Richard A. Warren, *Vagrants and Citizens: Politics and the Masses in Mexico City
from Colony to Republic*(Wilmington: SR Books, 2001)을 보기 바란다.

브라질인들이 소규모의 독립전쟁을 벌이다

브라질의 독립 과정은 에스파냐의 지배를 받던 다른 아메리카 국가들의 길고도 끔찍한
투쟁에 비해 덜 복잡하고 애국심을 덜 고취하기 때문에 브라질의 위로부터 아래로의
독립 과정은 역사가들의 관심을 그다지 불러일으키지 못했다. 바르만의 *Brazil*은 초
보자에게 가장 적절한 저작이다. 지역별로 좀더 상세한 내용에 관심이 있다면

Hendrik Kraay, *Race, State, and Armed Forces in Independence-Era Brazil: Bahia, 1790s~1840s*(Stanford: Stanford University Press, 2001)를 보기 바란다. 아울러 영어로 출판된 중요한 초기 저작으로는 Robert Southey, *History of Brazil* (London: Longman, Hurst, Rees, Orme, and Brown, 1817~22)이 있다. 마지막 으로 Oliveira Lima, *O império brasileiro(1821~1889)* (São Paulo: Editora da Universidade de São Paulo, 1989)도 참조할 만하다. 카네카 수사의 전기로는 에스파냐어와 영어 모두 양서를 찾기 어렵지만 카네카의 저작들이 Evaldo Cabral de Mello, *Frei Joaquim do Amor Divino Caneca*(São Paulo: Editora 34, 2001)에 편집·수록되어 있다.

제6장

기대하지 않은 결과를 초래한 에스파냐의 재정복에 대한 나의 강조는 독창적이지 않다. 티머시 애나는 이미 인용된 여러 저작에서 이 주장을 전개했다. 레베카 얼(Rebecca Earle)의 *Spain and the Independence of Columbia*는 현실에서는 상대방으로 대결했지만 "아메리카 독립의 대의"가 어떻게 대중의 의식 속에 각인되었는지를 숙고하도록 나를 자극했다. 독립 이후 라틴아메리카를 종합적으로 고려할 때, 나는 Tulio Halperín Donghi, *The Contemporary History of Latin America*(Durham, NC: Duke University Press, 1993)의 주장에 따라 취약한 정통성, 미약한 국가, 경제적 무기력을 강조하고 싶다. 린치(Lynch)의 *Caudillos in Spanish America*는 독립전쟁에서 군사적 성격이 두드러진 공화정으로 어떻게 정치적 이행이 이루어지는지를 기술한다.

식민시대 이후 멕시코에 관한 영문 저작은 어디에서나 쉽게 찾아볼 수 있다. 특히 하이메 E. 로드리게스(Jaime E. Rodríguez O)에 사의를 표하고 싶다. 그의 *Mexico in the Age of Democratic Revolutions, 1750~1850*(Boulder, CO: Lynne Rienner, 1994)와 *The Divine Charter: Constitutionalism and Liberalism in Nineteenth-Century Mexico*(Lanham, MD: Rowman and Littlefield, 2005)를 참조하기 바란다. 아울러 Harold Dana Sims, *The Expulsion of Mexico's Spaniards, 1821~1836* (Pittsburgh: University of Pittsburgh Press, 1990)와 Michael P. Costeloe, *The Central Republic in Mexico, 1835~1846: Hombres de Bien in the Age of Santa Anna*(Cambridge: Cambridge University Press, 1993)를 추천하고 싶다. Will Fowler, *Mexico in the Age of Proposals, 1821~1853*(Westport, CT: Greenwood Press, 1998) 또한 참조하기 바란다.

아르헨티나에 관해서는 Mark D. Szuchman, *Order, Family, and Community in*

Buenos Aires, 1810~1860(Stanford: Stanford University Press, 1988); Hilda Sabato, *The Many and the Few: Political Participation in Republican Buenos Aires*(Stanford: Stanford University Press, 2001); Ariel de la Fuente, *Children of Facundo: Caudillo and Gaucho Insurgency During the Argentine State-Formation Process(La Rioja, 1853~1870)*(Durham, NC: Duke University Press, 2000) 등이 있다.

브라질에 관해서는 Andrew J. Kirkendall, *Class Mates: Male Student Culture and the Making of a Political Class in Nineteenth-Century Brazil*(Lincoln: University of Nebraska Press, 2002); Judy Bieber, *Power, Patronage, and Political Violence: State Building on a Brazilian Frontier, 1822~1889*(Lincoln: University of Nebraska Press, 1999); Jeffrey D. Needell, *The Party of Order: The Conservatives, the State, and Slavery in the Brazilian Monarchy, 1831~1871*(Stanford, CA: Stanford University Press, 2006); Lilia Moritz Schwarcz, *The Emperor's Beard: Dom Pedro II and the Tropical Monarchy of Brazil*, trans. John Gledson(New York: Hill and Wang, 2004) 등이 있다.

미국과 독립 이후 라틴아메리카에 대해서는 Michael H. Hunt, *Ideology and U. S. Foreign Policy*(New Haven, CT: Yale University Press, 1987); Lars Schoultz, *Beneath the United States: A History of U. S. Policy Toward Latin America* (Cambridge: Harvard University Press, 1998) 등을 참조하기 바란다.

라틴아메리카 독립투쟁의 파노라마

이 책은 미국 노스캐롤라이나 주립대학의 사학과 교수 존 찰스 채스틴(John Charles Chasteen)의 『아메리카노』(*Americanos: Latin America's Struggle for Independence*)(Oxford and New York: Oxford University Press, 2008)를 우리말로 옮긴 것이다. 라틴아메리카 독립투쟁 발발 200주년을 기념해 발간된 『아메리카노』는 옥스퍼드 대학 출판부의 기획 시리즈 '세계사의 결정적 순간' 중에서도 손꼽히는 수작으로 파란만장한 라틴아메리카의 독립투쟁 과정을 간결하면서도 밀도 있게 서술한다. 그리 길지 않은 분량이지만 탄탄한 이야기 구조 속에 다양한 활동가들의 면모, 놓쳐서는 안 될 주요 사건들과 당대의 풍조가 잘 녹아 있고 특히 생생한 인물 묘사는 『아메리카노』의 미덕으로 독자들에게 소설이나 영화를 접하는 듯한 느낌을 불러일으킨다. 채스틴은 1810~20년대 독립투쟁에 나선 인물 군상이 누구인지, 그들이 새로운 독립국가를 수립해나가는 과정에서 어떤 결정을 내렸는지, 여러 세력 간의 충돌 양상이 어떠했는지 등에 주목하면서 매력적인 필치로 19세기 라틴아메리카의 혼란스러운 정치상을 드러내는 동시에 이상을 위해 현실의 가파른 고비를 넘으려던 라틴아메리카인들에게 진지한 헌사를 바친다.

『아메리카노』는 시몬 볼리바르, 호세 데 산마르틴, 미겔 이달고 등 널리 알려진 거물급 독립투사뿐 아니라 레오나 비카리오, 후아나 아수르 두이 같은 여성 투사들의 면면을 생동감 있게 소개한다. 또한 에스파냐의 페르난도 7세와 포르투갈 왕실의 주앙 6세, 왕비 카를로스 호아키나, 페드루 1세, 그리고 브라질의 독립에 크게 공헌한 조제 보니파시우 삼 형제 등의 성격과 취향도 흥미롭게 그려진다. 라틴아메리카의 독립 과정을 다룬 고전적인 저작, 예컨대 존 린치(John Lynch)나 데이비드 브래딩(David A. Brading)의 방대한 연구서에 비해 채스틴의 『아메리카노』는 인물들이 살아 있는 독립 운동사에 초점을 맞춰 일반 독자에게도 호소력 있는 라틴아메리카 독립 과정의 소묘를 제공한다. 언뜻 라틴아메리카 독립투쟁과 거리가 있어 보이는 프로이센의 과학자 알렉산더 폰 훔볼트를 첫머리에 등장시켜 파란만장한 이야기를 시작하고 그의 죽음으로 대미를 장식하는 채스틴의 시도는 낯설지만 무척 흥미롭다. 아울러 채스틴은 당대에는 권력의 중심에서 밀려나 쓸쓸한 최후를 맞이했으나 사후에 독립 영웅으로 떠오른 오히긴스, 산마르틴, 아르티가스, 그리고 여성 독립투사들의 행적을 놓치지 않음으로써 영웅 숭배의 정치학이나 기억의 역사와 관련해 우리에게 생각할 거리를 제시한다.

1780년대 페루의 투팍 아마루 반란이나 1790년대 생도맹그(현재의 아이티)의 노예 봉기를 발판으로 1810년에 본격적으로 전개된 라틴아메리카의 독립투쟁은 나폴레옹 보나파르트의 이베리아 반도 점령에 가장 먼저 항거한 리오데라플라타(현재의 아르헨티나), 시몬 볼리바르의 활약이 두드러진 누에바그라나다(현재의 베네수엘라와 콜롬비아), 인적·물적 피해가 가장 컸던 누에바에스파냐(현재의 멕시코), 그리고 유혈 투쟁의 양상이 덜 심각했던 브라질 등 네 지역으로 대별해 살펴볼 수 있다. 누에바에스파냐의 사례가 예증하듯이, 초창기에는 원주민들의 참여가 돋보였지만 곧 이들의 봉기가 좌절된 뒤 식민 당국의 반(反)혁명이 얼마간 지속되었고 결국 독립은 정치체제의 제한적인 변화를 바라는 안정 지향적인 크리오요(criollo, 아메리카 태생의 백인)들의 주도로 성취되었다. 어디서나 독립투쟁은 지배 세력인 페닌술라르(peninsular, 이베리아 반도 출신의 백인)와 크리오요 간의 대립으로 나타났다. 그런 점에서 라틴아메리카 독립투쟁의 특징은 베네딕트 앤더슨(Benedict Anderson)이 『상상된 공동체』에서 적절히 지적한 대로 크리오요 민족주의의 발현과 원주민이나 이주 흑인 노예들의 배제로 요약할 수 있다.

시간이 지나면서 크리오요의 독립투쟁은 페닌술라르의 권력을 획득하려는 투쟁에서 점차 "파르도(pardo)가 에스파냐인의 권력을 차지하지 못하도록 막으려는" 보수적인 혁명으로 변모했다. 앞서 1790년대에 투생 루베르튀르의 지휘 아래 프랑스의 식민지 생도맹그에서 발생한 '흑인 혁명'같이 급진적인 대중 봉기와 인종 갈등이 재현되지 않을까 하는 공포가 만만치 않았기 때문이다. 훔볼트에 따르면, "베네수엘라의 귀족들은 아메리카 출신 하층민의 통치보다 외국인의 지배를 선호"했다. 예컨대 누에바그라나다의 크리오요 독립투사 프란시스코 데 미란다는 이미 1799년에 독립운동의 필요성과 전략을 기막히게 정리한 바 있다. 하지만 "우리 앞에는 두 가지 사례, 즉 미국 혁명과 프랑스 대혁명이 있다. 자, 이제 첫 번째를 신중하게 모방하고, 조심스럽게 두 번째를 피해 가자"는 미란다의 바람은 여지없이 무너졌고 누에바그라나다는 1810년부터 10년 넘게 파괴적인 유혈 충돌에 휩싸였다. '해방자' 시몬 볼리바르도 「앙고스투라 의회 연설」(1819년 2월)에서 크리오요의 복잡한 형편과 이중적 갈등을 다음과 같이 언급했다. "우리는 유럽인도 아니고 그렇다고 아메리카 원주민도 아닙니다. 우리는 원주민과 에스파냐인의 혼혈입니다. 태생으로는 아메리카인이며 법적으로는 유럽인인 우리는 원주민과 소유권을 놓고 다투어야 하고 우리가 태어난 곳에서 살기 위해 침략자에 맞서 투쟁해야 합니다."

정치적 분리를 이뤄낸 각 지역의 독립투쟁은 아메리카의 경제적 기반을 뒤흔들 만큼 엄청난 손실과 희생을 초래했다. 광산과 대농장의 생산량은 독립투쟁 이전과 비교해 3분의 1에 불과했다. 특히 원주민들의 대대적인 참여로 촉발된 누에바에스파냐의 독립투쟁으로 10년 동안 전체 인구의 10퍼센트에 해당하는 약 60만 명이 사망했고 재정은 파탄에 이르렀다. 또한 유럽이 상대적 안정기에 접어든 1820년대에 독립하게 된 라틴아메리카 국가들로서는 신생 공화국 미국이 1790년대에 누릴 수 있었던 경제적 이득의 기회를 포착하기 어려웠다. 더욱이 원주민이나 이주 흑인 노예들을 배제한 채 크리오요 엘리트층이 주도한 라틴아메리카의 탈식민화는 국가의 독립이라기보다는 여전히 걸출한 개인과 집단 차원의 독립으로 여겨졌다.

식민통치 체제를 대체할 단일한 권력구조를 정비하고 이를 바탕으로 남아메리카의 통합을 모색하려던 볼리바르의 구상이 수포로 돌아간 뒤에는 독립투쟁기에 각 지역에서 군사적·경제적 세력을 다진 카우디요(caudillo, 지역의 거물, 실세)들의 전성기가 펼쳐졌다. 19세기 말까지 이들의 갈등이 정치적 혼란과 외세의 개입을 유발하는 동안 식민시대와 다를 바 없이 군대, 교회, 대농장 체제라는 권력의 기반은 그대로 유지되었다. 따라서 원주민이나 메스티소 대중에게 독립 후 체제는 "새로운 노새에 올라탄 똑같은 기수"처럼 여겨질 따름이었다.

『아메리카노』의 번역·출판을 지원해준 두 기관에 감사의 말씀을 전한다. 2008년 한국연구재단의 인문한국사업 해외지역 연구분야 연구소로 선정되어(NRF-2008-362-B00015) 여전히 척박한 국내의 라틴아메리카 연구 환경을 개척하고 있는 서울대 라틴아메리카연구소, 그리고

1996년 설립 이후 각종 라틴아메리카 관련 행사를 주관하고 다양한 지원 사업을 통해 라틴아메리카에 대한 이해의 폭을 넓히는 데 기여하고 있는 한·중남미협회에 감사드린다. 끝으로 이 책의 머리말과 제1장은 최해성, 제2~3장은 황보영조, 제4~5장은 박구병, 제6장은 이성형이 나눠 번역한 뒤 박구병이 용어의 통일과 초고 전체의 검토 작업을 맡았음을 밝힌다. 또한 출판이 가능하도록 세심하게 애써준 도서출판 길의 편집진 여러분에게 감사드린다. 여전히 잘못된 번역과 매끄럽지 못한 부분이 남아 있다면, 그것은 전적으로 옮긴이들의 책임이다. 이제 독자 여러분을 흥미진진한 라틴아메리카 독립투쟁의 세계로 초대한다.

2011년 12월

박구병

찾아보기